류석무

수성고등학교, 경희대학교 국어국문학과를 나왔다.

<뿌리깊은나무·샘이깊은물> 편집장을 지냈다.

패션, 문화 관련 브랜드 마케팅 회사를 운영했다.

<남자의옷이야기 1, 2권-시공사> 책을 냈다.

골프 관련 사업을 하며 골프 칼럼을 썼다.

<한국의골프장이야기 제1권-구름서재> 책을 2019년에 냈다.

표지 사진 / 파인비치 골프링크스 비치코스 6번 파3 홀

한국의
골프장
이야기

2

둘째 권

한국의
골프장
이야기
2

코스의 속삭임까지 받아 적은 우리나라 골프장들 순례기 – 둘째 권

류석무 지음

들판에 선 아이

첫째 권을 읽어주신 분들 덕에 둘째 권을 내게 되었다.
지난해 첫 권을 펴낸 뒤로 서른 곳 넘는 골프장들을 거듭 살펴보고 글을 썼다.
그 가운데 스물세 곳을 톺아 둘째 권에 담는다.

우리나라 골프 문화를 이끌어가는 골프장들의 이야기를 적어나가고 있다.
전문 기관들이 객관 지표를 기준으로 선정한 골프 코스 순위 등을 다소 참조하되,
골프 역사와 문화 흐름에서 눈여겨 볼 만한 곳들을 찾아 해석하고 기록한다.

골퍼들에게 쓸모 있는 내용을 입체적으로 담으려 노력했다.
골프장을 온전히 이해하여 플레이 하고 즐기도록
각 골프장에 대한 자료를 여러 방면으로 조사하여 실질 항목으로 정리하고
골프 코스 설계가, 골프장 운영자, 조경 디자이너, 코스 관리 전문가, 골프 선수, 건축가 등
전문인들의 이야기를 듣고 정돈해서 적은 위에 나의 해석과 감상을 얹었다.

이 책은 '류석무의 한국 골프장 순례기' 쯤으로 시작할 수도 있던 기록이지만
'한국의골프장이야기'라는 오만한 이름을 첫째 권에 붙여
과분한 무게를 스스로 받들게 되었으니 외람되고 송구하다.
그 이름을 감당하려다 보니, 첫 마음에 견주어 욕망과 공부의 부피가 도리 없이 늘었다.

이 둘째 권에는,
우리나라 첫 골프장인 서울·한양CC부터 문을 연 순서에 따라 배열했다.
책을 읽다 보면 한국의 골프장 역사와 코스 및 문화의 흐름을 자연스레 보게 될 것이다.
둘째 권에서 흐름의 빈 칸이 느껴진다면 첫째 권을 함께 봄으로써 채워질 수 있겠다.
앞으로도 작업하여 '한국의골프장이야기' 이름값을 온전히 치르게 되길 기대한다.

-

책을 내고 글을 써오며 가장 많이 받은 질문은 "외국에 이런 책이 있느냐" 하는 것이었다.
잘 모르겠다. 서구의 유서 깊은 골프장들이 낸 백과사전 만한 자기 소개 책들은 여럿 보았고,
세계 골프장 여행가들의 순례기나 '디렉토리' 등도 더러 보았으나 참조하지 않았다.
외국에 선례가 있다면 우리나라 누군가 언젠가 따라 할 것이므로
이런 책이 골프 선진국 어디에라도 이미 있다면 내가 굳이 펴내고 싶지 않았을 듯하다.

우리나라 골프 산업은 이제 세계에서도 큰 규모라 한다.
산업은 문화를 보듬고 문화는 산업을 키우니, 문화의 뿌리가 깊으면 산업의 꽃도 가멸다.
문화는 비평의 대상이 됨으로써 뿌리가 더 깊어진다.
비평의 기본 기능은 '해석'과 '판단'일 것이다. 해석도 못하고 짚는 판단은 허깨비처럼 가볍고,
한때의 풋꽃은 피울지언정 독창의 문화 지평을 열기 어렵다.
우리나라 골프장 문화에 대한 '해석의 첫걸음'이라 여기며 이 책을 쓰고 펴낸다.

이미 많은 골프장들이 아티스트들의 작품이기도 하다.
골퍼는 운동 경기자를 넘어 작품을 향유·소비함으로써 재창조하는 문화 주체가 되어간다.
그런 진화가 우리나라에서 두드러질 것이라는 생각과 바람이 이 책을 내는 바탕이다.

-

골프장들을 다니고 쓰면서 적지 않은 분들의 도움을 받았다.
현실적인 도움이 우선 고맙다. 골프 여행업을 하는 조명화 님은 자신이 여러 골프장에 많은 손
님을 보내며 쌓아온 '라운드 마일리지'를 여러 차례 내게 나누어주었다. 그의 배필 김태경 님
은 우리나라 술 연구를 개척하는 학인이어서 그 배움이 내 작업을 위로하기도 했다. 잔디 전
문가 노경식 님은 투병의 과정에서도 탐사 라운드에 동행하고 글마다 자문해 주었다. 그의 도
움 없이는 책을 낼 수 없었을 것이다. 그이들과의 인연이 골프 글을 쓰는 최점룡 님 덕에 이어
졌음을 기억한다. 잔디와 골프장 공사에 대하여 이상재 님도 조언을 주었다. 한국골프장경영
협회 부회장 김훈환 님과 골프산업신문의 이계윤 님은 내 주변머리로는 소통하기 어려운 골
프장 관계인들을 소개하여, 자료를 주고받도록 응원해주었다.
퍼스트티코리아 대표 김원섭 님은 프레지던츠컵 상임고문을 지낸 식견으로 자문하고 직접 찍

은 사진도 주었다. 링크스코스를 깊이 연구한 백주영 님은 전문적인 지식으로 가르치고 첨삭해 주었다. 골프코스 설계가들에게도 많은 배움과 영감을 얻었다.

여자 프로 골프투어 경기위원장을 지낸 고충남 선생은 내가 규칙과 용어를 여쭐 때마다 꼼꼼히 자료를 찾아 답해주었다. 오성주 님과 한송영 님은 오랜 인연의 힘으로 용기를 주었다.

선배 안태근 님의 기품있는 격려를 가슴에 새긴다. 구름서재 박찬규 대표와는 뿌리깊은나무에서 함께 일했다. 그를 믿고 작업했다.

이 책이 비롯된 것은 남화영, 이강래 님과의 인연 덕이다.

그 밖에 여러 고마운 분들이 가르침을 주었다. 골프장들에서 보내주신 사진과 자료 등의 협조에도 감사드린다.

-

이해할 수도 예측할 수도 없는 우연이 쌓인 인연 속에서 골프장 이야기를 적어 나간다.

어릴 때 들판에 서면 무지개를 따라 떠나고 싶었다.
골프장에 설 때와 글 쓸 때, 그 소년이다.

-

이 책을
세상에서 가장 품위 있는 사람이자 의로운 군인이었으며
일찍이 골프와 삶의 길을 일깨워준, 나의 자형
고 유정웅 장군께 바친다.

2020년 10월 류석무

한국의골프장이야기 1

류석무·남화영 지음

한국의골프장이야기 2

(골프장이 문을 연 순서에 따라 배열함)

용어에 대하여

이 책에는 골프 용어가 많이 쓰였습니다. 거의 모든 골프 용어는 영어로 만들어진 것을 그대로 받아들여 쓰기에 우리말로 표현할 여지가 거의 없습니다. 그래서 그 영어 용어를 올바르게 적되 발음대로 한글로 쓸 때에는 한글의 로마자 표기법에 맞추어 적었습니다. 골프에서 쓰는 말들은 전문용어라 할 수도 있으나 골프를 하는 사람들에게는 일상어에 가깝게 익숙하고, 이 책은 골프를 하는 분들을 위한 것이기에 기본적인 용어들에 대한 설명은 생략합니다. 이를테면 파(Par), 보기(Bogey), 또는 티샷, 파3 홀, 파4 홀 같은 용어들을 일일이 설명하지 않습니다.

다만 좀 더 전문적인 용어이거나 관행적으로 모호하게 쓰이는 말들은 본문 중에 설명하거나 바로잡아 놓았습니다. 이를테면 '샷 밸류', '그린 스피드' 같은 것들은 의미 맥락의 이해를 위해 필요한 경우 각 편의 본문에서 설명해 놓았습니다. 각 편을 따로 읽을 수도 있기에 여러 번 설명되기도 합니다만 중복 설명은 되도록 피했습니다. '투 온', '쓰리 온' 같은 말은 바른 표현이라 보기 어려우므로 첫째 권에서는 '세컨드 온', '써드 온'으로 적었는데, 이 또한 옳지 않기에 '투 온', '쓰리온'의 관행적 표현을 그대로 쓰되 '(on in one)', '(on in two)' 등 정식 영어를 병기했습니다. '포대그린'이라는 말은 군대에서 비롯되었다는 설도 있으나 확인할 수 없고 예쁜 말도 아니기에 '솟은 그린(Elevated Green)'이라 썼습니다. '난이도'와 '난도'는 구별하여 썼습니다. 본문의 사람 이름에는 '씨'를 붙이되 원로 연배의 분들은 '선생'이라 적었습니다.
'티잉 구역', '벌칙 구역' 등 골프 규칙과 골프코스 관련 용어는 2019년부터 적용된 호칭과 정의를 따랐습니다.

표기의 편의성을 위해 관행적 표현을 사용한 경우도 있습니다. '컨트리클럽'의 경우 'CC'로 줄여쓰기도 했습니다. 이를테면 'OO컨트리클럽'이라 할 때, 각 편의 글에서 처음 나올 때는 'OO컨트리클럽'으로 적고, 그 다음부터는 'OOCC'로 적었습니다. 같은 규칙으로 '골프클럽'은 'GC'로 표기하였습니다. 이렇듯 편의적인 표기법을 사용하였음과 골프의 기본 용어들을 일일이 설명하지 않음을 이해하여 주시기 바랍니다.

SEOUL·HANYANG COUNTRY CLUB

한국 골프가 시작된 클럽 - **서울 컨트리클럽 · 한양 컨트리클럽**

서울 컨트리클럽 · 한양 컨트리클럽
한국 골프가 시작된 클럽

"다른 골프장에선 큰형님 소리 듣는데 여기선 아직도 아이 취급 받아요."

예순세 살이라는, 이 클럽 최임묵 회원이 라운드 중에 말했다.
이 골프장 회원들의 평균 연령이 너무 높아서 육십 대 중반 나이가 되어도 회원 모임에서 앞에 나설 '군번'이 안 된다는 것이다. 그날 함께 라운드 한 1941년생 회원은 드라이버 티샷을 매번 210미터 쯤 보냈다.
서삼릉이 바라보이는 고양시 원당동 울창한 수림 속의 골프 코스에는 크고 잘생긴 노송들이 홀마다 곳곳에 서 있다. 내가 "안양CC와 곤지암GC 소나무가 좋은데 이곳 장송들도 볼 만하다"고 했더니, 최임묵 씨는 정색을 하며 말했다.

"그런 골프장 나무들은 일부러 사다 심은 거잖아요. 우리 골프장 노송들은 원래 이 자리의 어린 나무가 자라서 잘나게 늙은 겁니다. 역사가 다르고 차원이 달라요."

한국 골프의 역사를 담은 클럽

왜 '서울'이고 왜 '한양'인가.
이 골프장에는 세 갈래 역사가 흐른다.
1927년 '군자리코스'(지금의 능동, 어린이대공원 자리)를 만든 '경성골프구락부'에 뿌리를 두어
1954년 군자리코스에서 창립된 사단법인 '서울컨트리클럽'의 역사와
1964년 지금 자리(고양)에 세워진 회원제 골프장인 주식회사 '한양컨트리클럽'의 역사,
그리고 한국 골프가 태동하고 자라난 고향으로서의 역사다.

긴 세월의 사연을 짧게 요약해 말하자면 이렇다.
우리나라 최초의 정규 18홀 골프장인 군자리코스 터에 어린이대공원이 들어서게 되자, 서울컨트리클럽은 골프장 땅을 매각한 돈으로 1972년 당시 36홀 영업 중이던 한양CC를 인수하였다. 서울컨트리클럽 사단법인이 한양컨트리클럽 주식회사 법인의 주인이 된 것이다.
서울CC는 회원들이 모여 설립한 비영리 사단법인이고, 한양CC는 우리나라 최초의 개인 대주주 회사 소유 골프장으로, 한양관광(주)가 주인이었다.
서울CC가 한양관광(주)를 인수함으로써 이 골프장은 서울CC 사단법인이 주인이 되었다. 지금도 서울CC 회원 중에서 직선 투표로 선출된 서울CC 이사장이 임원과 한양CC 대표이사를 선임하고 있으니, 서울CC 이사장이 서울CC와 한양CC를 총괄하고 있다고 볼 수 있다.

정통 회원제 골프장이므로 회원 및 회원 동반자만 이용하는 것이 원칙이며, 서울CC 회원과 한양CC 회원이 공존한다. 이 두 가지 회원은 회원권 가격과 골프장 이용 금액 등의 조건에 차등이 있으며, 가장 큰 차이는 서울CC 회원은 이사장 선출 투표권으로 경영에 참여할 수 있으나 한양CC 회원은 이용권만 있다는 것이다.
서양식 구분으로 보자면, 서울CC는 회원이 주주인 '프라이빗(Private) 클럽'이고 한양CC는 회원권이 있는 '멤버십(Membership) 클럽'이라 하겠다.

일제 강점기, 1927년 창립한 '클럽'

서울컨트리클럽의 설립에는 일제 강점기 골프 애호가이던 영친왕의 역할이 가장 컸다. 무너진 왕조의 허울뿐인 계승자였던 영친왕은 일본에 볼모로 건너가 골프로 소일했다고 한다. 일본 왕족으로 '도쿄골프클럽' 회원이던 그의 아내(이방자 여사)는 그보다 골프를 잘했다 알려진다.

일제는 대한제국 황실을 이왕가(李王家)로 낮추어 부르고 '이왕직(李王職)'이라는 일본 궁내성 소속의 조선 왕가 관련 업무 부처를 만들어 왕실 재산을 관리하게 했다.

1927년 영친왕은 이왕직을 통해, 옛 왕실 능 자리이던 군자리 일대 땅을 골프장 터로 무상 대여하고 보조금을 주어 코스 조성을 도왔다.

그 이전 우리나라 최초의 골프장은 1896년 강원도 원산에 영국인들이 세웠던 6홀 규모 코스라는 설이 있는데 정확하지 않다. 지금의 효창공원 자리에 1921년 들어선 9홀 규모의 '효창원코스'를 국내 첫 골프장으로 보는 것이 정설이다. 이 또한 능(정조대왕 3남 문효세자 능)터였으므로 이왕직이 관여했다.

효창원 - 청량리 - 군자리

효창원코스는 일제 치하 조선철도국이 운영했다. 철도를 이용하는 손님들이 조선호텔에서 묵을 때 이용하는 부대시설이었다. 이 코스를 자주 이용하는 골퍼들이 '경성골프구락부'를 설립했다(구락부란 '클럽'을 일본말 발음 '구라부'로 쓴 俱樂部를 우리말 발음으로 읽고 쓴 것이다). 경성골프구락부는 식민지 근무 일본 골퍼들과 일부 조선인들이 회원이었는데, 효창원코스 이용자가 늘어나자 회원들이 비용을 추렴하고 경성철도국으로부터 지원금을 받아, 1924년에 청량리 부근 이왕직 관할 능림에 16홀 코스를 지어 이전하였다. 이름을 '육림'이라 하였으며 지금의 한국예술종합학교 자리였던 것으로 추측된다.

청량리코스는 16홀이라 같은 홀을 두 개 더 돌아 18홀 라운드를 맞추었는데, 면적이 10만여 평으로 좁았으므로 회원들을 만족시키지 못했다. 불만이 커지자 이왕직과 일제 총독부의 고관 등이 주도하여 뚝섬 부근 군자리에 18홀 정규 코스를 짓게 되었다.

영친왕은 '유릉'이라 불리던 능터 30여 만 평을 무상 대여하고 건설비 2만 엔을 대었으며 3년 동안 매년 5천 엔 씩 보조금을 주었다.

1920년대 효장원코스(위 왼쪽), 골프 하는 영친왕(위 오른쪽), 1930년대 클럽챔피언전(군자리코스, 가운데),
영친왕 일가 골프 모임(아래 왼쪽), 1930년대 군자리코스(아래 오른쪽)

이밖에 경성골프구락부 회원들이 조성한 기금 2만 엔, 부지 내 벌목 매각 대금 1만 엔 등으로 1927년 착공한 '군자리코스'는 1929년 완공 개장하였다.

18홀 파72. 6,160야드. 당시로서는 챔피언십 코스 급 정규 골프장으로, 미국에서 유학한 뒤 1927년 '일본오픈'에서 우승한 일본의 전설적인 아마추어 골퍼 아카보시(赤星六郎)가 설계했다.

서울컨트리클럽은 영친왕의 하사금(보조금)으로 군자리코스가 착공된 1927년을 공식 설립연도로 여긴다. '경성골프구락부'의 맥을 이은 셈이다.

군자리코스 설계자 아카보시. 한국 최초 프로골퍼 연덕춘. 군자리코스를 재건한 서울컨트리클럽 초대 이사장 이순용(왼쪽부터)

경성골프구락부의 주도 아래 군자리코스에서 '조선골프연맹'이 결성되었고 '전조선아마추어 골프대회' 등이 열렸다. 처음에는 일본인이 우승했으나 점점 우리나라 골퍼들의 실력이 우세해졌다. 당시 회원 5백여 명 가운데 한국인은 30여 명이었으나 실력은 압도적으로 우월했다 한다. 당시 군자리코스 부근에 살며 이 골프장에서 캐디로 일하던 한 소년이 일본에 건너가서 프로골퍼가 되고 1941년 일본오픈에서 우승하였는데, 그가 우리나라 최초의 프로골퍼 연덕춘(1916~2004) 선생이다.

군자리코스 재건과 사단법인 '서울컨트리클럽'
태평양 전쟁이 일어나면서, 1943년 군자리코스는 군사시설로 징발되어 폐장하였으며, 광복 후에는 농민들이 점유하여 논밭으로 변하고 말았다.

한국전쟁이 휴전된 뒤 대통령 이승만은 군자리코스 재건을 지시했다. 당시 주한 미군 장교들이 휴일이면 군용기를 타고 일본 오키나와 기지로 건너가서 골프를 즐기는 것을 본 그는 달러 획득과 미군의 안정적 상주를 위해 골프장 재건 공사를 독려했다 한다.

1953년 '서울컨트리구락부'가 창립되었고, 당시 이승만 정부의 이순용 외자청장이 주도하고 일부 재력가들의 도움을 받아 군자리코스가 1954년에 다시 준공 개장했다. 프로골퍼 연덕춘이 옛 군자리코스의 기억을 더듬어 복원하는 식으로 설계하였다 한다.
서울컨트리클럽은 1954년 5월에 사단법인 인가를 받았다.

1954년 군자리코스 7번홀. 1957년 이순용 이사장 재직시 발행된 서울컨트리클럽 회원증(왼쪽부터)

군자리코스는 정,재계 인사와 미군 장교들을 비롯한 많은 골퍼들이 애용했으나, 골프장 부지가 완전히 클럽 소유로 된 것은 한참 뒤인 1968년이었다. 군자리코스는 재개장하였으나 구 왕실 재산 관리국(뒤에 문화재관리국으로 이관)에 속한 부지를 임대 사용하는 한편, 코스 부지에서 농사짓던 농민들과 법률 다툼 속에서 운영되었는데, 땅 문제로 우여곡절이 많았다 한다. 그러다가 일부 회원의 찬조금과 신규 회원 가입비, 은행 대출 등으로 1963년에는 농민과 합의하고, 1968년에는 문화재관리국으로부터 부지를 불하받는다.

어린이대공원으로 징발된 군자리코스
그러나 5.16으로 집권한 군사정권은 군자리코스 자리에 어린이공원을 짓기로 결정한다. 여러 갈등 끝에 군자리코스를 포기한 사단법인 서울컨트리클럽은 그 매각 대금으로 한양CC를 인수하게 된다.

당시 박정희 대통령이 급작스럽게 어린이대공원을 지었던 까닭이 궁금했던 차에, 당시의 사정 이야기를 알게 되었다. 1972년 5월 평양에 밀사로 파견된 이후락 중앙정보부장은 북한 김일성 주석을 면담하고 '7.4남북공동성명'을 이끌어냈는데, 북한에서는 그에게 평양 시내 '어린이공원'을 관람시켰다 한다. 당시에는 북한이 우리보다 잘 살던 때여서 자랑하고 기를 죽이려는 의도였던 듯하다.

돌아와서 이 사실을 보고하자 대통령은 서울에도 당장 어린이대공원을 만들라 지시했다 한다. 즉시 조성하라는 명령을 따라 급하게 준비하다 보니 이미 부지가 잘 마련된 군자리코스가 '징발'되었다는 것이다. 어린이대공원은 1972년 12월에 공사를 시작해 1973년 5월 5일 어린이날에 개원했다.

한양컨트리클럽 초창기 코스 배치도

한양CC- 국내최초 예탁금 회원제

1964년 문을 연 한양컨트리클럽은, 개인이 대주주로 골프장을 만든 우리나라 첫 사례이다. 또한 국내 처음으로 예탁금(보증금)을 받고 회원을 모집한 골프장이다. 이 방식을 따라 이후 수많은 개인 기업들이 회원권을 '분양' 모집하여 회원제 골프장을 건설하였다.

또한 한양CC는 한국 최초의 36홀(구코스 18홀, 신코스 18홀) 골프장이기도 하다.

한양CC '구코스' 18홀은 당시 그랜드 호텔 안중희 사장과 프로골퍼 연덕춘 선생이 합작하여 설계했다. 연덕춘은 당시를 이렇게 회고했다.

"지형의 고저를 표시한 지도도 없었고 코스 설계도를 구운 청사진도 없었다. 그래서 우리는 새끼줄을 갖고 다니며 여기서부터 저기까지는 페어웨이가 들어설 자리, 이쪽은 그린이라고 표시하며 눈대중으로 현장 설계를 했다. '베어 버릴 나무에는 새끼를 묶고 그 안의 나무는 모두 베어 버리시오' 라고 표시했고 남겨둘 나무에는 다른 표지를 하고 다녔다......(중략)...... 파5 홀과 파4 홀, 파3 홀을 안배하다 보면 하루해가 금세 저물곤 했다."

구코스 13번 홀 페어웨이의 도토리나무(위), 구코스 4번 홀(아래)

서울CC가 한양CC를 인수하다

1964년 3월에 착공하여 그해 9월 28일 18홀의 구코스가 문을 열었다. 서울수복을 기념하는 날로 맞추어 공사를 강행했다고 한다. 이후 1970년 9월 27일 신코스 18홀이 완공되었다. 신코스는 일본 야기타케오(八木武夫)의 기본설계로 착공되고 김찬수, 이일안의 감리로 대폭 개보수한 뒤 6,396미터 파72로 완성되었다.

사단법인 서울컨트리클럽이 한양컨트리클럽을 인수한 것에는 당시 서울컨트리클럽 부이사장이던 박종규 청와대 경호실장의 역할이 컸다고 한다. 서울컨트리클럽은 군자리코스가 사라지면서 클럽 멤버는 있으나 골프장이 없게 된 처지였고, 한양컨트리클럽의 모회사 한양관광(주)는 당시 사업 부진으로 돈이 필요했다. (사업이 부진해지도록 돈줄을 막았다는 이야기도 있다)

1971년 한국오픈 최종일(군자리코스 18번 홀)

한양관광(주)의 모든 주식을 사단법인 서울컨트리클럽이 인수함으로써, 한양CC는 개장 1972년 8월 28일, 개장 9년 만에 사단법인 서울컨트리클럽으로 11억 원에 매수된다. 우리나라 최초의 (비영리 사단법인) 골프 클럽이, 우리나라 최초의 상업적 목적 예탁금제 회원제 골프클럽을 인수하여 하나가 된 것이다.

클럽 회원 - 한국 정재계의 '만인보'

서울컨트리클럽의 1~3대 이사장은 이승만 정부의 이순용 외자청장이었으며 그 뒤로 한국일보 장기영 회장, 두산그룹 박두병 회장, 서울은행 김종락 회장, 쌍용양회 김성곤 회장, 서정귀 호남정유 사장, 박종규 청와대 경호실장, 방우영 조선일보 회장 등이 이사장을 맡았다.

이사장 및 임원진은 회원 중에서 회원들의 투표로 선출된다. 서울컨트리클럽의 회원에는 이병철 삼성그룹 회장, 정주영 현대그룹 회장, 구인회 LG그룹 창립자, 민관식, 허정구, 김치열, 홍진기, 민복기 등 당대의 정재계 거물 인사들이 이름을 올렸다.

골프를 좋아하지 않더라도 서울컨트리클럽의 회원으로서 사교 생활을 가져야 했던 시대가 있었던 것이다.

또한 김지미 영화배우, 모윤숙 시인, 조차임 청운각 대표, 이인희 한솔그룹 고문 등 여성 회원들이 우리나라 여자 골프의 첫 발을 디뎠다. 이병철 삼성 회장의 장녀인 뒷날 한솔그룹 이인희 고문이 젊은 날 여성골프협회 회장으로 활동하기도 했다.

대회, 선수, 협회 한국 골프의 모든 것이 시작된 곳.
'한국오픈골프선수권대회'가 1958년 9월 서울컨트리클럽(군자리코스)에서 얼렸다.
이 '한국오픈'은 서울컨트리클럽이 창설한 것이다. '한국오픈'은 1958년 창설 이래 군자리코스에서 열리다가 서울컨트리클럽이 한양CC를 인수한 뒤에는 2002년까지 서울 한양CC 신코스에서 열렸다.
1966년 '한국골프협회(현 대한골프협회)'가 창립하면서 한국오픈은 대한골프협회(KGA)로 이양되었는데 대한골프협회 또한 서울컨트리클럽 안에서 창립하여 분가한 것이다.

'한국아마추어골프선수권대회'는 1954년 서울컨트리클럽에서 '대통령배'라는 이름으로 처음 열렸다.

이 대회는 2004년 50회 대회부터 대한골프협회장을 지낸 '허정구' 삼양통상 창업자의 이름을 앞에 붙여 지금의 '허정구배 한국아마추어골프선수권대회'로 '남서울CC'에서 치러지고 있다.

또한 한국프로골프협회(KPGA)의 창립도 서울컨트리클럽이 주도했다.

1968년 중앙정보부장이던 김형욱 회원의 후원으로 한국프로골프협회가 서울컨트리클럽 전 헤드프로 연덕춘 등 12명의 프로 선수들로 조직되었고 서울컨트리클럽 허정구 회원을 회장, 김형욱 중앙정보부장을 고문으로 하여 분가하였다.

1968년 서울컨트리클럽 프로 후원 월례경기 후 기념사진

초대 이순용 이사장은 1950년대 당시 소속 프로 선수였던 연덕춘에게 후배 양성을 지시하기도 했다. 연덕춘이 '10년은 걸릴 것'이라며 망설이자 이순용은 "10년이 걸리더라도 시작하라. 시작이 절반"이라며 독려했다 한다.

그렇게 이 골프장에서 골프를 배우고 가르친 박명출, 한장상, 이일안, 김학영 선수들이 한국 프로골프의 첫 세대이며 한국 골프 역사를 만들었다고 해도 지나치지 않은 이름들이다. 한국 골프와 프로골프가 시작된 곳이니, 한국 골프의 요람이라 할 골프장이다.

코스와 문화

고양시 원당 서삼릉 자락, 56만평의 소나무 숲에 앉은 36홀(구코스 18홀, 신코스 18홀) 골프장이다. 신, 구 코스에 서울CC 한양CC 구분이 있는 것이 아니고 두 클럽의 회원이 두 코스를 함께 이용한다. 서울CC 회원과 한양CC 회원이 이용하는 요금이 약간 다를 뿐이다.

구코스 11번 파4 홀(위), 신코스 6번 홀 그린(아래)

구코스가 1964년, 신코스가 1970년 문을 열었기에 신, 구로 부르지만 신코스의 나이 또한 50살이 넘었다.

구코스 - 클래식한 느낌의 코스

60년대 초반만 해도 건설 기계 장비가 귀했기에 구코스는 초보적인 소형 불도저로 땅을 밀고 사람 손을 많이 이용하여 마감했다.

불도저 등의 중장비들이 나오기 전에 재래식 도구로 만든 골프 코스를 '클래식 코스'라 일컫는다. 장비의 한계가 있으므로 골프장을 만들기 적합한 땅을 찾는 것이 관건인 가운데 자연 지형을 최대한 존중하고 이용하여 만든 코스들이다.

미국의 골프 코스 개발 초창기인 1890년대 말에서 제2차 세계대전이 일어나기 전까지 (사실상 대공황이 발생하기 전인 1930년대 중반까지)를 클래식 코스의 시기로 보는데, 지금도 세계 으뜸으로 꼽히는 '파인밸리'와 '사이프러스 포인트', '시네콕힐스', '오거스타내셔널', '페블비치' 등이 이때 만들어진 대표적 클래식 코스들이다.

서울한양CC 구코스는 클래식 코스라 할 수는 없으나 클래식한 느낌의 코스라 할 수 있겠다.

연덕춘 선생이 군자리코스를 재설계한 경험을 되살리고 일본 프로골프투어에서 라

신코스 15번 홀 페어웨이의 노송 (양경창 회원 사진)

운드했던 명문 골프장들의 기억을 떠올려 설계하였으므로 일본식 정원형 코스의 특징이 그대로 반영되어 있다. 소나무를 활용한 홀 경계 조경, 이따금 홀 가운데 서 있는 노거수 등은 그러한 전형을 잘 보여준다.

구코스는 전장이 짧은(파72, 5,934미터) 편이고 워터 해저드도 없으며 벙커도 많지 않다. 그러나 오르막과 내리막이 많고 자연적인 도그렉 홀, 나무 등이 자연 장애물 역할을 하기에 거리와 방향을 잘 계산해 플레이해야 한다. 게다가 그린이 작아서 숏게임이 정교해야 좋은 점수를 낼 수 있다. 연치와 구력이 높은 회원들이 구코스를 선호한다고 한다.

클럽 명칭	서울컨트리클럽, 한양컨트리클럽 Seoul Country Club, Hanyang Country Club
클럽 한 줄 설명	한국 최초의 골프장, 한국 골프의 요람
설립 연도	1927년(서울컨트리클럽)
코스 개장 연도	1964년(구코스), 1970년(신코스)
규모, 제원	36홀 (구코스 18홀, 신코스 18홀) 신코스 파 72, 6,489m(7,096yds) 구코스 파 72, 5,934m(6490yds)
골프장 구분	회원제 골프장
위치	경기도 고양시 덕양구 고양대로 1643번길 164(원당동)
설계자	구코스 : 연덕춘, 안중희 신코스 : 야기타케오(八木武夫) 기본설계 김찬수, 이일안 감리 후 수정
소유 법인	사단법인 서울컨트리클럽
잔디 종류	페어웨이, 러프 / 들잔디(야지), 중지(일부) 그린 / 벤트그래스(펜크로스) 에이프런 / 켄터키블루그래스 티잉 구역 / 중지
티오프 간격	7분
캐디, 카트	4백 1캐디, 승용전동카트(5인승)

신코스 - 대한민국 토너먼트 코스의 기원

신코스는 구코스와 달리 대형 중장비를 이용해 크고 시원하게 만들었다. 개장 초기의 길이가 6,396미터(파72)였으니 당시로서는 국제적인 코스였다. 지금은 6,489미터(7,096야드)이며 완만한 오르막 홀 등이 있어서 실제 전장보다 길게 느껴진다.

특히 7번 파5 홀은 챔피언티 606미터(663야드), 레귤러티 574미터(628야드)에 이른다.

1986년 아시안게임이 이 코스에서 열려 우리나라 대표팀이 단체전 금메달, 개인전 은메달을 따냈다. 지금은 우정힐스CC에서 열리는 '한국오픈' 골프대회도 1990년부터 2002년까지 이 코스에서 열렸다.

미국프로골프투어 'PGA챔피언십' 우승자인 양용은 선수는 이 코스를 두고 "마스터스 토너먼트가 열리는 오거스타 내셔널 코스와 성향이 흡사하다"고 평하기도 했다.

골프 장비가 발달하고 골퍼들의 평균 실력이 높아지면서, 전장이 긴 신코스를 선호하는 회원들이 더 많아졌다 한다. 신코스 예약이 구코스보다 일찍 마감되며 신코스 이용요금을 약간 더 받는다.

투 그린과 한국 들잔디

이 골프장은 전형적인 옛날식 투 그린 구조이다. 뒤에 나오는 '아시아나CC' 편에서 투 그린에 대해 더 이야기하겠지만, 투 그린은 일본에서 사용하기 시작한 것이고 우리나라와 일본 골프 장에만 있다. 잔디관리 기술이 부족했던 시절, 겨울에 그린 잔디가 얼어 죽는 일이 자주 일어나 자 겨울용 한지형 잔디를 심은 그린을 조그맣게 만들었던 것이 투 그린의 시초라 한다. 그 뒤로 계절과 상관없이 '주 그린'과 '보조 그린'으로 부르며 주중과 주말에 구분해 쓰다가, 시간이 지날수록 그린 두 개의 크기를 비슷하게 만들고 '좌 그린', '우 그린'이라 부르며 번갈아 사용 하게 되었다 한다.

이 골프장의 투 그린 형태는 구코스의 경우 주 그린, 보조 그린 시대에서 좌그린 우그린으로 넘 어가는 과도기의 모습이고, 신코스는 좌그린 우그린으로 진화한 시대의 모습에 가깝다.
이들은 골프장 역사를 그대로 보여주는 것이니 굳이 고치지 않고 보존하는 게 좋을 듯하다.

코스의 페어웨이에 식재된 잔디는 한국의 산야에 자생하는 들잔디(야지)가 주 품종이다. 한국 골프는 조선왕조의 능터에서 비롯되었으니 야지는 왕릉 잔디의 후손일 것이다.

그런데 최근에 돌아 보니 중지 잔디가 식재된 홀들이 적지 않았다. 야지는 잎 폭이 넓고 옆으로 퍼져 자라며 중지는 들잔디 가운데 잎이 가는 것을 골라낸 품종으로 공을 잘 받쳐주고 짧게 관리할 수 있다. 우리나라 골프장들에서 가장 많이 사용하는 품종이 중지다. 이 골프장 신, 구 코스는 자생 들잔디를 오래 사용해 왔는데 최근 들어 일부 구간에 중지를 식재한 듯하다.

시그니처 홀들

이 골프장은 존재 자체가 한국 골프의 역사라 할 수 있으며, 코스 전체가 골프장 문화유산이라 하겠다. 군이 어느 홀을 시그니처 홀이라 말하는 것이 무의미하지만, 회원들은 구코스 10번 홀과 신코스 7번 홀을 특히 '보여줄 만하다'고 하였다.

구코스 10번 파5 홀에서는 멀리 파주 들녘과 그 너머 비학산(450m), 파평산(490m) 산줄기들을 바라보며 장쾌하게 티샷한다. 호연지기가 느껴지는 직선형 파5 홀이다.

신코스 7번 파5 홀은 606미터로 가장 길고 조형 조경에 공을 많이 들여 만들었다. 티잉 구역과 페어웨이 사이에 연못과 섬, 미인송들로 장식한 정원형 조경은 음양의 조화를 품으며 이 골프장 회원들의 수복을 기원하는 듯하다.

이 홀은 페어웨이 중간의 블라인드 형 마운드, 그린의 형태 모두가 극적인 구성을 품고 있다.

신코스 18번 홀이 내 기억에는 진하게 남는다. 마지막 홀 티잉 구역에서 그린으로 가면서 보는 북한산의 모습은 머리가 숙여질 만큼 장관이다. 1983년 이곳을 방문해서 경기했던 아놀드 파머가 가장 경탄하고 극찬했던 홀이라 한다.

세월과 가치를 가늠하기 힘든 나무들

코스 곳곳에 무심히 서 있는 노송, 노거수들은 본디 이곳에서 자생하여 자라나고 늙은 것이라 하는데 어느 것은 일부러 심은 것 같기도 하다.

특히 15번 홀 페어웨이 중간에 수많은 가지를 기묘하게 늘어뜨린 모습으로 서 있는 노송은 가치를 헤아릴 수 없으며, 군이 속된 눈으로 값을 따지자면 10억 원 가까이 될 것이라 한다. 클럽하우스를 신축하면 그 앞 정원으로 옮겨 심을 예정이란다.

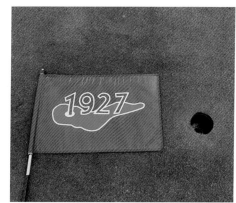

구코스 10번 파5 홀(위 왼쪽), 1927년 표기 깃발(위 오른쪽), 신코스 7번 파5 홀의 조경 (양경창 회원 사진), 구코스 15번 홀 투 그린(아래 왼쪽), 클럽하우스(아래 오른쪽)

13번 홀 페어웨이 한가운데 있는 도토리나무도 보기 드문 모습으로 인상적이다. 페어웨이 가운데 이런 나무들을 심어놓은 것을 일본식의 가학적 코스 조경이라거나 불공정한 장애요소라고 하는 의견도 있다. 나 또한 그런 생각에 상당 부분 공감하지만, 이 코스에 있는 나무 한 그루 벙커 하나도 있는 모양 그대로 살려 보존되기를 기대한다.

클럽하우스와 클럽 문화

1984년에 지은 클럽하우스는 마치 옛날 학교 건물 같은 모양이다. 입구에 가득한 트로피 등 모든 기물과 장식들이 고색창연하다. 36홀 플레이어가 이용하기에는 비좁아서 클럽하우스를 신축 예정이라 한다. 이렇게 클럽 발전에 필요한 일에 회원들이 나서서 봉사하는 전통이 있다. 2015년에 문을 연 한양파인컨트리클럽 9홀 퍼블릭 코스와 연습장은, 회원들이 직접 계획하고 자발적 기부금과 무이자 대여금으로 건설비용을 댄 것이라 한다.

서울컨트리클럽 회원들은 "조선 왕실과 관련된 역사적 가치 등을 간직한 한국 최초 클럽의 회원"이라는 자부심과 클럽에 대한 주인 의식이 강하다. 우리나라 골프 역사 초창기에 명사들의 친교 모임이 되어왔던 그 자리에서 대를 물려가며 2,600여 명의 회원들이 이용하고 있다. 클럽하우스가 마치 사랑방 같은 느낌을 주기도 하는데, 회원들 사이에 여러 자선 모임과 골프 문화 캠페인 모임이 형성되기도 한다. 이심(27대) 이사장의 말에 따르면, 고성 산불과 코로나19 전염병 등 어려운 일이 일어날 때에는 자발적인 성금이 모인다고 한다.

왕가의 인연, 한국 골프의 성지

구코스 15번 홀에서는 서삼릉이 한 눈에 보인다. 강화도령이라는 별명으로 더 알려진 철종과 그의 아내 명순왕후 김씨를 모신 예릉, 조선 11대 임금 중종의 계비인 장경왕후 윤씨를 모신 희릉, 그리고 그의 아들 조선 12대 임금 인종과 그의 아내 인성왕후 박씨를 모신 효릉이 모여 있는 것이 서삼릉이다.

능터 한쪽에 조선왕조 임금들의 태실(胎室)이 있기도 하다. 왕자가 출생하면 그 생명력이 남아 있다고 여기는 태를 깨끗이 씻어 밀봉한 후 항아리에 담아 보관한 자리가 태실이다. 임금의 태

에 담긴 생명력은 국운과도 직접 관련이 있다고 믿었기에 태항아리는 전국의 길지의 태묘 석실에 봉안되었는데, 일제강점기에 일본인들이 그 태묘들에서 태항아리를 꺼내어 이곳에 모아놓은 것이라 한다.

조선 왕가의 쇠잔한 왕기를 품은 서삼릉의 모습은 무심하게 고아하다.

우리나라의 골프는 조선 왕가의 능에서 비롯되었고 한국 골프 역사의 살아있는 문화 유적이랄 수 있는 서울·한양CC 또한 옛 왕가의 능 곁에 있다.

영국 왕실의 권위를 업은 세인트앤드류스의 R&A가 세계 골프 문화를 이끌고 상징하는 것과는 환경이 사뭇 다르지만, 서울·한양CC가 우리나라 골프 문화를 이끌고 상징하는 성지로 계승 되기를 기대한다.

여러 장의 사진을 제공해주신 서울·한양CC 양경창 회원님께 감사드립니다.
서울·한양CC에서 제공한 자료 사진을 주로 사용했으며 글쓴이가 찍은 사진도 일부 썼습니다.

THE LAKESIDE COUNTRY CLUB

수도권 골퍼들의 '드넓은 오아시스' – 레이크사이드 컨트리클럽

레이크사이드 컨트리클럽
수도권 골퍼들의 '드넓은 오아시스'

남코스 6번 파5 홀

"이 홀에서 투 온이 돼야 장타자 족보에 드는 거야."

남코스 6번 파5 홀에서 세컨 샷으로 페어웨이 오른쪽 커다란 호수를 가로질러 '투 온(on in two, 편의상 투 온으로 적음)' 한 선배가 말했었다.
그 한 마디가 내 귓전에 십수 년 동안 맴돌았던 모양이다. 얼마 전 그 선배를 만났을 때 나는 대뜸 물어보았다. "아직도 레이크사이드 남코스 6번 홀에서 연못 넘겨 투 온 하시느냐"고.
선배는 웃으며 고개를 가로젓더니 눈을 빛내며 대답했다.

"언제부턴가 그게 안 돼서 골프가 재미 없어졌어. 그런데 엊그제 초고반발 드라이버로 바꿨거든. 다시 가서 도전해 보려고......"

수도권에 좋은 골프장이 많지만, 이처럼 많이 사랑받아오는 곳이 또 있을까.
'레이크사이드 컨트리클럽'은 우리나라 최초의 '정규 코스 퍼블릭 골프장'이며, 한국 골프 역사에서 빼놓을 수 없는 이야기들이 꽃피어 온 곳이다.

한국 골프에 남긴 자취

한국 최초 '정규 퍼블릭 코스'

1990년 남코스와 동코스 36홀이 문을 열었을 때, 수도권 골퍼들은 열광했다. '퍼블릭 코스'이면서도 회원제 명문 골프장들보다 규모가 크고 코스의 품질 수준이 높았던 것이다.
'퍼블릭'이라 하면 회원제 골프장에 법적 의무로 병설된 6~9홀의 간이 코스로 알던 당시의 형편에서, 이 돌연변이 같은 골프장은 기대와 상상을 넘는 만족을 주었다.
게다가 서울 바로 밑 용인에 자리하였으므로, 인기가 하늘을 찌를 듯 드높았다. 회원권이 없으면 골프 예약하기 어려웠던 당시에, 수도권 골퍼들의 '부킹 오아시스' 같은 곳이기도 했다.
1997년에는 서코스 18홀이 회원제 골프장으로 추가 개장하여, 54홀 골프장이 되었다.
18홀 정규 규격의 퍼블릭 코스로는 나라 안에서 처음이었다. 이 골프장이 문을 연 지 십수 년 뒤에야 '베어크리크GC'(2003년 개장), '스카이72골프앤리조트'(2005년 개장) 등 회원제 골프장에 버금가는 수준의 퍼블릭 코스가 등장하기 시작한 것이니, 레이크사이드CC의 등장은 시대를 한참 앞선 모험이자 모범이었다.
이만한 규모(3개 코스, 54홀)의 골프장이 조성된 것도 처음이었고, 18홀씩 떼어놓고 보아도 당대 국내 최장, 최대 규모 급으로 웅장한 코스였다. 게다가 서울 턱밑의 수도권이었던 것이다.

이곳의 인기가 얼마나 높았는지, 웃지 못 할 이야기들도 전설처럼 떠돈다.
당시 '황제회원권'으로 통하던 이 골프장 회원권을 누군가 가짜로 만들어 팔다 잡힌 사건도 있었고, 예약실과 인연 있는 이가 운영하는 인근 식당이 예약을 도와주고 문전성시로 장사하던 진풍경도 있었다.

한국 골프 발전에 기여한 골프장

레이크사이드CC는 재일교포 사업가이던 고 윤익성 회장이 조성하여 고국에 살던 자녀들에게 물려주었다. 일본에서 고생한 끝에 사업을 일구어 레이크사이드CC를 만든 고 윤익성 회장은 생전에, "한국의 골프 발전에 기여해야 한다. 골프장에서 얻은 수익을 사회에 환원해야 한다"고 강조했다 한다.

레이크사이드CC는 꾸준히 한국 골프 역사에 기록될 골프 대회를 열었다. 한국여자프로골프 (KLPGA) 투어가 활성화되기 훨씬 이전 2001년부터 골프장 스스로 스폰서가 되어 '레이크사이드여자오픈골프대회'를 매년(7회) 직접 열었고, '한국여자오픈', '매경오픈', 'SK텔레콤오픈', 'LG레이디스오픈', '파라다이스오픈'...... 그리고 '익성배주니어오픈' 등 의미 있는 대회에 해마다 골프장을 호조건으로 제공했다.

이곳에서 열린 대회들의 우승자들을 열거하면 1990년대 이후 한국 남녀 프로골프의 역사를 한눈에 볼 수 있다. 우리나라 유명 골프선수 가운데 이 골프장에서 열린 대회에 참가해보지 않은 이들은 없다고 해도 틀리지 않는다.

골프장 명칭	레이크사이드컨트리클럽 The Lakeside Country Club
골프장 한 줄 설명	수도권 골퍼들의 최고 인기 대형 골프장
개장 연도	1990년(동,남코스), 1997년(서코스)
규모, 제원	54홀 (동코스 18홀, 남코스 18홀, 서코스 18홀) 동코스 / 파 72, 7,011m (7,666yds) 남코스 / 파 72, 7,006m (7,660yds) 서코스 / 파 72, 7,079m (7,741yds)
골프장 구분	대중제 (동코스, 남코스), 회원제 (서코스)
위치	경기도 용인시 처인구 모현읍 능원로 181
설계자	동코스, 남코스 : 나카노 유(中野 有) 서코스 : 나카노 유 (임골프 / 임상하 : 시공감리 및 자문)
소유 법인 / 모기업	(주)서울레이크사이드 / 삼성물산㈜
잔디 종류	페어웨이, 러프 / 안양중지 그린 / 벤트그래스 에이프런 / 켄터키블루그래스 티잉 구역 / 켄터키블루그래스
티오프 간격	7분
캐디, 카트	4백 1캐디, 승용전동카트(5인승)

대회는 남코스, 서코스, 동코스...... 모든 코스에서 돌아가며 열렸다.

윤 회장이 1996년 별세한 뒤로 사업을 이어받은 유족들은 골프장 경영권을 놓고 갈라져 법정에서 다투었다. 그런 가운데서도 '사회 환원'이라는 고인의 유지는 꾸준히 받들어져, 한국 골프 역사에 기록되는 대회들이 이곳에서 열렸다. 또한 해마다 거액의 불우이웃 돕기 성금을 거르지 않고 냄으로써 '수익의 일부를 사회 환원하라'는 선대의 유지를 받들었다.

그 뒤, 우리투자증권이 주간사가 되어 골프장 매각을 추진하였으며, 2014년 제일모직주식회사가 주식 전량을 인수하여 삼성그룹의 '주식회사 서울레이크사이드'가 되었다.

동코스 17번 파4 홀 그린에서 돌아본 모습(위). 남코스 13번 파4 홀(아래)

서코스 5번 파4 홀 오른쪽으로 휘는 지점

코스의 특징

용인 향수산의 '골프 명당 터'

레이크사이드CC는 용인 향수산(457m) 북서쪽 해발 160미터에서 280미터에 이르는 기슭에 있다. 동코스 후반 몇 개 홀이 높은 편인데 산자락의 경사가 완만하고 나머지 홀들은 분지에 안겨 있어서 거의 모든 홀들이 드넓게 펼쳐진다.

바로 옆에 '88CC'가 있으며 서코스 8번 홀은 88CC 동코스 5번 홀과 맞닿아 있다. 산의 반대편 동남쪽 자락에는 '에버랜드'가 있으니, 향수산은 레이크사이드CC 54홀과 88CC 36홀, 에버랜드 부속 '글렌로스GC' 9홀을 합쳐 99홀 골프장을 품고 있는 셈이다.
88CC에서 아파트 숲이 바로 옆에 보이는 반면 이 골프장에서는 클럽하우스 말고는 인공 건축물이 거의 보이지 않는다. 도시에서 가까운 곳이면서도 먼 시골 숲 속에 있는 듯한 풍광이다.
1990년 완성된 남코스와 동코스는 일본의 골프 코스 전문가 나카노 유(中野 有)가 설계했다.

그는 일본 최초로 골프 코스 설계 시공에 대한 전문 서적을 발간한 토목기술 전문가이며 야마나시현 사카이가와 골프장 등 여러 유명 코스를 설계 시공했다.

설계자 나카노 유와 임상하

1997년에 회원제로 개장한 서코스의 설계자는 확실히 전해지지 않지만, 나카노 유와 임상하 설계라고 적힌 예전 기록의 흔적이 남아 있다. 공식 기록이 아니어서 확인해 보니 당시 레이크사이드 측의 건설본부장이 고. 임상하(1930~2002) 선생이 친척 조카뻘 되는 사람이라 시공 과정에서 임선생에게 자문을 의뢰했던 듯하다. 임선생이 운영했던 '임골프주식회사(훗날 오렌지엔지니어링에 합병)'의 당시 기록에는 설계가 아니라 '공사 감리'를 맡은 것으로 남아있다.

고 임상하 선생은 화산CC, 신라CC, 파인크리크CC 등을 설계한 우리나라 1세대 거장 설계가로, 1990년대 당시에 '원 그린 코스의 전도사'임을 자임했다고 알려진다. 만약에 그가 서코스를 설계했다면 '원 그린' 코스로 만들었을 듯하다.

이 골프장 동코스, 남코스가 조성될 때 국내 골프장들은 거의 '투 그린' 구조였다. 원 그린 코스는 1988년 문을 연 용평GC 하나뿐이었다. 그리고 서코스가 문을 열던 즈음에는 원 그린 코스가 대세가 되어가고 있었다.

이 골프장은 세 개 코스 모두 투 그린 구조이다. 뒤의 '아시아나CC'편에서 다시 이야기하겠지만, 투 그린은 관리가 편한 반면에 그린의 크기가 작고 그 주변이 넓지 않아 그린 모양에 충분한 입체감을 주기 어렵다. 상상력 있는 그린 플레이를 하기에 한계가 있는 것이다.
그런데 이 골프장은 투 그린을 적용했으면서도 그린 크기와 그 주변의 입체감이 넉넉한 편이다. (투 그린에 대해서는 아시아나CC 편 참조)

3개 코스가 모두 '국내 최장급'
"남코스는 전장이 길고 서코스는 짧아서 여성적이며, 동코스는 그 중간 정도"라는 이야기들을 많이 하는데 사실은 그렇지 않다. 길이로는 세 코스 모두 '국내 최장' 급에 든다. 처음에는 서코스가 상대적으로 짧은 편이었으나 십수 년 동안 꾸준히 길이를 늘려서 지금은 서코스 7,741야드, 동코스 7,666야드, 남코스 7,660야드에 이른다. 챔피언 티 기준으로 보면 서코스가 가장 긴 것이다.
대부분의 일반 골퍼들이 플레이 하는 레귤러 티의 길이로 보면 남코스가 6,910야드이니, 우리나라 골프장들 레귤러 티 평균 길이보다 600야드 이상 더 긴 셈이며, 동코스와 서코스도 평균보다 길다. 이전 소유주가 서코스 9번 파4 홀(353야드)에서 알바트로스 홀인원을 한 적 있을 만큼 장타자였기에 코스 길이를 계속 늘였다는 이야기도 있다.

인위적 조형을 절제한 설계
전장이 넉넉한 가운데 홀마다의 길이 배분이 조화로워서, 자기 실력에 맞는 티를 사용할 경우 자연스럽게 골프채 14개를 모두 사용하게 된다. 더러 짧은 홀이 있어서 짧은 아이언을 사용할 기회도 있지만, 티샷을 하고 나면 긴 거리가 남는 경우가 상대적으로 많다.

페어웨이 중간에 벙커나 장애 요소는 많지 않다. 그러나 홀의 레이아웃이 자연 지형을 반영하여 약간씩 틀어지고 경사지거나 시야를 은근히 가리는 모양이라 미묘한 어려움으로 작용한다. 완만한 경사의 자연지형을 그대로 이용해서 큼직큼직한 토목 위주의 길을 낸 것이다. 호수도 크

서코스 9번 파4 홀(위), 동코스 16번 파3 홀(투그린 모습, 아래)

남코스 1번 파4 홀(위), 서코스 2번 파4 홀(가운데), 동코스 14번 파5 홀(아래)

고 시원스러운 형태에 약간의 곡선미만 부여하며 인위적인 조형은 절제하였다.

동, 남, 서 코스마다 다른 개성
남코스에서 이러한 성향은 두드러진다.

자연의 곡선을 따라 완만하게 휘어진 길고 넓은 홀들에서 비거리 부담이 있는 가운데, 선 굵은 구릉과 경사가 자연스러운 장애 요소가 되는 것이다. 전체 길이는 세 개 코스 모두 비슷하지만 레귤러 티 기준으로는 남코스가 6,910야드로 가장 길기 때문에, 일반 골퍼들은 '남코스는 길다'고 느낀다.

남코스는 우직하고 강인한 '수렵인의 감각'으로 플레이 하는 사냥터 같다.

서코스는 남코스보다 다소 오밀조밀한 듯 보이면서도 길고 유려하다.

연못이나 벙커 등에 인공적인 조형미가 다소 엿보이지만, 자잘한 곡선이 없고 시원스럽다. 바이올린보다 첼로에 가까운 소리가 나는 듯한 조형이랄까.

세 코스 중에서 설계의 기교가 가장 많이 반영되었으므로, 홀마다 전략을 세워 다음 샷 위치를 생각하며 정확히 치는 것이 좋다. 그런 한편 챔피언 티 기준 길이가 7,741야드(레귤러 티 6,581야드)이니 남자 프로선수들의 국제 토너먼트를 치른다 해도 긴 코스에 든다.

서코스를 '여성적'이라고 표현하는 이들이 많은데 굳이 여성 이미지로 보자면 '여전사(女戰士)의 중성적인 매력'이라 하고 싶다.

동코스는 남코스와 서코스의 특성을 고루 갖고 있다고 평하는 이들이 많다. 골프장 터의 가장 높은 곳과 가장 낮은 곳에 걸쳐 있어서 전반과 후반의 느낌이 선명히 다르고 역동적인 변화의 리듬이 느껴진다. 챔피언 티 7,666야드, 레귤러 티 6,723야드로 길고, 전반은 호수를 끼고 평탄한 반면 후반은 산허리를 따라 오르내리며 승부의 변수를 많이 만나는 코스이다.

나는 이 골프장에서 월례회를 하는 여러 모임에서, 다양한 동반자들과 동, 남, 서코스 모두에서 라운드 해왔는데, 동코스는 대체로 내기골프와 모험을 즐기는 이들이 좋아했던 듯하다.

회원제와 대중제의 차이, 최경주 선수가 꼽은 남코스
서코스가 회원제 코스이므로 가장 좋다고 평가하는 이도 있지만 동, 남, 서 코스마다 다른 매력이 있다고 본다.

서코스 14번 파4 홀

장려한 적송 군락의 흐름과 연못의 우아한 형태미, 초화류 식재 등 조경의 섬세함이 서코스의 장점인 한편, 남코스에서는 선 굵은 자연지형의 장쾌한 흐름이 느껴진다.

관리 상태의 기준과 수준은 세 코스가 다르지 않다고 골프장 측은 말한다. 하지만 회원제 코스에 좀 더 세심한 디테일이 살아있는 것만은 분명해 보인다.
세 코스 모두가 정규 프로 토너먼트를 치를 만한 변별력을 갖고 있으며 수많은 대회를 통해 이를 입증하였다. 'PGA 레전드' 프로골퍼 최경주 선수는 한국에서 국제 수준의 토너먼트를 치를 수 있는 수준의 골프장으로 남코스를 꼽기도 했다.

'코스 랭킹'과 '샷 밸류'

2000년 미국 '골프매거진'에서는 '서코스 18번 홀'을 '세계 유명 500대 파4 홀' 중 하나로 선정했다. 그런데 최근의 각종 코스 랭킹 평가들은 이 골프장을 높은 순위에 올려놓지 않는다.
관심을 갖고 살펴보면, 골프 잡지 등이 선정하는 '코스 랭킹'에서 상위권을 차지하는 골프 코스들 가운데 이 레이크사이드CC를 비롯한 수도권의 '전통 명문'들의 이름은 거의 보이지 않는

것을 알 수 있다. 그 까닭은 무엇일까.

그것은 아마 '샷 밸류'라는 평가 기준 트렌드의 영향이 크기 때문일 것이다.

코스 랭킹을 평가하는 여러 지표 중에서는 **샷 밸류**(Shot Value)의 배점이 가장 높다.

샷 밸류란 여러 의미를 포함한다. 골프는 골퍼가 공격하고 코스는 방어하면서 싸우는 게임이므로 골퍼 입장에서는 어프로치 샷으로 핀을 공격하기 가장 편한 위치에 공을 보낼수록 유리하다. 그런데 일례를 들어, 그 위치로 가는 길에 벙커나 호수 등의 장애물이 있을 때 위험을 무릅쓰고 띄워 넘겨 공을 살 보냈다면 이렇게 '살 친 샷'에는 분명한 보상이 나타야 한다는 것이 '샷 밸류 높은 코스'의 원칙이다. 그렇게 잘 친 샷의 볼이 떨어진 곳에서 핀을 공략하는 방향에 벙커가 가로막고 있지 않거나 그린의 타원 모양이 공의 진행 방향으로 나 있거나 해서 공을 잘 받아주도록 배려하는 것이다.

이렇듯 잘 친 샷의 가치가 높게 드러나게 하는 개념을 샷 밸류라 하며, 이 밖에도 14개의 클럽을 모두 사용하게 해서 골퍼의 모든 샷 기량을 테스트하는 것, 코스의 공정성 등까지 샷 밸류에 포함시키기도 한다. 설계가들은 샷 밸류를 높이기 위해서 페어웨이의 진행 방향을 비틀고 장애물을 설치하며, 그린의 모양과 방향에 변화를 주기도 한다. 그런 가운데 설계가들 또는 코스 평가위원들은 '똑바로 치면 되는 코스'를 낮추어 보곤 한다.

코스 랭킹에는 관심 없는 코스

90년대 초 이전에 문을 연 우리나라 골프장들은 대개 일본식의 '똑바로 치는 코스'들이었다. 레이크사이드CC를 그런 범주에 드는 하나로 간주하는 이들도 많다.

그런 면이 없지 않겠지만 나는 다소 다르게 본다. 최근에 만들어진 코스들이 샷 밸류를 높이기 위한 인위적인 장치들을 많이 적용하고 스타일리시한 조형을 추구하는 반면에, 정직한 토목 위주의 설계로 빚은 이 코스의 가치는 인위적인 설계 기교와 조형에 있지 않다. 티샷은 마음껏 칠 수 있도록 페어웨이가 넓으며 길게 남는 어프로치 거리는 잘못 맞은 공의 그린 안착을 허락하지 않는다.

'투 그린 코스'라 그린의 모양이 단순하고 상대적으로 작은 편이기에 언듈레이션이 덜 입체적이라는 점이 다소 아쉽지만...... 이 골프장의 가장 큰 매력은 자잘한 기교를 절제한 우직한 코스로서, '정직한 점수'가 나온다는 점 아닐까 싶다. 동, 남, 서 코스 모두 그렇다.

오히려, 샷 밸류와 난도를 높이려는 기교적 장치들로 화려한 코스들이 일반 골퍼들에게는 너무 어려운 반면 정상급 프로들에게는 쉽게 맹폭당하는 역설적 모순도 자주 보이곤 한다.

무엇보다 이 골프장은, 코스 랭킹 평가 대상이 되는 데 관심이 없는 듯하다.

인상적인 홀들

레이크사이드라는 골프장 이름이 말해주듯이 이곳의 인상적인 홀들은 대개 호수 주변을 돌아가는 곳에 있다. '레이크사이드'를 즐기고 '레이크사이드'를 조심해야 한다.

이 가운데 이름을 가진 호수도 있다. 남코스 6번 홀의 호수는 '장수호(壯壽湖)', 남코스 11번에 있는 것은 '만수호(萬壽湖)', 동코스 5번 홀의 이름은 '천수호(天壽湖)' 이다. 건강과 장수를 기원하는 뜻인 듯하다.

남코스 6번 파5 홀(위), 남코스 11번 파5 홀(아래)

남코스 17번 파4 홀

호수를 넘기는 남코스 6번 파5 홀

글 들머리에서 적은 남코스 6번 파5 홀은, 수많은 수도권 일반 골퍼들은 물론 프로골퍼들에게도 인상적인 홀일 것이다.(앞 페이지 사진)

나의 선배는 "이 홀에서 투 온 해야 장타자"라 했는데 남코스에서 열린 여러 대회에서 보면 프로골퍼들은 이 홀에서 대개 투 온에 도전했다. 세컨 샷에서 그린을 쉽게 노리려면 최대한 페어웨이 오른쪽 방향으로 티샷을 길게 쳐야 유리한데, 그렇게 치다가 오른편 호수(장수호)에 공을 빠뜨리는 선수들도 많았다.

십여 년 전 어느 대회에서 'ㄱ'선수가 친 티샷이 호수에 빠졌다 그 선수의 '마커'는 'ㄴ'선수였다. 둘 다 유명한 선수라 따라다니는 갤러리가 많았다. 공이 빠진 '입수지점'이 어딘가를 놓고 두 선수의 의견이 달라서 경기위원과 이야기하는 중이었는데, 느닷없이 'ㄱ'선수의 가족 한 분이 달려와서 'ㄴ'선수에게 삿대질 하며 싸움을 걸었던...... 그런 일도 있었다.

어쨌든 이 코스에서 많은 대회가 열렸고 이 홀에서 많은 반전이 일어났다. 투 온을 해야 장타자

동코스 7번 파5 홀

일 수 있지만, 호수 가장자리를 살짝 넘겨 세 번째 샷 장소로 정확하게 레이업하는 골퍼가 현명한 경우가 더 많았다.

남코스 호숫가 11번, 17번 홀

남코스 10번, 11번 옆에 조성된 대형 호수(만수호)는 돌아오는 17번 홀에서는 왼쪽에 있다.

이 호수는 11번 파5 홀에서 티샷 랜딩 존의 페어웨이를 개미허리 모양으로 파고 들어와 초장타자와 장타자, 단타자의 티샷 클럽 선택에 각각 다르게 영향을 준다.

17번 홀에서도 호수는 티샷 랜딩 존을 파고들어와 영향을 주는데 호수를 아예 넘기기는 쉽지 않고 안전하게 우드 티샷을 하면 너무 많은 거리를 남기게 되어 어렵다.

이 구역의 호수를 활용한 배치가 절묘하다. 두 홀 티잉 구역에서의 조망을 '긴장미'라 해야 할까. 팽팽하게 조인 현악기에서 날카로운 고음이 울려나올 듯 인상적이다.

동코스의 '눈' - 5, 6, 7번 홀

동코스 5, 6, 7번 홀은 커다란 호수(천수호)를 한 바퀴 감아 도는 구성이다.

5번 파4 홀은 '우 그린'을 사용할 때 호수를 넘기는 어프로치 샷이 쉽지 않고, 6번 파4 홀은 랜딩 존으로 밀려 들어온 호수가 부담스러워 티샷이 어렵다. 7번 파5 홀은 동코스에서 가장 아름다운 반면, 오른편 호수와 왼편 숲이 밀려 들어와 페어웨이를 개미 허리처럼 조이고 있어 티샷 떨어뜨릴 곳이 매우 좁다. 장타를 고집하면 어렵고 정교하게 치려 하면 쉽게 열린다.

이 3개 홀은 골퍼의 '생각하는 능력'과 샷의 정교함을 시험하는 구간이다.

다른 이야기지만 우리 전통 판소리에서는 각 노래 중에서 유명하고 중요한 대목을 '눈'대목이라 하는데, 동코스에서 이 3개 홀이 '눈'이랄만하다. 시각적으로 아름답고 플레이는 극적이다.

서코스 호숫가 11번, 기능미학의 5번, 버디를 노리는 18번 홀

11번 파5 홀이 서코스에서 압도적으로 아름답고 어렵다. 백리 밖까지 시야가 확 트인 629야드 직선 구간 홀인데 페어웨이 랜딩 지점 오른쪽부터 그린 앞까지 길고 큰 호수가 이어진다. 투 온 시도는 남자 투어 프로선수들도 거의 하지 않는다. 세 번째 샷에서 100야드 안팎의 거리를 남겨 호수를 넘기는 어프로치샷을 하는 것이 정답에 가깝다. 그린에서 뒤돌아보면 호수의 곡선에서 첼로나 콘트라베이스의 우아한 저음이 탄주될 것 같다.

5번 파4 홀은 오른쪽으로 휘어지는 도그렉 형태로, 장타자일수록 오른쪽으로 쳐서 계곡을 넘겨 그린 근처로 공략할 수 있다.

토너먼트를 치를 때 극단적으로 짧게 세팅하면 원 온 시도를 유도할 수도 있는 홀이다. 나는 이 홀을 보면서 "혹시 이 코스 설계에 고 임상하 선생이 관여하지 않았을까" 하는 느낌을 받았다. 그래서 기록을 찾고 확인해 보니 임 선생이 공사감리를 했다 한다. 그가 홀 모양 조성에 얼마나 관여했는지 알 수 없으나, 특별한 조경 요소 없이도 기능과 미관을 꿰뚫어 일통한 설계미학이 돋보이는 홀이다.

18번 파4 홀은 미국의 골프잡지인 '골프매거진'이 2000년 1월호에서 세계 유명 500개 홀 중 하나로 선정했다.

오르막 짧은 파4 홀인데 어렵지 않기에 버디로 승부가 날 수 있다. 설계자들은 마지막 홀에서 버디가 잘 나오게 하거나, 한두 타 정도는 뒤집힐 만한 변수가 나오도록 만들곤 한다.

동코스 5번 파4 홀(위), 서코스 11번 파5 홀 그린에서 돌아본 모습(가운데), 서코스 5번 우 도그렉 파4 홀(아래)

서코스 15번 파5 홀 페어웨이에 줄지어 선 노송들(위), 남코스 6번 파5 홀세컨샷 지점 연못(아래)

섬세한 변화

이 골프장에서 내가 나온 고등학교의 동창모임 골프 월례회가 15년 동안 치러지고 있다.
동창들 사이에서 "삼성이 레이크사이드를 인수한 뒤로 달라진 게 뭘까" 하는 이야기가 있었는데 처음엔 "페어웨이 가운데 있던 나무 두어 그루 뽑은 건 분명하다"고 대개 말하였다.
얼마 전 모임에서 똑같은 질문을 하니, "분명히 좋아졌다. 그런데 뭐가 달라졌다고 꼭 집어 말하자니 잘 모르겠다"고들 하였다.

그게 큰 변화로구나 하고 나는 생각한다.
서코스 13번 홀 티잉 구역 뒤편 덤불엔 코스모스가 무리지어 피었다. 동코스 12번 파3 홀에는 금계국이 지천이다. 남코스 6번 파5 홀 워터해저드는 연꽃 호수로 변하고 있다.
전에는 그냥 풀밭이고 그냥 연못이었던 자리들이다.
동코스 1번 홀에는 홍배나무, 2번 홀에는 벚꽃, 남코스 10번 홀에는 콩배나무, 18번 홀에는 낙락장송...... 마치 안양CC에서처럼 모든 홀에 저마다 특징적인 꽃과 나무들이 생장하고 있는데 이것이 삼성 인수 이후에 심은 것인지 그 전부터 있었는데 비로소 빛이 나는 것인지는 모르겠다.

서코스 14번, 15번 홀에는 잘생긴 낙락장송들이 긴 숲을 이루고 있다. 십여 년 전에 '수려하구나' 생각했던 이 소나무 숲이 지금은 영롱한 빛을 내고 있는 듯하다.
그린 주변의 잔디 품질, 페어웨이와 러프의 경계, 벙커의 선형들이 훨씬 선명하게 살아나 있는 것은 물론이고......
섬세한 변화라 한눈에 띄지 않지만 꾸준함이 이어지며 기어이 드러나는 것이다.

고등학교 동창 골프모임 월례회를 다른 골프장으로 옮겨서 하자는 이야기가 몇 년 전에 오간 적 있다. 수도권에 있는 몇 군데가 '이전 후보 코스'로 거론되었는데 모두 요즘 인기 높은 유명 골프장들이었다. "여기는 거리가 가까워서 좋고, 이곳은 코스가 좋고, 다른 거기는 가격이 좋다......"는 이야기로 갑론을박하다가 이렇게 중지가 모아졌다.

"레이크사이드만큼 두루 마땅한 데는 없네요. 여기서 그냥 계속 모입시다!"

사진들은 글쓴이가 찍은 것입니다.

ASIANA COUNTRY CLUB

우아한 인생, 짜릿한 게임 - **아시아나 컨트리클럽**

아시아나 컨트리클럽
우아한 인생, 짜릿한 게임

골프는 당연히 스트로크 플레이 '내기'로 하는 줄 알던 시절이 있었다.
'배판' 있는 '홀 당 스트로크 내기'는 '핸디'를 적용해도 상급자에게 유리한 것이지만,
돈 잃은 '하수'가 후반쯤에 스스로 '땅'과 '따당'을 부르게 하여 기어코 지갑을 약탈하는 것을,
골프 강호를 지배하는 정파(正派)의 법도로 알았다
내기 골프용 코스가 정해져 있는 것은 아니지만, 그 시절 나의 골프 친우들이 '내기골프의 성지'
로 숭앙한 곳이 아시아나 컨트리클럽 동코스였다.

"내기 골프의 성지"

어느 화창한 가을날 이 코스에서 내기골프 라운드를 했다.

인코스에서 시작하여 실력이 가장 좋은 'ㄱ'이 가을걷이 하듯 돈을 빨아들이는 가운데 16번(아웃 7번) 홀에 이르자, 가장 많이 잃은데다가 지난 홀에서 트리플보기를 한 'ㅈ'이 홧김에 배판을 불렀다. '배배판'이 된 것이다.

두 홀을 그럭저럭 주고받으며 18번(아웃 9번 파4) 홀에 이르렀을 때는 '8배판'이 되었는데, 실력 좋은 'ㄱ'은 세컨샷을 그린에 올렸고 'ㅈ'의 공은 그린 앞 오르막 에이프런에 걸렸다. 'ㄱ'의 독식(獨食)이 확정되는 듯한 순간이었다.

그날은 '우측 그린'을 사용했다. 'ㄱ'의 공이 올라간 자리는 세로로 긴 3단 그린의 맨 위쪽 지역이었고 핀은 맨 아래 단에 꽂혀 있었다.

그린 스피드는 3.0m 가까이 될 듯 빨랐다.

20미터 넘는 긴 거리 내리막 퍼트를 'ㄱ'이 너무 조심스럽게 굴린 탓에 공은 중간에 멈추어 섰다. 다시 굴린 퍼트는 너무 강해서 그린 밖으로 굴러 내려가 버렸다. 이어서 'ㄱ'은 어프로치 피치샷 '뒷땅'을 치며 퍼덕댔고, 다시 올린 뒤에 '투 펏'으로 탄식하며 마감했다.

몇 타인가……

'ㅈ'은 보기로 선방했으며 17번 홀까지 근근이 중간을 지키던 나는 파를 잡으며 환호했다. 그 홀이 얼마짜리였던가.

골프장의 새로운 흐름을 만들다

돌연변이 같던 골프 코스

아시아나CC는 1993년 문을 열었다. 이 코스를 설계한 사람은 '로널드 프림(Ronald W. Fream)' 이다. 그는 1983년 용평리조트의 9홀 퍼블릭 코스를 설계한 미국 설계가이며, 아시아나CC는 그의 한국내 설계 두 번 째 작업이다. (그는 이어서 제주도의 클럽나인브릿지와 순천의 파인힐스, 용평의 버치힐GC를 설계했다.) 당시 금호그룹의 최고 경영진은 로널드 프림에게 "세계적으로도 어렵고 도전적인 코스"를 주문했다고 한다. (금호그룹이 설립한 '오봉개발주식회사'가 개발한 뒤 2003년 금호아시아나 그룹에 편입되었다.)

이 골프장이 문을 열자, 라운드 한 골퍼들의 반응은 극명히 나뉘었다.

당대 최고급의 우아한 시설과 관리에 대해서는 호평 일색이었으나, 골프 코스는 당시 한국 골퍼들의 예상을 넘은 모습이었다. 페어웨이 언듈레이션이 많은데다가 굽이치는 도그렉 홀들이 상상력을 요구하며, 그린이 양파칩처럼 다양한 변화를 품고 있어서 충격적이었던 것이다.

페어웨이에 물결치는 듯한 마운드들은 봉분이 무리지어 솟은 듯하다 해서 "공동묘지 같다"는 비아냥을 듣기도 했다. 동코스 18홀, 서코스 18홀의 36홀 모두에 그런 파격이 넘쳐났으며, 동코스에 더 많은 변화들이 가득했다.

골프장 명칭	아시아나컨트리클럽 ASIANA Country Club
골프장 한 줄 설명	우아하고 역동적인 36홀 수도권 명문 골프장
개장 연도	1993년
규모, 제원	36홀 (동코스 18홀, 서코스 18홀) 동코스 / 파 72, 6,215m (6,800yds) 서코스 / 파 72, 6,200m (6,780yds)
골프장 구분	회원제
위치	경기도 용인시 처인구 양지면 양대로 290
설계자	로널드 프림(Ronald W. Fream)
소유 법인	금호리조트주식회사
잔디 종류	페어웨이, 러프 / 중지 러프 / 야지 그린 / 벤트그래스 에이프런 / 켄터키블루그래스 티잉 구역 / 켄터키블루그래스 141개, 중지 40개
벙커	주문진 규사, 총 72개(동 32개, 서 40개)
티오프 간격	7.5분
캐디, 카트	4백 1캐디, 승용전동카트(5인승)

'아시아나'와 '다시 안와'

'서구적인 도전형 코스'라는 환호와 '골퍼를 괴롭히는 코스'라는 절규가 엇갈렸다.

평탄하지 않은 페어웨이에서의 아이언 샷은 이전에 경험하지 못하던 것이었으며 언듈레이션이 심하고 빠른 그린 위에서 '쓰리 펏', '포 펏'이 예사로 나왔다. 약간 높이 솟은 그린(Elevated Green, 어원이 확인되지 않은 '포대그린'이라는 말을 대신함)도 어렵게 보던 당시의 안목으로는 이해할 수 없던 모양이라 골퍼들 가운데는 "아시아나가 아니라 '다시 안와'다"라고 고개를 젓는 이도 많았다.

그때는 낯설었던 이런 특징들이 이후 만들어진 국내 골프 코스들에겐 점차 기준이 되었다.

로널드 프림이 불러 고용했던 서구의 골프 코스 시공 기술진들이 국내의 다른 골프장 건설에도 참여하기 시작한 것이 알게 모르게 계기가 되었던 것으로 보인다. 능력 있는 코스 조형사(셰이퍼)들은 골프장 건설 붐을 맞은 국내 골프 코스 시공 현장을 누비고 다니며 많은 영향을 주었다. (셰이퍼는 골프 코스 시공 작업에서 설계 도면에 따라 조성된 루트 위에 입체성을 부여하는 현장 전문가이다. 설계도를 해석하여 직접 중장비를 몰고 다니며 언듈레이션과 마운드 등의 조

동코스 9번 홀 그린(위), 동코스 9번 홀 페어웨이에서 바라본 그린과 그 너머 클럽하우스(아래)

형을 마무리한다. 이들의 창의성이 설계자의 의도를 넘어 현장에서 발휘되기도 한다. 코스 조형의 섬세한 마감은 셰이퍼의 몫이다.)

로널드 프림은 이후 제주도의 '클럽나인브릿지'를 설계하며 데이비드 데일을 설계 파트너로 불러들였고 뒤 이어 많은 해외 설계가들이 국내에 진입했다. 이들의 작업이 국내 설계가들에게도 적지 않은 영감을 주었을 것이다.

작은 '양파칩 그린'

아시아나CC의 가장 두드러진 특징은 예나 지금이나 '그린'이겠다.

지금은 이와 비슷하게 양파칩처럼 우그러진 그린이 국내 골프장들에도 많아졌지만 아시아나 그린은 아직도 특별하다. 그린 크기가 작은 가운데 변화가 많기 때문인데 이것은 '투 그린'을 적용한 결과이다.

투 그린 코스는 그린이 작기 마련이다. 그린이 한 개 있을 자리에 두 개의 그린을 넣으려니 크게 만들 수 없다. 그린이 작다 보니 언듈레이션을 다양하게 주기는 매우 어렵다. 그래서 국내에 많은 투 그린 코스들의 그린들은 밋밋한 한쪽 방향의 경사로 만들어져 있다.

이런 한쪽 경사는 골퍼의 공간 지각력과 상상력, 어프로치 기술을 정밀히 변별하기 어렵다.

그런데 아시아나CC는 투 그린을 적용했으면서도 크고 입체적인 언듈레이션을 준 것이다.

기존 투 그린 골프장들의 그린보다는 크게 만들었으나 원 그린 코스의 그린보다는 상대적으로 작으며 작은 그린에 원 그린에 버금가는 언듈레이션을 넣었으니 변화가 역동적이다. 그린 콤플렉스(그린과 그린 주변)에서의 플레이가 당연히 어려워질 수밖에 없다. 아이언 샷이 정확하고, 숏 게임, 그린 플레이 능력이 치밀해야만 좋은 성적을 낼 수 있는 코스인 것이다.

'투 그린'의 기원과 변모

짚고 가자면, 투 그린 코스는 일본과 우리나라에만 있다.

골프 역사가 짧아서 잔디 관리 기술이 부족했던 시절, 일본인들은 그린 하나를 예비용으로 더 만들었다. 초창기 일본 골프장의 그린에는 '고라이' 잔디가 사용되었는데 이 품종은 추위에 약한 '난지형'이라 겨울에는 얼어 죽었다. 그래서 '한지형' 품종인 벤트그래스로 작은 보조그린을 만들어 겨울에만 사용하였다 한다.

주 그린(Main Green)은 고라이 잔디로 크게 만들고 보조 그린(Sub Green)은 벤트그래스로 작게 만들어 계절별로 사용하다가, 태평양 전쟁이 끝나고 고도 성장기를 맞이한 즈음에 잔디 관리 기술이 발전하고 골프 이용객이 증가함에 따라, 점차 두 그린의 크기를 비슷하게 만들기 시작했다.

우리나라 초기 골프장들도 일본의 영향을 받아 주 그린과 보조 그린으로 구성하였다 한다. 군자 리코스, 한양CC, 안양CC 등의 초기 모습도 그러했는데, 1986년 개장한 제일CC가 두 개의 그린 크기를 비슷하게 만든 첫 번째 예로 알려진다. 제일CC 코스 설계자는 일본에서 프로골퍼로 활약하면서 코스 설계를 정식으로 배운 김학영 선생(1938~)으로, 그는 이후 일동레이크GC, 양산 에이원CC, 파주CC, 제주 테디밸리 등을 설계했다. (그의 말에 따르면 투 그린뿐 아니라, 우리나라 골프 코스에서 나무 심기를 중시하는 것과 호수와 나무를 조화시키는 조경을 하는 것, 티잉 구역에 관목 울타리를 치는 것 등은 일본 골프장들을 본뜬 것이라 한다.)

제일CC 이후 다른 골프장들도 보조 그린을 키워 번갈아 사용하는 '좌, 우 투 그린' 시스템으로 점차 변했다. 그 뒤 1988년 로버트 트렌트 존스 주니어가 설계한 용평CC, 1993년 페리 오 다이가 설계한 우정힐스CC가 '원 그린'을 채택하고, 90년대 중반 이후 임상하 설계의 지산 CC(1994년), 신라CC(1995년), 화산CC(1996년)와 김학영 설계의 일동레이크GC(1995년) 등 원 그린을 적용한 명문 골프장들이 나오면서, 원 그린 코스가 대세로 자리 잡아온다.

원 그린과 투 그린의 다른 점
투 그린 코스는 그린을 번갈아 쓸 수 있기에 관리가 편하지만, '공이 놓인 그대로 플레이 한다' 는 골프의 원칙에서 벗어나는 경우가 생길 수밖에 없기 때문에 우리나라와 일본에서 말고는 조성되지 않아왔다.
아시아나CC의 경우 일본 골프장 풍에서 벗어나는 과도기에 만들어졌기에 투 그린을 적용한 것으로 보이는데, 동시대의 다른 투 그린 코스들과는 격이 다른 완성도를 보인다.

한편으로, 우리나라 골프장들은 세계에서 가장 이용률이 높기 때문에 투 그린 코스가 많다는 점을 이해할 만하다. 하루에 300여 명 골퍼가 라운드 하는 코스는 우리나라 말고는 세계 어디에서도 찾아보기 어렵겠다. 더구나 요즘은 국내 골프 인구가 점점 늘고 있기에, 원 그린으로 조성

되었던 일부 퍼블릭코스들이 몇 개 홀에 보조 그린을 증설하는 추세도 보이고 있다.

2019년 일본에서 타이거 우즈가 우승한 PGA투어 '조조챔피언십'이 열린 '아코디아 골프 나라 시노CC'는 투 그린 코스였다. 우리나라에서 'GS칼텍스매경오픈'이 열려온 '남서울CC'도 투 그린이며 수많은 토너먼트가 열린 '레이크사이드CC'도 투 그린 코스다.
아시아나CC의 투 그린은 이들 골프장보다 입체적이고 난도가 높으며, 개장 초기부터 최근까지 '금호아시아나오픈' 대회 등 많은 정규 프로 토너먼트가 치러져 코스의 변별력이 검증되어 왔다. 이 코스에서 열린 토너먼트에서는 대체로 경험 많은 선수들이 많이 우승하였는데, 그것은 정교한 플레이를 해야 좋은 성적을 낼 수 있음을 방증한다.

코스의 특징

짧은 코스라고? 힘으로 정복하기 어려운 코스

이 코스의 특징은 힘으로 밀어붙이기보다는 자기가 가장 잘하는 샷을 시도할 수 있는 자리에 정확하게 공을 보내야 한다는 것이다.

동코스와 서코스 모두 총 길이가 6,800야드 정도이니 짧은 편이다. 요즘은 메이저 급 여자 프로 대회도 6,800야드 전장에서 치러지곤 하니 남자 프로 대회를 치르기에는 매우 짧아 보인다. 그러나 코스 안에는 장타자가 유리하지 않은 변수들이 도사리고 있다.

파3 홀들은 짧은 대신 그린 콤플렉스가 예민하고, 파5 홀들은 대체로 어려워서 버디 하기 쉽지 않다. (쉬운 파5 홀인 10번 홀은 대회 때는 파4로 세팅되곤 한다.) 짧은 홀은 페어웨이가 좁거나 비탈져 있으며, 그린은 작고 가로 형이거나 사선 형이라 공략 방향을 잘못 선택하면 그린에 세우기 어려워진다.

코스 설계자는 잘 친 샷 위치에서 어프로치 공략이 유리하도록 그린 타원의 방향성을 맞추어 배치했으므로 그 공식을 이해하는 이가 유리하다. 아이언 어프로치 샷 할 위치를 정확하게 선택해야 한다는 뜻이다.

홀 위치에서 역순으로 접근법을 상상하고 공략하라 말하는 코스다.

'나의 예상 스코어'는?

이 골프징 홈페이지에는 '나의 예상 스코어'라는 페이지가 있다. 다른 코스에의 평균타수와 아시아나 코스 경험 횟수를 입력하면 대략 이 골프장에서의 예상 스코어를 산출해 보여 준다. 여기에 여러 값을 입력해 보면 다른 골프장에서보다 대략 4타 이상 더 치게 된다는 결과가 나온다. 그만큼 어려운 골프 코스라는 것이다.

이 골프 코스가 쉽다고 말한다면 자만에 빠졌거나 매우 정교한 실력자이다. (전장이 짧아서 어렵지 않다고 하는 이들도 더러 있더라만, 레귤러 티에서 성적이 좋아지면 블랙 티로 가야 옳다. 정규투어에서 활동하는 프로골퍼들에게 물어도 대개는 쉽지 않다고 대답한다.)

동코스 4번 파5 홀의 양파칩 그린

2005년 골프다이제스트 코리아로부터 '한국의 10대 골프장'으로 선정되기도 했으나 이 골프장은 코스 랭킹 선정기관들의 관심을 끄는 노력을 하지 않는 듯하다. 서울에서 가까운 노른자위 땅에서 30여 년 독특한 개성의 성가(聲價)를 누려왔으니 그럴 만도 할 것이다.

동코스와 서코스

동코스는 전반 후반 클럽하우스 앞에서 시작해서 다시 돌아오는 두 개의 고리 모양 배치이고, 서코스는 9번 홀까지 갔다가 클럽하우스 쪽으로 돌아오는 왕복 구조이다.

동코스는 웅장한 남성적 매력이 있고 서코스는 섬세하고 부드럽다고들 하는데, 서코스가 우아한 느낌이 드는 것에는 동의하지만 동코스는 역동적인 서바이벌 경기장 같다고 말하는 게 더 맞는 표현이라 생각한다. 서코스는 숲과 나무, 호수와 실개천 등의 자연지형을 조경과 전략요소로 끌어들여서 수려한 풍광 속에서 라운드 하는 묘미가 있고, 동코스는 지형 변화와 언듈레이션이 굽이치는 코스에서 승부에 몰입하게 되는 맛이 있다. 서코스가 모험을 떠나서 주유하다 돌아오는 이야기를 담았다면, 동코스에는 사냥터에서 박진감 넘치게 활 쏘며 쟁취하는 스토리가 흐르는 듯하다.

아시아나CC가 어렵다는 소문을 듣고 찾아왔다가 "서코스에서 웃었던 이들이 동코스에서 울고 간다"는 이야기도 있었는데, 이천 년대 이후 국내에 매우 어렵게 만든 신설 골프장들이 많이 나온 까닭에서인지 골퍼들이 이 코스를 예전만큼 어렵게 여기는 것 같지는 않다.

그러나 '내기 골프는 아시아나 동코스'라 여기는 이가 아직 적지 않다.

인상적인 것들

동코스든 서코스든 전체 홀의 성격을 뭉뚱그려 말하기는 어렵다. 앞에서 이미 말한 강렬한 특징 위에 홀마다의 변화가 크기 때문이다. 인상적인 부분들 몇 개를 들어본다.

동코스 4번 홀 - "아시아나 동코스에 오신 것을 환영합니다."

동코스 4번 파5 홀은 난도 높다. 오른 쪽 그린일 때도 어렵지만 좀더 짧은 좌측 그린에 핀이 꽂혔을 때 더 어렵다고 한다. 550야드(레귤러 티 503야드)의 오르막 파5 홀인데 세 번의 샷의 모두 정확해야 한다.

티샷에서는 랜딩존 오른 쪽 호수를 피해야 하고 두 번 째 샷에서는 핀의 위치를 확인한 뒤 숲을 피해 전략적으로 쳐야한다. 좌측 그린일 때는 페어웨이 오른쪽으로 레이업(lay up, 자신이 낼 수 있는 비거리를 다 보내지 않고 의도적으로 골프공을 다음 샷 하기 쉬운 곳에 도달시킴) 해야 그린 공략 각도가 좋아질 것 같지만 그린의 타원이 놓인 방향으로 보면 페어웨이 왼쪽에서 어프로치 해야 잘 받아주는 각도가 나온다. 그런데 왼쪽의 오비 숲이 입구를 막고 있다.

그린이 작고 타원의 폭이 좁으며 언듈레이션이 심해서, 롱아이언 샷으로는 그린에 공을 올려 세우기 쉽지 않다 짧으면 굴리 내려오고 길게 치면 훌쩍 넘어가기 십상이다. 오른쪽 그린일 때도 세 번의 샷 모두 정확하게 맞아야 점수를 지킬 수 있다. 홀의 입장에서 보면 비거리와 전략적 두뇌, 정확도를 모두 가려내고 싶은 것이다. 정상급 투어프로 선수들도 '투 온(on in two, 편의상 two on으로 적음)' 시도가 어려우며, 일반 골퍼들은 한순간에 '무너지기 쉬운' 홀이다. 여기서부터 코스가 이런 말을 하는 것 같다.

"아시아나 동코스에 오신 것을 환영합니다."

동코스 6번 파3 홀 하트그린

전에 대통령을 지냈던 이가 동코스에서 라운드 하다가 이 홀까지 치고 돌아가 버린 적이 있다는 소문이 있었다. "무슨 이런 골프장이 있냐"고 화를 냈다는 것이다.

그의 플레이 내용을 알지 못하지만, 나의 경험으로 말하면 이렇다.

"난도 높은 4번 파5 홀에서 매우 고생을 했고, 5번 파4 홀은 쉬워 보였는데 그린에서 공이 엉뚱하게 흘렀으며, 6번 파3 홀에서도 공이 호수나 벙커에 빠진 것이다."

6번 홀은 우측 그린이 하트 모양으로 아시아나 파3 홀 가운데 가장 아름답다. 공이 잘 안 맞으면 이 홀 예쁜 게 전혀 안 보인다.

동코스 7번 리프트카

동코스 7번 홀에서 8번 홀로 넘어갈 때는 카트 이동 리프트카(엘리베이터)를 탄다. 타워 주차장의 차량용 엘리베이터처럼 카트를 태우고 언덕을 올라간다. 땅의 이용 효율을 높이려 설치한 것인데 세월이 흐르면서 이제 '아시아나의 명물' 소리를 듣는다. 생각해 보니 이 리프트를 타고 올라갈 때 내기의 '배판'을 부르는 이가 꼭 있었다.

동코스 10번 - 딱 하나 쉬운 파5 홀

아시아나 동코스의 파5 홀들은 이 홀만 빼고 다 어렵다. 전반을 끝내고 잠시 쉬었으니 10번 홀부터는 기분전환 하라고 쉽게 만든 듯하다. 내리막 505야드(레귤러 티 485야드) 거리이므로 장타자들은 투 온이 충분히 가능하다. 우측 그린일 때는 호수만 조심하면 좋은 점수를 낼 수 있다. 단, 정규 프로투어 대회를 치를 때는 이 파4 홀로 셋업하는 경우가 많다.

홀인원 명당 코스

아시아나는 우리나라에서 홀인원이 가장 많이 나오는 코스라는 점도 특별하다. 동코스 11번 홀, 16번 홀이 홀인원 명당인데, 매년 홀인원 잘나오는 코스 순위에서 최상위권을 놓치지 않는다. 또한 나라 안에서 가장 어려운 홀 또한 매년 이 코스에서 자주 나오곤 한다. 동코스 14번 파4 홀(445야드 오르막)에서는 프로들도 보기 이상 스코어를 많이 낸다.

서코스 3번 파4 홀, 아름다운 도전

내리막 315야드(레귤러 티 300야드)의 짧은 홀이며 우측 그린을 사용할 경우 짧아진다. 왼쪽

(위로부터 시계 방향으로) 동코스 6번 홀 하트 그린, 서코스 3번 파4 홀, 동코스 7번 홀 리프트카, 홀인원이 많이 나오는 동코스11번 홀

서코스 14번 파4 홀 그린에서 돌아본 모습

구릉에서 흘러내려온 실개천이 그린 앞을 가로질러 페어웨이 오른쪽의 커다란 호수로 연결되며 그린 공략을 방어한다. 티잉 구역을 조금만 앞으로 당겨 놓아도 장타자는 그린을 직접 노리고 싶은 영웅심에 사로잡히기 쉽다. 이렇게 짧은 홀일수록 그린 콤플렉스(그린과 그 주변)의 난도가 높기 마련이다.

티잉 구역에서 보는 조경이 서코스에서 가장 정교한 홀이다.

서코스 14번 파4홀, 위협적인 호수

435야드(레귤러티 410야드)의 이 홀은 그린 앞에 커다란 호수가 입을 벌리고 있다. 왼쪽 오비와 오른쪽을 파고 들어온 호수를 피하려면 장타자일수록 조심해서 티샷 해야 하고 티샷을 최대한으로 쳐도 호수 너머의 우측 그린까지는 170야드 정도의 어프로치 샷을 남기게 된다. 그린 앞에는 대형 벙커가 있다. 이 호수에는 주말이면 하루에도 100여 개의 공이 빠진다고 한다. 우측 그린이냐 좌측 그린이냐 따라 난이도가 크게 달라진다. 오른쪽 그린을 쓸 때 호수의 표정이 훨씬 까탈스러워 보인다.

클럽하우스 식당의 270도 파노라마 뷰

서코스 18번 파5 홀...... 아멘!

이 파5 홀에서 나는 다 이겼던 게임을 놓친 적이 있다. 두 번째 샷까지 잘 쳐놓고 짧은 어프로치를 남겼는데 그린 오른쪽에 핀이 꽂혀 있었다. 세 번째 샷도 잘 쳤다고 생각했는데 살짝 길어서 그린 오른쪽 경사를 타고 흘러내렸다. 플롭 샷으로 핀에 붙이려고 했는데 공이 너무 뜬 나머지 미치지 못해서 다시 공이 굴러 내려왔고 비슷한 실수를 또 한 번 했다. 그 다음 샷으로 그린에 안전하게 올린다는 게 핀에서 너무 멀어져 쓰리 펏을 했다. 그 홀은 '배배판'이었다.
나만의 경험일 수 있지만 이 골프장에는 이런 위험이 곳곳에 있다.

270도 클럽하우스 조망

이 골프장 클럽하우스만큼 장려한 전망을 품은 곳은 매우 드물다. 남해 사우스케이프의 수평선 조망, 해남 파인비치의 정감 어린 다도해 조망도 인상적이지만 아시아나CC 클럽하우스 식당에서 펼쳐지는 '파노라마' 조망 또한 그들에 못지않다. 더글라스 바커(Duoglas Barker)라는 이가 설계한 이 클럽하우스를 한국 건축가 민성진 씨가 십여 년 전에 리노베이션 했다고 한다. 적삼목 구조체의 천정으로도 유명한 건축물이다. 전체 36개 홀 중에서 31개 홀이 클럽하우스

레스토랑에서 보인다. '270도의 파노라마 뷰'라 하는데 한자리에 앉아서도 150도 풍광 정도는 볼 수 있는 것 같다. 수십만 평 골프 코스와 드넓은 분지 너머 수십 리 거리의 태화산(641m)에서부터 백리 밖의 향수산(457m), 문형산(497m)등의 완만한 봉우리들이 겹치고 이어지면서 흘러간다. 처음 봤을 때 가녀렸던 메타세콰이어와 상록수들은 세월이 흐르며 아름드리 교목이 되었고 참나무 등 활엽수가 울창한 숲은 가을이면 온통 단풍으로 불타오른다. 이 무르익은 파노라마 경관을 클럽하우스가 가득히 끌어안는다.

이 풍광을 소수의 골퍼들만 감상하는 것이 아쉽고 송구하다.

골프의 맛

2013년 가을 어느 날 나는 아시아나CC 서코스에서 이 골프장 회원과 라운드 했다. 열 번 라운드 하면 서너 번은 '에이지 슈트'를 기록한다는 칠십대 후반의 사업가였다.

단풍이 불타오르던 그 가을날 오후에 그는 버디 두 개를 했다. 그는 "드디어 목표를 이루었다"며 기뻐했다. 알고 보니 그날 그의 두 번째 버디는 뜻 깊은 것이었다.

칠순이 되었을 때 그는 잠시 인생의 의미를 잃었다고 했다. 사업도 할 만큼 했고 골프도 족히 해보았는데 나이를 먹으며 실력이 점점 퇴보할 것이라 생각하니 불현듯 골프도 재미 없게 느껴지고 사업 의욕도 떨어졌다. 한동안 우울하게 지내다가 아시아나CC 36개 모든 홀에서 버디를 해보겠다는 목표를 세웠다 한다. 젊어서 다 해본 거지만 나이 들어 이 어려운 아시아나의 모든 홀에서 버디를 한다는 게 다시 도전할 만하다고 생각했다. 그 뒤 목표가 생겨서인지 의욕도 높아져서 나이 들어 사업이 더 커졌다 했다. 그날 그의 두 번째 버디가 그 36홀 째 목표를 이룬 것이었다.

그날 클럽하우스의 소 연회실에서 작은 기념 파티를 하며 그는 "골프에서 또 뭔가 목표를 세우려 해요."라고 했다. 소년처럼 천진하게 웃으며 말했다.

"골프는 이래서 참 좋아요. 이 맛에 자꾸 쳐요."

사진은 주로 아시아나컨트리클럽에서 제공한 것을 사용했으며 일부는 글쓴이가 찍은 것입니다.

KONJIAM
GOLF CLUB

LG의 '시그니처 명품' 골프장 - **곤지암 골프클럽**

곤지암 골프클럽
LG의 '시그니처 명품' 골프장

무지개를 좇아 떠나고 싶어지는 들녘이다.
수십 리 탁 트인 하늘 아래 낮은 산줄기들이 멀리 흘러간다.
진녹색 고운 페어웨이는 가없이 평활하다.
그 들에 금강 소나무 한 그루가 푸른 하늘로 솟아오르고
장대한 또 한 그루는 구름을 붙잡아 내려오고 있다.
거울 같은 호수가 그 조화를 비추어 담는다.

이런 풍광 앞에서, 무심히 공만 좇겠는가.

견주어 말함이 부질없겠으나,

안양CC가 삼성의 감성을 새긴 정원이라면

곤지암GC는 LG의 세계관을 펼친 피안(彼岸)인 듯하다.

다듬고 또 다듬은 골프장

LG그룹의 미래를 구상한 자리

곤지암골프클럽은 LG그룹 선대 회장의 정성이 빚은 '작품'이라고 알려져 있다. 1994년 곤지암 GC가 문을 연 뒤로, LG그룹 계열사의 주요 임직원들은 이곳에서 골프하고 휴식하며 비즈니스의 활력을 재충전해왔다. 고 구본무(1945~2018) 회장은 이곳을 가꾸고 운동하면서 사람을 만나고 사업의 결단도 하며, LG그룹의 미래를 그려냈다고 전해진다.

이 일대는 본디 '곤지암리조트'와 연계된 36홀 골프장으로 허가 받은 땅이었다. LG그룹 임직원들을 위한 종합 레저 휴양 단지로 건설 준비를 마쳤는데, 당시(1980년대 말) 정부가 기업의 비업무용 토지를 환원하라고 종용해서 골프장 예정 부지를 거의 다 내놓았다.

애초에 골프장을 지으려던 평활한 땅을 내놓으니 경사가 가파른 구릉과 산비탈만 남았다. LG그룹은 기업 임직원들의 휴양과 비즈니스를 위해 골프장이 필요했는데, 이 굴곡진 자리에 골프 코스를 앉히려니 자신 있게 설계하겠다고 나서는 이가 없었다. 국내외를 수소문한 끝에 얻은 대안이 '다키토 미노루'라는 일본인 코스 디자이너의 제안이었다.

전기공학을 전공한 그는 상상력이 기발한 디자인 풍으로 일본에서도 괴짜로 통하는 설계가였다. 그는 자신의 과감한 설계를 설득하고 실현하기 위해 매달 여러 번 공사 현장에 와서 머무르며 책임자들을 만나 토론하고 건설을 감리했다 한다.

이렇게 평화로운 코스가 또 있을까

페어웨이에 섰을 때, 이곳만큼 평화로운 느낌을 주는 골프장이 우리나라에 또 있을까 싶다.

경기도 광주에 우뚝한 정광산(562m) 품에서, 북쪽과 동쪽으로 수십 리 이상 탁 트인 들판을 바라보고 있다.

그런데 이 평화로운 페어웨이 자리는 본디 거친 바위산이었던 것이다. 다키토 미노루의 설계에 따라 봉우리들을 천만 입방미터나 깎아내서 평평한 터를 조성했다. 보통 골프장의 서너 배이상 토목 공사를 한 셈이다. 봉우리에서 덜어낸 흙과 바위로 골짜기를 메워 마치 수만 년의 자연 침식이 빚은 듯한 평원을 다지고, 산에서 흘러온 물길을 연결해서 큰 호수와 실개천을 만들었다. 그리고 자연 그대로의 모습처럼 생태를 다시 조성했다. 그 사이사이로 골프 코스를 냈다.

LG그룹 최고경영진은 이 18홀 코스에 깊은 공을 들였다. 자연에 손을 대려면 본디 그대로의 모습보다 더 아름답거나 그에 못지않은 자연을 재창조해야 한다는 부담감에 노심초사 했다 한다. 곤지암 골프클럽의 자연에 대한 생각은 이 골프장 뒤편의 '화담숲'과 연계하여 봐야 하지 않을까 싶다. 5만여 평의 산기슭에 멸종 위기의 동식물을 비롯한 자연 생태를 복원한 산중 정원이자 생태 연구 시설이며 관람 공원이 화담숲이다. '화담(和談)'은 고 구본무 회장의 아호라 하는데, LG그룹의 공익사업 일환으로 운영되고 있다. 자연 생태에 대한 고인의 애정이 깊었던 듯하다.

골프장 조성 당시 공사 현장

내륙 지방 최초의 양잔디

곤지암GC가 1993년 문을 열 때 골퍼들에게 가장 화제가 되었던 것은, 페어웨이의 켄터키블루그래스 '양잔디'였다. 1988년 문을 연 용평GC에 양잔디 페어웨이가 조성된 바 있으나, 그것은 760미터 고원지역이었다. 추운 지역이 고향인 '한지형' 켄터키블루그래스를 내륙 중산간 이하 지역에서 최초로 시도한 것이 곤지암GC였다.

또한 '원 그린'을 적용한 것도 주목받았다. 미국의 로버트 트렌트 존스 주니어가 설계한 용평GC가 국내에서 처음 선보인 이후 여러 골프장에서 검토되었던 원 그린을 이 골프장이 도입함과 함께, 같은 해에 천안의 우정힐스CC(페리 오 다이 설계), 용인의 태영CC(블루원용인, 더글라스 니켈스 조형설계) 등이 원 그린 시스템을 채택하여 문을 열었다.

이곳에서 양잔디를 도입하자 삼성그룹의 임직원들도 알게 모르게 견학하였다는 이야기도 있

레이크코스 9번 파4 홀 페어웨이에서 바라본 클럽하우스(위), 마운틴코스 7번 파4 홀 그린 주변

다. LG는 곤지암GC를 안양CC 못지않은 명품으로 가꾸기 위해 창의적인 노력을 기울였고, 안양CC 또한 곤지암의 혁신을 보며 자극받은 면이 있었던 듯하다.

고치고 또 고쳤다

그런 한편 이 골프장 양잔디는 여러 해 동안 시행착오를 거듭하며 속을 썩였다. 문 연 다음 해부터 말 그대로 속에서 썩어갔던 것이다. 본디 추운 고장이 고향인 한지형 품종의 켄터키블루그래스가 내륙지방의 한여름 무더위를 견디지 못하기도 했고, 무엇보다 양잔디가 원하는 토양 조건을 갖추지 못했던 시행착오가 컸다. 중지(中芝) 등 한국 잔디는 줄떼로 입히는 데 비해 양잔디는 씨앗을 뿌리기에 시공이 간편하고 양생이 빠른 반면에, 모래 토양을 두껍게 조성해 주어야 하는 구조적 차이가 있다. 그런데 당시 마사토(磨沙土)에 가까운 고운 흙 위에 파종하였기에 비가 오자 잔디 아래층이 진흙처럼 엉겨 배수가 되지 않으면서 썩은 부분이 곳곳에 생기기 시작한 것이다.

수시로 모래를 배토하고 잔디 및 토양 개선 공사를 여러 차례 하여 골퍼들의 불만이 크게 드러나지는 않았지만, 2009년 근본적인 코스 수정 작업(리노베이션)을 전 코스에 걸쳐 단행하게 된다.

클럽 명칭	곤지암골프클럽 Konjiam Golf Club
클럽 한 줄 설명	LG그룹의 비즈니스 골프장
개장 연도	1994년
규모, 제원	18홀 파 72 (레이크코스, 마운틴코스) 최대길이 7,112야드(6,503미터) 레이크코스 3,697야드(3,380미터) 마운틴코스 3,415야드(3,123미터)
클럽 구분	회원제
설계자 / 1차	다키토 미노루
설계자 / 2차 (2009년)	데이비드 데일(David M. Dale) 송호
소유 회사 / 모기업	㈜에스앤아이코퍼레이션 / LG그룹
위치	경기도 광주시 도척면 도척윗로 280
잔디 종류	켄터키블루그래스 (티잉구역, 페어웨이) 중지 (러프, 헤비러프) 크리핑 벤트그래스 (그린)
벙커	베트남 규사 (70개)
오비구역	7개홀에 있음(M1, M2, L2, L4, L5, L6, L7)
연못	6개
티오프 간격	7분, 9분 교차
휴장일	매주 월요일, 혹서기 및 동계 휴장
캐디, 카트	팀당 1캐디, 5인승

리노베이션 작업은 데이비드 데일(David M. Dale)의 설계와 송호골프디자인의 실시설계로 진행되었다. 토양 개량 외에도 그린 개선, 난이도와 샷 밸류 조정, 코스 미관 향상 전략성의 개선 등 코스의 거의 모든 부문에 걸쳐 이루어졌다. 데일의 설계를 국내 법규와 현황에 맞게 적용한 송호의 실시설계로 시공한 것인데, 송호 팀이 거의 상주하며 현장설계로 조형 마무리했다 한다.

(이들 설계가에 대하서는 이 책의 이어지는 장에서 몇차례 더 설명될 것이다. 간략히 적자면, 데이비드 데일은 제주의 클럽나인브릿지와 해남의 파인비치의 설계에 참여했고, 여주의 해슬리 나인브릿지 등을 설계한 이다. 송호는 우리나라 주요 골프장 설계자 목록에서 가장 많이 등장하는 이름이다. 남촌CC, 거제드비치, 더스타휴, 웰링턴CC(그리핀-피닉스코스) 등 국내외 70여 개 골프장들을 설계했다.)

"미디엄 샷 밸류로 고쳐주시오"

골프장 측은 설계진에게 '미디엄 샷 밸류 코스'로 고쳐달라고 주문했다.

샷 밸류가 높은 코스일수록 잘 친 샷과 못 친 샷의 결과 차이가 크고, 모험에 대한 보상과 응징이 분명하며, 모든 클럽을 사용하는 실력을 골고루 시험한다.

그 전의 코스는 일본인 설계작 특유의 '똑바로 치면 무난한' '로우 샷 밸류 코스'여서 "샷 밸류를 중간 정도로 높여 달라"는 요청이었다. 그래서 벙커가 게임의 길목마다에서 적극적으로 플

봄의 클럽하우스

레이에 관여하도록 입체적으로 수리되고 증설되었다.

또한 그린 언듈레이션을 합리적으로 수선하고, 코스의 전체적인 공정성을 재조정했다. 그린 언듈레이션이 비합리적이던 부분을 개선하고 응달이 지던 몇 개 홀 그린을 옮기는 등의 개선도 진행되어, 리노베이션 작업을 마치자 거의 새로운 코스로 탈바꿈했다. 코스의 루트는 유지되었으나 일본풍을 벗고 서구적인 전략형 코스가 되었다 하겠다.

('샷 밸류'란 단편적으로 보자면, 잘 친 샷과 못 친 샷의 가치가 드러나도록 하는 코스 설계 개념을 말한다. 뒤의 다른 골프장들 편에서도 설명이 나올 것이기에 더 자세한 설명은 뒤에 할 것이되, '미디엄 샷 밸류 코스'라는 말이 나왔기에 짚어둔다. 흔히들 샷 밸류가 높아야 좋은 코스인 것처럼 말하는 이들이 많은데, 샷 밸류는 코스의 용도와 성격에 따라 달라질 수 있고 다르게 적용하는 것이 옳다. 이 골프장은 엘지그룹 임직원들의 휴식과 비즈니스를 위한 골프장이기에 중간 샷 밸류를 선택한 것으로 본다. 지나치게 샷 밸류를 높이려는 기교가 발휘된 골프 코스의 경우, 정상급 선수들이 그 기교를 무색하게 하는 실력으로 맹폭하여 무력화하면서 오히려 샷 밸류가 낮아지는 결과가 나오기도 한다.)

LG의 '비즈니스 골프장'

회원권이 거래되지 않는 최고급 회원제 골프장

곤지암GC라 하면 곤지암 부근 회원권 값 비싼 골프장과 혼동하는 이가 많다.

일반 골퍼들에게 잘 알리지 않았기 때문이다. 곤지암 부근에서 가장 오래된 골프장이지만, 이곳에서 라운드 해본 사람은 이 주변 어느 골프장들에서 쳐본 이들보다 훨씬 드물다. 회원권이 시중에서 거래되지도 않는다. 회원권을 판 돈으로 조성한 골프장이 아니고 LG그룹 차원에서 만들어 계열사 임직원들에게만 회원 자격을 나누었기 때문이다. 최근 들어 주중 회원권을 일부 내기도 했지만 그룹의 비즈니스에 연관된 협력사를 대상으로 자격 심사 후 제한적으로 발행한다.

곤지암GC는 LG그룹이 운영하는 유일한 골프장이다. 이천 년대 초반까지 '강촌CC'가 LG그룹 안에 있었으나 GS그룹이 분리되면서 '엘리시안강촌' 이름으로 GS그룹 소유가 되었다. 건설과 레저 부문 사업은 GS가 맡았고 LG그룹은 GS의 사업 영역을 존중하며 서로 좋은 관계를 유지하고 있다. 이 골프장과 곤지암리조트는 그룹 임직원의 비즈니스를 위한 시설로 운영된다

'비즈니스 골프장' 목적

고 구본무 회장은 이곳에서 국내외 협력업체 사장들과 비즈니스 골프를 했고 임직원들과 즐기기도 했다. 골프를 통해 임직원 후보를 면접하기도 했다 한다. 함께 라운드 하면서 실력보다는 매너, 위기를 헤쳐 나오는 자세와 벙커 정리 습관 등을 관찰했다는 이야기가 전해진다. 임직원과 협력사들도 그렇게 함께 어울리도록 했다. 골프를 통해 재충전하고 비즈니스에 활용하도록 그룹 차원에서 지원하는 목적으로 조성한 골프장이었다.

그런 특성의 골프장이기에 '미디엄 샷 밸류'를 주문하였던 듯하다. 샷 기술을 변별 평가하는 기능과 골프를 평화롭게 즐길 수 있는 효용성 사이의 균형을 꾀한 것이라 본다.

따라서 이 곤지암GC는 이른바 '코스 랭킹'을 비롯한 세간의 평가에 관심을 두지 않는다. 어느 평가 기관에서 이곳에 랭킹 선정 의향을 물었더니 정중히 사양하더라는 이야기를 들은 적이 있다. 물론 그런 가운데도 이 골프장은 이따금 랭킹 순위의 윗자리에 선정되기도 한다. 샷 밸류 등의 평가 지표에 따른 것이라기보다 LG 골프장으로서의 위상과 관리, 서비스 수준을 높이 쳤을 것이다.

LG의 상징처럼 보이는 소나무들

이곳에 온 사람들은 대개 '소나무가 인상적'이라 말한다. 코스 전체에 흐르는 '낙락장송의 물결'은 마치 수십 폭의 동양화를 보듯 강한 인상을 준다.

안양CC의 소나무들이 척박한 바위틈이나 모래밭 등의 환경에서 희귀한 모양으로 자라난 것들이 많은 반면, 이곳의 소나무들은 토질 좋은 숲에서 쭉쭉 뻗어 키가 큰 낙락장송들이 대부분이다. 골프장을 지을 때 강원도 양양, 고성, 진부 등지의 깊은 숲에서 이런 소나무들 3,600여 그루를 공들여 옮겨다 심었다 한다.

소나무의 '솔'은 '으뜸'을 뜻하는 '수리'가 변한 말이라 한다. 우리나라와 일본에 주로 자라는데 특히 우리나라 사람들은 소나무를 비바람과 눈보라 속에서도 꿋꿋이 푸른 기상과 의지가 꺾이지 않는 '한국인의 영(靈)적 상징' 쯤으로 여기는 듯하다.

이 골프장에서는 드넓은 수평의 페어웨이 사이에 시원시원한 수직의 소나무들이 늘어선 모습을 거의 모든 홀에서 볼 수 있다. 이들 가운데는 신령스러워 보일만큼 크고 수려한 것들도 적지 않다.

클럽하우스 쪽에서 바라본 마운틴코스 9번 파5 홀(위), 레이크코스 2번 파4 홀(아래)

고 구본무 회장이 소나무를 매우 사랑한 까닭에 골프장 뒷산의 화담숲에도 진귀한 소나무들이 헤아릴 수 없이 많다. 화담숲에는 분재를 닮은 기묘한 모습의 소나무들을 모아놓은 데 견주어, 골프장의 소나무들은 금강송에 가깝게 장려한 모습이다. 골프장은 주인의 성정을 표현하기 마련이고 LG그룹의 임직원들도 이 골프장에서 감성과 정서를 다듬어 왔을 것이니, 나는 이 우아한 직립의 소나무들이 LG의 기업 정서를 드러내는 상징목들일 것이라 이해한다.

수천 그루의 장송들이 높이의 리듬을 맞추어 늘어선 길을 걸으며 18홀을 라운드 하고도, 공만 좇느라 소나무 같은 건 못 봤다고 하는 이들도 더러 있다.

코스, 평화와 균형

곤지암GC가 '비즈니스 골프장'이고 '미디엄샷 밸류 코스'라 하니, 스코어가 잘 나오는 곳이라 생각할 수 있으나 그렇지 않다. 코스의 풍광이 평화로워 언뜻 쉬워 보일 수 있지만 적재적소의 장애 요소들이 배치되어 난이도의 균형을 이루고 있다. 샷 밸류가 중간 정도로 안배된 코스라 해서 똑바로 치면 되는 코스인 것도 결코 아니다. 지나친 기교적 설정을 배제했을 뿐 조화로운 변별력을 갖추었다는 것이 이 골프 코스의 '우아한 매력'이라 생각한다.

마운틴코스 9번 파5 홀 페어웨이 옆에 선 금강 소나무

마운틴코스 3번 파4 홀

전체의 특징을 뭉뚱그려 설명할 수 없고 일부 홀들만을 뽑아내기도 어렵지만, 전반적인 흐름과 부분적인 특징을 추려 적는다.

마운틴코스와 레이크코스

마운틴코스는 남성적이고 레이크코스는 여성적이라고들 한다. 이 골프장의 성격에 비추어 말하자면 레이크코스는 비즈니스 친화적이고 마운틴코스는 게임 승부 지향적이라 할 수 있겠다.

마운틴코스는 산기슭 다소 높은 곳에 있는 지형의 변화를 반영하여 상대적으로 역동적이다. 그러나 가장 높은 곳(276m)과 낮은 곳(231m)의 높이 차이가 46미터밖에 나지 않는다. 걸어서 라운드 하기에 무리가 없고 페어웨이도 넓은 편이다. 남쪽 서덕산 바위절벽과 먼 국수봉을 바라보며 갔다가, 북쪽 독바위 산 능선을 바라보며 돌아오는 3,415야드(레귤러티 2,962야드)의 코스이다.

레이크코스는 1번 홀부터 평온한 풍광이 펼쳐지기 시작하여 두 개의 큰 호수를 돌아 정광산 노고봉(579m)과 조응한다. 넓은 페어웨이와 건너편 구릉이 만나는 완만한 곡선, 호수에 일렁이

는 수초들과 너그럽게 지켜보는 소나무들의 표정이 건네는 느낌은 가장 까다로운 홀들의 위협 요소들과 어울리면서도 평화롭다. 3,697야드(레귤러티 3,207야드)로 마운틴코스보다 약간 더 길며 평균으로 몇 타 더 치게 된다.

대화의 시작, 레이크코스 1번 파5 홀
'비즈니스 골프장'이라는 곤지암GC의 특성을 첫 홀부터 보여주는 평화로운 파5 홀이다.
'골프장의 페어웨이란 페어플레이로 같은 방향을 걷는 비즈니스의 길'이라 말하는 듯하다.
넓고 곧은 579야드(레귤러티 506야드) 길이의 홀이라 장티를 칠 수 있으면 쉬워지겠지만, 무리하지 않고 편안하게 쳐도 좋은 스코어를 낼 수 있다. 함께 소풍을 떠나는 느낌으로 워밍업 하면서 걷고, 서로의 샷과 리듬을 알아가도록 배려한 홀이다.
(봄이면 이 다음 홀부터 7번 홀까지는 벚꽃이 흐드러지게 핀다. 벚꽃 아래 걷고 대화하며 비즈니스 하라는 뜻일 것이다.)

3번, 4번, 5번, 6번 홀의 호수동화
3번 파3 홀 오른편 호수에 보라색 우선국 꽃이 아우성치고 수련은 말없이 청초하다. 이 홀부터 얼굴을 보이기 시작하는 호수는 가장 까다롭다는 4번 홀에서 흰 벙커와 어울리며 관능적인 허리를 드러내고, 5번 홀에서는 정광산 봉우리와 음양의 시각 조화를 부리다 물고기가 생동하는 6번 파3 홀의 못으로 이어진다.

4번 홀이 곤지암에서 가장 아름답다는 이야기를 많이 하는데 호수를 안고 도는 이 몇 개 홀들이 이 골프장의 시그니처 구간 아닐까 싶다. 갈대와 억새, 부들과 수련이 일렁이는 호수에 파란 하늘과 흰 구름이 비치는 모습은 현기증이 날 만큼 조화롭다.

기술적으로도 예민한 홀들이다. 4번 홀 티샷에서는 오른쪽 호수를 피해서 좁은 랜딩 존까지 공을 보내야 유리하고, 어프로치 샷에서도 그린이 매우 어려운 점을 감안하여 정확한 페이드 성 스핀 샷을 쳐야 할 때가 많다. 5번 홀 어프로치 샷에서는 그린 바로 앞의 호수를 넘겨야 하는데 그린이 가로 방향의 땅콩 모양이고 세로 길이가 최대 30야드로 좁으므로 그린 위에 공을 바로 세울 수 있는 샷을 구사해야 한다. 6번 홀 연못에는 충주호에서 치어를 받아 키운 참붕어들을 비롯한 민물 어종들이 서식한다고 한다.

레이크코스 6번 파3 홀. 참붕어 등이 서식하는 생태 호수

마운틴코스 2번 홀의 호수, 바위, 소나무
이 홀 티잉 구역 오른쪽에는 정광산에서 흘러 내려온 계곡물이 유현한 기운의 호수를 이루고 있다. 페어웨이 왼편에는 빽빽한 낙락장송 숲이 동행하고, 그린 너머에는 서덕산의 바위 절벽이 산수화에 나올 듯한 모습으로 마주보고 있다. 이들의 기운이 어우르는 조화를 가르고 티샷해야 하는 홀이니 당연히 쉽지 않다.

맞은편 절벽에 가을에는 단풍이 들고 봄에는 진달래가 흐드러진다. 2번, 4번, 7번 홀에서는 이 산을 마주보고 플레이 하고 3, 5, 8번에서는 등지고 나아간다.

바위 절벽 틈틈에 자란 나무들을 조금만 억제할 수 있다면 더욱 인상적인 절경이 될 것 같지만, 이 나무들에 단풍이 들 때 모습을 좋아하는 이들이 많다. 골프장 주변 숲을 건강하게 만드는 사업을 오래 전부터 해오고 있다니 경치보다 숲의 식생을 더 살피는 듯하다.

레이크코스 4번 파4 홀(위), 마운틴코스 2번 파4 홀(아래)

마운틴코스 8번 파3 홀

8번 파3 홀 억새길

그냥 '억새길'이라 부르고 싶은 파3 홀이다. 티잉 구역과 그린 사이에 무성한 억새풀 지역에 빠지면 공을 찾을 수 없어 벌타를 받아야 하지만, 억새숲은 정겹고 그 사이로 난 오솔길은 낭만적이다.

티샷을 온그린 해 놓고 이 오솔길로 걸어가야 한다. 만약에 미스샷을 했더라도 전동카트를 타지 말고 오솔길을 걸어가야 옳다. 이 길을 가지 않으면 자기 몫의 추억 한 페이지를 그냥 넘겨버리는 것이다.

레이크코스 9번과 마운틴코스 9번 홀이 만나는 평화의 정원

이 글 들머리에서 적은 '무지개를 좇아 떠나고 싶은 들녘'이 이 자리다.

클럽하우스 쪽에서 보면 '떠나고 싶은 들녘'이고 플레이어의 진행으로 보면 '돌아오는 정원'인 셈이다. 레이크 9번 홀은 연못의 오른쪽을 돌아 들어오는(난도 높은) 파4 홀이고, 마운틴 9번

마운틴코스 9번 파5 홀 그린. 마운틴코스와 레이크코스 각9번 홀이 클럽하우스 앞에서 만나 이루는 호수정원

홀은 연못의 왼쪽을 직선형으로 귀환하는(비교적 쉬운) 파5 홀이다. 비즈니스 골프장이라는 특성을 놓고 보면 마운틴 9번을 마지막 홀로 플레이 해야 좋은 기억을 남기기 쉬울 것이다. 하지만 레이크 9번 홀의 세컨 샷 공략 방법은 골퍼의 기량과 성향을 선명하게 변별하여 승부를 가름하므로 이 또한 마지막 홀로 더할 나위 없다.

마지막 홀이라 플레이에 더욱 집중하는 것이 옳으나, 이 홀에서 클럽하우스와 낙랑장송들이 어울린 모습과 정원의 한가운데 4단 호수가 빚어내는 정취, 그 옆 화룡정점의 자리에 우뚝 선 두 그루 금강 소나무를 건성으로 지나치기는 아깝다.
이 골프장의 수천 그루 소나무들 하나하나에 아취가 있으나 그 중 이들 두 그루 금강송이 전체를 휘어잡아 영도하는 것 같다. 이 글의 들머리에서 적은 것처럼 한 그루는 하늘로 솟아오르고 (승천) 또 한그루는 땅으로 내려오는(강림) 듯하다. 구름 위 무언가를 잡아 호수에 담은 것인가.

변함없음

양잔디와 나무 관리의 공력

이곳 페어웨이에 식재된 켄터키블루그래스 양잔디는 추운 지방이 고향인 '한지형' 잔디 품종이다. 이 잔디는 섭씨 15.5도~24도에서 잘 자라는데 영상 7도 이상 온도에서 호흡을 하고 12도 이상이면 자라기 시작하기에 늦은 가을까지 선명한 푸른색을 지키고 이른 봄부터 푸른 잎이 나온다. 흔히 '한국잔디'라 부르는 '중지'나 '야지'에 비해 짧게 깎을 수 있으므로 바닥에 딱 달라붙은 느낌으로 공이 놓인다. 그런 까닭에 아이언 샷 할 때 '손맛(타격감)'이 좋고 스핀(회전) 기술을 구사하기 쉽다.

반면에 무더위와 이종잔디의 침입에 약하기에 내륙 지방 골프장에서 이 잔디를 식재했을 때는 매우 세심한 관리가 필요하다. 곤지암GC는 우리나라 내륙 지방 골프장 중 최초로 이 잔디를 도입하여 가장 정교한 관리 노하우를 쌓아오고 있다. 우리나라 양잔디 관리의 살아있는 역사이자 모범이라 해도 되겠다.

클럽하우스 내부(왼쪽). 클럽하우스 식당 메뉴 오므라이스(오른쪽)

소나무를 관리하는 일에도 높은 공력이 필요하다. 3,600여 그루의 큰 소나무들을 매년 가지치기 해주는 것에 손이 많이 갈 뿐더러 소나무는 여러 병충해에 약하고 토양에 예민하므로 사람을 대하듯 정성을 주어야 한다. 이 골프장에는 소나무 뿐 아니라 내장산에서 모셔온 단풍나무와 느티나무를 비롯하여 왕벚나무, 팽나무, 팥배나무 등 수많은 수종들이 계절마다 자태를 빛낸다. 그러나 이들이 잔디가 자랄 토양의 양분을 빼앗고 햇빛을 그늘로 막기에 나무 아래에는 잔디가 자라지 못하기 마련이다. 이 나무들이 잔디와 공생하며 저마다의 생기를 발산하도록 해야 하니

다른 골프장들에 견주어 훨씬 많은 품이 들 것이다.

그런 가운데 페어웨이 잔디는 늘 18mm 길이로 깎고, 러프 35mm, 헤비러프 75mm 길이를 유지한다. 그린 스피드는 평소에 스팀프미터 계측 기준으로 2.8미터, 주말에는 3.0미터를 지킨다.

짜장면과 오므라이스

스타트하우스에서 내는 짜장면은 LG그룹의 선대 회장이 좋아하던 맛을 유지하고 있는 것이라 한다. 이 짜장면 값은 올리지 말라 했다는 고인의 뜻을 지켜 칠천 원 받는다. 9홀을 두 시간에 라운드 했을 경우, 스타트하우스에서는 넉넉히 30분 정도 담소할 수 있는 시간을 배려한다.

클럽하우스 식당 음식 중에서 오므라이스를 명품으로 치는 이들이 많다. 유명 언론사 사주 등 미식가들이 이 오므라이스를 '한국 최고'라 치켜세우고 즐겼다는 이야기가 있다.

클럽하우스 2층으로 올라가는 계단 중간쯤에 '조망 지점'이라는 표시가 있다. 그곳에서 창밖을 보면 마운틴코스 9번 홀의 페어웨이와 벙커, 호수와 두 그루 금강송이 어울린 경치가 액자에 담긴 풍경화처럼 보인다. 사진을 찍으라는 자리다.

정서의 발원지

정원은 주인을 닮는다.

대기업의 골프장은 그 그룹의 정원 같은 것이기에,
골프장을 보면 회사의 성정이 보이기도 한다.

글 들머리에서 "안양CC가 삼성의 감성을 새긴 정
원이라면 곤지암GC는 LG의 세계관을 펼친 피안(
彼岸)인 듯하다."고 표현했는데, 어찌 생각하면 곤
지암GC와 안양CC는 각각 두 회사를 대표하는 가
전제품 또는 그 광고의 느낌을 닮은 듯하다. 서로
극명하게 개성이 다른.

곤지암GC 18번 홀 연못가의 두 그루 장대한 금강
소나무들은 마치 'L', 'G' 두 글자를 박아놓은 것 같
고, 신비로운 이야기를 건네는 장승목 같기도 하다.
한 그루는 하늘로 솟아오르고 또 한 그루는 구름 위
무언가를 잡아 내려와 호수에 담아내는 조화를 부
리고 있음이 분명하고......

내 집의 LG '엑스캔버스' 텔레비전은 하도 오래 되
어 언제 산 것인지도 모르겠다. 아내와 함께 나이
들며 돌고 있는 세탁기도 LG 것이다.

생각해 보니 골드스타 흑백 텔레비전으로 '주말의
명화'를 보았고, 럭키치약과 하이타이로 몸이나마
깨끗이 지냈다.

생활에 너무 많이 묻어있는 LG라서, 내가 이 골프
장에 더 감응하는 것인지도 모르겠다.

사진은 곤지암GC에서 제공한 것과 글쓴이가 찍은 것을 함께 썼습니다.

ILDONG LAKES GOLF CLUB

바람과 바위가 읊는 시(詩) - **일동레이크 골프클럽**

일동레이크 골프클럽
바람과 바위가 읊는 시(詩)

'북일동 남화산'

전설까지는 아니어도 속설은 넘어선 듯 골퍼들 사이에 전해오는 이 말은. 한강 이북에는 일동
레이크GC가 빼어나고 이남에서는 화산CC가 귀하다는 칭송이다. 두 곳 다 1990년대 중반에
문을 연 이후, 아름다운 골프장을 말할 때 큰 이견 없이 손꼽혀 왔다.
화산이 서울에서 가까운 용인에 있는 것에 견주어, 도로 사정이 좋지 않았던 포천의 일동레이
크가 '북일남화'로 나란히 상찬 받아온 까닭은 무엇일까.

"일동레이크는 한국에서 가장 흥미진진한 코스 중 하나라 봅니다. 예민하게 토너먼트 세팅하면
세계 정상급 PGA 선수들도 쩔쩔매게 만들 수 있을 거라 생각합니다."

2015년 인천에서 열린 프레지던트컵대회 조직위 상임고문으로 대회 운영을 총괄했던 김원섭 (Wonsup Mike Kim) 씨의 말이다. 그는 프레지던트컵 유치 당시 미국 PGA투어 전문가들과 함께 한국 내 개최지 후보 골프장들을 두루 검토했었다. 그는 "일동레이크골프클럽은 서울에서 상대적으로 멀고 숙박 시설 등이 미비하여 개최지 후보에서 제외되었지만 코스 자체로는 국제적인 토너먼트를 치르기에 어울린다."고 평한다.

일동레이크는 풍광이 아름답고 코스의 변별력이 정교하기로, 한국에서 손꼽히는 골프장이다.

한국 골프장 역사 속 의미

포천 일동의 물은 남에서 북으로 흐르고, 산맥은 북에서 남으로 걷는다.

쥐라기의 조산 운동으로 격렬하게 솟아오른 화강암층은 바람에 식어 구릉이 되고 물을 만나 분지를 이루었다. 함경도 추가령에서 인왕산 쪽으로 억년 세월 내달려온 한북정맥의 운악산 (935m) 갈래 원통산(566m) 기슭에, 1995년 이 골프장이 들어섰다.

원로 프로골퍼이자 골프 코스 설계가인 김학영(1938~) 선생이 설계와 조성공사를 총지휘했다. 당시 이곳 땅 주인이 직접 개발하다가 파라다이스그룹에 넘겼던 '성산개발' 법인을 SK그룹이 인수하여 골프장을 완공한 뒤 문을 열었고, 2001년에 '농심그룹'으로 주인이 바뀌었다.

'북일동 남화산'의 화산CC가 용인 땅 육산(肉山)의 고운 품에 안겨 있는 것과는 달리, 일동레이크는 '포천석'으로 유명한 화강암의 정순한 금(金)기운을 딛고 서 있다.

페어웨이 언덕에서 포천 일동 분지를 내려보면 쩌렁쩌렁한 바위 소리가 호령하는 듯하다. 한북정맥을 따라 도봉산, 북한산, 인왕산까지 내달아 흐르는 바위산맥의 기세는 이곳에서 포천 분지를 만나 전장의 장수처럼 바람과 맞서고 있다. 이렇듯 강한 기운을 섬세한 조경과 정교한 설계 조형으로 가두어 빚은 공력이 도저하다. 일동레이크는 여러 면에서 기념비 같은 골프장이다.

'원 그린'을 토착화시킨 신호탄

우선, 한국 골프장에 '원 그린' 바람을 증폭시킨 코스이다.

이 골프장이 한국 최초의 원 그린 코스는 아니다. 1988년 로버트 트렌트 존스 주니어가 설계한 용평GC, 1993년에는 다키토 미노루가 설계한 곤지암GC와 페리 오 다이가 설계한 우정힐스

CC, 더글라스 니클스의 조형설계를 내세운 태영CC(현 블루원용인CC)가 원 그린 코스로 문을 연 바 있으며, 1994년과 1995년에는 고 임상하 선생이 설계한 지산CC와 코리아CC, 신라CC 가 원 그린 코스를 선보였다.

한국인 코스 디자이너 중에서는 김학영, 임상하 두 사람이 원 그린 코스 정착에 선도 역할을 했다. 임상하 설계의 지산CC와 신라CC가 신호탄이었다면, 김학영 설계로 1995년 4월 개장한 일동레이크와 그 이듬해 가을 임상하 설계로 문을 연 화산CC로 이어지는 '북일남화'의 높은 완성도가 결정적인 방아쇠 역할을 했던 것으로 보인다.

골프장 명칭	일동레이크골프클럽 Ildong Lakes Golf Club
골프장 한 줄 설명	클래식 명문 토너먼트 코스
개장 연도	1995년
규모, 제원	18홀 파 72. 6,461m (7,209yds) 마운틴코스 / 파 36. 3,152m (3,530yds) 힐코스 / 파 36. 3,309m (3,679yds)
골프장 구분	회원제
위치	경기도 포천시 일동면 화동로 738
설계자	김학영
소유 법인 / 모기업	농심개발주식회사 / 농심그룹
잔디 종류	페어웨이 / SK중지(조이시아그래스) 그린 / 벤트그래스(펜링크스) 러프, 헤비러프 / 야지(들잔디) 에이프런 / SK중지 티잉 구역 / 켄터키블루그래스, 중지
벙커	73개(주문진 규사)
티오프 간격	8분~10분 가변 운영
캐디, 카트	4백 1캐디, 승용전동카트(5인승)

그 이전에는 일본 코스들을 본받아 골프장 그린이 두 개씩이어야 하는 줄 알았다.

'투 그린'은 "공이 놓여 있는 그대로 플레이한다"는 골프의 기본 원칙을 벗어나며, 일본과 우리나라에만 있는 관리 편의적 변종이다. 한국인이 설계한 일동레이크GC와 화산CC가 완성도 높은 모범사례를 보인 뒤로 국내 골프장들은 거개가 원 그린으로 만들어지기 시작한다.

한국의 바위산 - 골프 코스 조경의 새 흐름

산중 땅 속의 바위를 드러내 코스 조경에 끌어들이는 설계 기법의 진화에도 이 골프장이 앞장섰다. 그 전에는 산중에 골프장을 만들면서도 바위 봉우리를 부수어 감추거나, 산을 깎아 평평한 계단식으로 만들던 것이 보통의 사정이었다. 바위를 드러내도 조경이라기보다는 자연 노출에 가까웠다.

일동레이크는 자연 지형을 살려 코스 길을 내고 바위를 적극적으로 노출하여 경관 조경과 코스 조형에 도입하였으니, 한반도 산중 지형의 개성을 살린 한국적 코스 미학의 한 갈래 분기점이라 할 만하다.

특히 마운틴코스 9번 홀 왼편 호숫가 암벽은 자연 암반을 절리(節理) 형태로 가공하여 노출시

힐코스 8번 홀(위), 퍼팅 연습 그린 부근에서 바라본 힐코스(아래)

킨 인상적인 조경이다. 이후 많은 골프장들이 바위 조형을 시도하였으되, 이 골프장의 화강암 조경만큼 자연의 기운이 생동하는 모습으로 보존되어 오는 것은 보기 드물다. 개장 당시 "너무 강해 보인다"는 말도 듣던 바위들은 시간이 지날수록 자연에 동화되는 모습이다.

시야가 탁 트인 포천 들판 너머 먼 산맥의 겹겹 줄기들이 유장한 원경으로 이어지는 가운데, 바위의 웅장미를 중심으로 기묘한 소나무들로 정원 스타일의 근경을 이루고 있는 것이다.

자연 생태 흐름을 살리다.

산에 있던 나무들과 구릉의 선형을 그대로 살리고 연못의 물 흐름을 몇 개 홀에 걸쳐 흐르게 함으로써 자연의 본디 모습인 듯한 생태를 재구성한 것 또한 의미 있는 시도였다.

마운틴코스 7번, 8번, 9번을 감아 도는 연못은 플레이어에게는 장애물이 되고 골프장 잔디에는 젖줄이 되며 바위산과 아울러 코스의 미관을 돋보이게 하는 조경 요소의 역할을 수행한다. 그리고 자연 생태를 연결하는 통로가 되기도 한다.

이러한 시도들은 모두 지금은 클래식으로 추종되는 기법들이다.

수천 그루의 소나무는 본디 이 산에 있던 것들을 자리를 옮겨 보존한 것이고 아름드리 느티나무도 자리만 옮긴 것이다. 그 위에 희귀한 모양의 조경수들이 부분적으로 보완 식재되었다. 처음에는 왜소하던 나무들은 세월만큼 장대해지고 표정도 심원해져 간다. 어떤 나무는 '스타워즈'에 나오는 '요다'를 닮은 것 같다.

수많은 토너먼트를 치른 '등용문 코스'

일동레이크GC는 국제대회를 치를 수 있는 토너먼트 규격의 코스로 주목받아 왔다.

코스 설계자인 김학영 선생은 우리나라와 일본에서 활약한 프로골퍼 출신이다. 한국 최초의 프로골퍼 연덕춘 선생에게 골프를 배우고, 이병철 삼성 회장(1960년대 당시 제일모직 이병철 사장)의 배려로 일본과 영국의 골프장을 탐사하여 공부한 뒤 일본의 골프장 설계회사에서 전문 실무를 익혔다. 안산의 '제일CC'가 그의 국내 첫 설계 작품이며 일동레이크는 '국제 토너먼트 규격'을 적용한 야심작이다.(그는 뒤에 양산 '에이원CC', 제주 '크라운CC'와 '테디밸리' 등을 설계했다.)

이 골프장이 문을 연 이듬해인 1996년에 '삼성월드챔피언십여자골프대회'가 열려, '원조 골프여제' 애니카 소렌스탐이 우승했고 19세의 박세리 선수가 3위에 올랐다. 박세리 선수는 그 이듬해 미국으로 건너가 1998년 US오픈에서 우승했다.

SK텔레콤오픈, 우리투자증권레이디스챔피언십 등의 많은 대회가 이곳에서 열렸으며, 정일미, 신지애, 유소연, 김세영 선수들이 우승했다. 1998년부터 한국프로골프협회(KPGA) 테스트 본 선대회가, 2002년부터 KPGA시니어대회와 KPGA프로신인왕전이 치러지기도 했다.
일동레이크 코스가 한국의 대표직인 선수들을 길러낸 변별력 있는 토너먼트 코스라는 의견에 한국 골프업계에서 일하는 사람들 대부분이 동의한다.

코스의 특징

원래 지형의 특성을 살려 '마운틴힐GC'라 부르려 했는데 포근한 느낌을 주기 위해 '레이크'를 써 일동레이크로 이름 지었다 한다. 개장 후 수십 년 동안 전, 후반을 '마운틴코스'와 '힐코스'라

마운틴코스 2번 파5 홀 그린

부르고 있으니 본디 이름을 살려 불러오는 셈이다.

일동은 지역 이름이다. 포천 '일동'의 수입천은 북쪽으로 흐르고 '이동갈비'로 유명한 '이동'의 영평천은 남쪽으로 흐르다 합쳐져 한탄강으로 흘러간다. 이 물줄기 주변의 소박한 분지가 포천이다.

마운틴코스와 힐코스 - 난형난제의 극적 구성

마운틴코스는 남성적이고 힐코스는 여성적이라고 흔히 소개되지만, 요즘 세상에 그런 표현은 다소 어색하다. 포천 분지를 굽어보는 마운틴코스는 장쾌하고 산자락 아래 안긴 힐코스는 섬세한 느낌이라 할까.

뛰어난 토너먼트 코스들이라 해도 전반은 무난하고 후반은 극적인 승부를 연출하는 구성이 흔한데 이 골프장은 그렇지 않다. 마운틴코스와 힐코스 양쪽 다 어디가 전반이고 후반인지 정하기 어려울 만큼 완성도 높은 극적 스토리를 갖고 있는 것이다. 마운틴코스가 전반, 힐코스를 후반으로 하는 것이 그간의 토너먼트 구성이었는데, 2020년 KPGA '해지스골프오픈 위드 일동레이크골프클럽' 대회에서는 힐코스를 전반, 마운틴코스를 후반으로 편성했다.

그 결과는 짜릿했다. 마운틴코스 7, 8, 9번 홀은 몇 타 차이 승부가 뒤집어질 수 있을 만한 변수

의 조합이었다. 까다로운 7번 파3 홀, 이글에 도전하는 모험도 가능하되 실수가 나오기 쉬운 파5 홀, 버디가 나올 수 있는 파4 홀로 이어진 마무리 구성은 매우 극적이었다.

힐코스가 후반으로 구성되었던 이전의 수많은 대회들에서도 토너먼트 코스로서의 극적 결말 스토리는 돋보였다. 특히 마지막이 어려운 파3 홀이었던 것이 독특했다.
힐코스 9번 긴 파3 홀에서 오른쪽 언덕 벙커 너머 그린 맨 끝에 꽂힌 마지막 날 마지막 홀의 까다로운 핀 위치는 이 코스만의 '전매특허 토너먼트 세팅'이었다. 더구나 이 홀은 갤러리가 운집하여 관람할 수 있는 '스타디움' 형태였기에 극적인 효과가 더욱 증폭되었다.

어렵지 않은 듯 치밀한 코스
이 골프 코스에는 특별히 설치한 듯한 장애물이 선뜻 눈에 띄지 않는다. 일곱 개의 호수가 강렬한 인상의 바위산을 휘감아 돌지만 플레이어를 위협하기보다는 우아한 아름다움이 눈에 먼저 들어온다. 요소마다 자리 잡은 벙커들은 최근에 생긴 코스들만큼 깊지 않다. 장애 요소들이 험난해 보이지 않고 유려한 모습인 것이다.
대부분의 홀들에서 그린이 보이거나 감지되기에 난해한 느낌이 들지 않는다. 페어웨이도 넓고

높낮음이 심하지 않기에, 벙커와 호수를 피해가면서 치면 그다지 어려울 것으로 보이지 않는다. 하지만 코스의 각 요소들은 저마다 제자리에서 빈틈없이 역할을 다하며 플레이어의 공격에 대응한다. 미스샷이 나올 그 자리에 군더더기 없이 포진하고 있기 때문이다.

여자 프로 정규 대회에서는 6,500야드 전후의 파72로, 남자 프로 정규 대회가 열릴 때는 7,209 야드 파71로 세팅하는 경우가 많았다. 파71일 경우 힐코스 6번 파5 홀을 파4로 조정한다. (다만 2020년 치러진 남자대회에서는 파72로 세팅하고 러프 길이 등을 어렵지 않게 조정하였다. 나홀 합계 20언더파를 넘는 점수가 나오도록 유도하여 침체된 남자 프로골프의 분위기를 띄워 올리려 했던 것 같다.)

그간 쌓인 데이터들을 통해 보건대, 험난해 보이는 장애물들로 가득하여 레크리에이션 골퍼들에게는 어렵기로 소문난 코스들이 프로 대회에서는 오히려 허망하게 맹폭당하기도 하는 데 견주어, 이 코스는 험난해 보이지 않으면서도 쉽게 공략당하지 않는 균형과 품격을 보여준다. 게다가 토너먼트를 치를 때 러프의 길이와 그린 경도를 조금만 조절해도 난도가 완연히 높아진다.

너그러운 듯 요구가 많은 그린

넉넉한 크기의 그린은 개장 당시만 해도 다른 골프장 것들보다 면적이 훨씬 넓고 언듈레이션이 많아 프로 선수들도 적응하기 어려워했지만, 요즘 코스들에 견주면 굴곡이 완만한 편이다. 설계자 김학영 선생께 "새로 다시 한다면 그린 언듈레이션을 더 주시겠어요?" 하고 질문하니 "다시 만든다면 요즘 추세에 맞추어 좀 더 굴곡을 줄 것"이라는 답을 들었다.

그런데 지금대로 클래식하게 두어도 좋을 것 같다. KPGA 정규 프로 토너먼트에서 보면 정상급 프로 선수들도 이 너그러워 보이는 그린을 만만하게 공략하지 못한다.

그린은 넓고 굴곡이 완만해서 핀을 꽂을 수 있는 자리가 다양하게 나온다. 그런데 핀이 꽂힌 위치마다 어프로치 공략 방법과 기술이 각각 다르다. 또한 홀의 길이와 형태에 따라 그린의 모양, 타원의 방향과 각도가 다양하다.

이 상관관계 속에서 티샷을 어디로 보내야 어프로치가 편해지는지가 매 홀마다, 핀 위치마다 달라지고, 어프로치 샷에서 높이 쳐서 세워야 할 경우, 굴려서 올려야 할 경우, 회전을 먹여 돌려 쳐야 할 경우 등의 입체적인 변화가 빚어진다.

설계자가 토너먼트 우승 경력이 있는 프로골퍼 출신이라 이런 변주를 치밀하게 구사하는 것 같기도 하다. 평화롭게 보이는데 플레이는 미묘한 전쟁인 것이다.

인상적인 홀과 상징적인 것들

한 홀 한 홀에 이야기가 있고, 그 홀들이 이어지는 리듬과 구조에 세세한 매력이 있으나, 이 책에 실린 다른 골프장과의 형평에 맞추어, 아쉬운 대로 몇 가지 두드러지는 것만 짚어둔다.

버디를 노리는 마운틴코스 2번 파5 홀

다소 짧고 샷 밸류를 높인 파5 구성이라 티샷을 잘 친 골퍼에게 스코어를 줄일 기회를 제공한 홀이다. 티샷으로 페어웨이 왼쪽의 벙커를 넘기면 평탄한 곳에서 짧은 세컨 샷으로 투 온(on in two)을 노릴 수 있다. 넘길 자신이 없으면 벙커를 피해 페어웨이 한가운데로 치면 세 번째 샷에서 짧은 어프로치 샷으로 다시 핀을 노릴 수 있다.

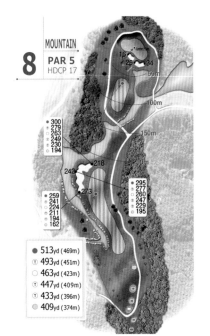

이 홀 티잉 구역 뒤에는 삼성그룹 이건희 회장의 이글 기념 나무가 있다. 이 나무를 본 이들이 도전 욕구를 드러내는 경우도 많다 한다.

변수가 많은 마운틴코스 8번 파5 홀

마운틴코스에서 가장 극적인 홀이다. 버디나 이글이 나올 수 있고 더블, 트리플보기가 나올 수도 있다. 티잉 구역 왼편에 보이는 연못이 페어웨이 중간을 고향길 실개천 모양으로 어슷하게 가로지르며 그린 오른쪽 앞까지 이어진다. 티샷 랜딩 존 왼쪽에 이 연못과 나란히 놓인 페어웨이 벙커는 낭만적인 모습으로 곱다.

이 어여쁜 것들이 미묘한 장애물로 작용한다. 짧은 파5 홀이지만 티샷과 세컨 샷 모두 정확해야 한다. 티샷이 떨어진 위치에 약간이라도 트러블이 있으면 세컨샷에서 욕심을 버려야 하는데 그러지 못하는 이가 허다하다. 보상과 응징이 명확한 홀이다.

마운틴코스 2번 파5 홀(위), 마운틴코스 8번 파5 홀 세컨샷 지점(아래)

마운틴코스 9번 홀 시그니처 바위병풍

2020년 KPGA <해지스골프오픈 위드 일동레이크골프클럽> 대회에서는 이 홀 그린에서 시상식을 치렀다. 그린 옆에 청록 빛 호수가 있고 그 너머에 강렬한 인상의 화강암 절벽이 병풍처럼 펼쳐져 있다. 수억 년 동안 땅 속에 묻혀 있다가 골프장을 만들 때 노출된 자연 바위를 절리(節理) 형태로 가공한 조경 암반이다.

티샷을 잘 보내면 짧은 아이언으로 호수 건너 그린을 공략하여 버디를 할 수 있는 마지막 홀이며, 일동레이크의 상징이라 할 수 있는 시그니처 파4 홀이다.

16번(힐코스 7번) 홀 바위 위 한 그루 소나무

힐코스 7번 홀 그린 뒤의 바위 언덕 위에는 한 그루 잘생긴 소나무가 서 있다. 이 나무를 일동레이크의 상징처럼 기억하는 사람들이 많다.

골프장 문을 연 뒤 자잘한 사고들이 일어났다 한다. 개장 4년 뒤인 1999년 당시 골프장 대표

마운틴코스 9번 4번 파4 홀 그린 주변의 바위(왼쪽), 힐코스 7번 파 홀 그린 뒤 바위와 한 그루 소나무(오른쪽)

가 풍수학자 최창조 박사에게 물으니 클럽하우스에서 정면으로 보이는 바위 동산의 기운이 너무 강하므로 나무 한 그루를 심어 눌러두는 것이 좋을 것이라 조언을 해 주었다. 그래서 바위 위에 중장비를 동원하여 나무를 심었는데 신기하게도 그 뒤로 사고가 일어나지 않았다 한다.
이 골프장에 온 사람들은 이 바위 동산과 나무를 배경으로 사진을 많이 찍는다.

18번(힐코스 9번) 홀의 드라마

일동레이크에서 열리는 토너먼트에서는 본디 힐코스를 후반에 플레이하여, 마지막 파3 홀에서 승부가 결정되는 것을 상징적 장면으로 여겨왔다.

18번(힐코스 9번)이 205야드(레귤러티 173야드)의 긴 파3 홀인데, 대회 마지막 날에는 그린의 맨 오른쪽 끝에 깃대를 꽂기 마련이다. 이 핀 위치를 직접 공략하려면 커다란 호수와 그린 바로 앞 크고 깊은 벙커를 넘겨야 한다. 긴 거리의 페이드샷을 쳐야 유리한 홀 위치인 것이다.

버디를 노리는 플레이어는 깃대를 직접 공략해야 하고 성적을 지키려는 이는 그린 가운데로 공을 보내려 하는 것이 보통인데 기술적으로도 어렵고 시각적으로도 부담이 적지 않다. 프로골퍼들은 파3 홀을 가장 어려워하는 것이니 마지막 홀을 파3로 조합하여 최후의 한 샷까지 승부를 가름하는 토너먼트 코스의 성격을 분명히 한 것으로 보인다.

홀 뒤쪽으로 스타디움 모양의 마운드를 만들어 갤러리들이 관람할 수 있도록 한 것도 토너먼트코스의 전형이다.

개장 초기에는 그린 왼쪽 앞에 움푹한 그래스벙커가 있었는데 너무 어렵다는 회원들의 의견을 따라 평평한 모습으로 바꾸었다.

지원 시설과 관리

변함없는 클럽하우스와 연습장

설계자가 이 코스에서 가장 자랑하는 것 중 하나가 연습장이었다. 연습장을 설치하도록 자신이 주장하고 관철시켰다는 것이다. 지금도 토너먼트를 치르는 골프장들 가운데 연습장이 없는 곳이 많은 게 우리나라 골프장의 현실인 것을 감안할 때, 90년대 초중반 당시에 클럽하우스 바로 앞에 드라이빙레인지를 만든 것에는 자부심을 가질 만하다.

40미터, 90미터, 145미터, 205미터 표식을 겨냥하여 연습할 수 있으며 폭은 토너먼트 코스의 제원을 따르는 연습장이다. 내장고객은 누구나 이용할 수 있다.

클럽하우스는 골프장 개장 때의 모습 그대로를 유지하고 있다. 기둥과 벽면 등의 재질과 마감을 손 본 것 외에는 변한 것이 없다고 한다.

토너먼트 세팅이 준비된 관리 매뉴얼

보통 때는 오비구역이 마운틴 8번과 9번, 힐코스 2번과 3번의 네 군데이다. 토너먼트를 치를 때는 아홉 홀에 오비구역을 설정한다. 페어웨이는 대회 때나 보통 때 모두 17mm 기준으로 짧게 깎으며, 그린스피드는 평상시에 스팀프미터 계측 기준 3.0미터로, 대회 때는 3.2~3.5미터 기준으로 관리한다. 러프는 보통 때 40mm 헤비러프는 60mm로 깎는 반면, 대회 때는 80mm에서 100mm 이상까지 기른다.

토너먼트를 많이 치르다 보니 관리 매뉴얼이 엄정하다.

'락가든' 퍼블릭코스

일동레이크GC 18홀 정규코스 바로 옆에는 9홀 규모 퍼블릭코스인 '락가든골프클럽'이 있다. 이 코스 역시 김학영 설계로 2008년 문을 열었다. 파36이며 3,558야드로 웬만한 정규코스 버금가는 규격을 갖추고 있다. 일동레이크 코스를 연장한 듯한 풍광과 만만치 않은 난이도로 구성돼 있어서 매우 인기 높다. 미국의 퍼블릭코스 운영 방식을 모델로 2인승 전동카트를 이용하

락가든 퍼블릭코스(왼쪽), 클럽하우스 로비(오른쪽)

여 캐디 없이 플레이하며 평일에는 2인플레이도 가능하다. 주차장과 클럽하우스 등 서비스 시설은 일동레이크와 별도로 이용한다. 클럽하우스와 락카룸, 그늘집은 컨테이너 형으로 간소하다. 이렇듯 알찬 9홀 퍼블릭 코스가 우리나라에 많이 생기면 좋겠다.

클래식의 전통

이 코스를 설계한 김학영 선생이 문득 "챔피언 코스라는 게 뭐라고 생각하느냐" 물으시기에 지원 시설이니 뭐니 하는 것까지 장황하게 답하려 했더니 "챔피언이 나온 코스가 챔피언 코스고 토너먼트를 치른 코스가 토너먼트 코스"라 하였다.

방송중계, 숙박, 지원 시설 등 모든 면을 다 갖추어야 한다는 주장도 일리가 있으나 우선 연습장과 코스 변별력부터 갖추어야 한다는 말씀으로 들었다. 그리고 토너먼트를 적극적으로 열어야 한다는 말씀이었다.

일동레이크는 골프·코스 순위를 매기는 여러 기관의 평가에서 늘 상위권의 성적표를 받아들지만, 이 골프장을 그런 순위로는 온전히 가늠할 수 없을 것이라 여긴다.

이 코스에서 프레지던츠컵에 버금가는 국제적인 대회들이 많이 열리는 가운데 명문 코스의 전통이 깊어가기를 바란다.

. . . .

사족 같은 이야기 하나 덧붙인다.

골프채만 잡으면 먹이를 좇는 야수처럼 공만 보며 돌진하는 나의 친우가 있다. 골프장에 서면 꽃이 어디 피었는지 건너편 산에 단풍이 들었는지 아무 것도 보지 못하는 골프 중독자라서 '들짐승'이라는 별명으로 불리는 이다.

그런데 그는 일동레이크에서는 '사피엔스'로 진화한다.

그는 세칭 '로우 싱글 골퍼'이지만, 독서나 지성, 글쓰기나 은유적 수사와는 거리가 멀게 행동해 온 사람인데 이곳에 서면 문득 깨우친 현자(賢者)가 시를 읊듯 말하는 것이다.

"일동레이크에서는 한 샷 한 샷 생각하면서 쳐야 하고 풍경 하나도 놓치지 말아야 해"

그 속은 알 수 없으나, "이런 골프장이 명문이고 클래식"이라는 그의 주장에 나도 동의한다.

사진은 주로 일동레이크 골프클럽에서 제공한 것을 사용했으며 일부는 글쓴이가 찍은 것입니다.

ELYSIAN GANGCHON COUNTRY CLUB

곱게 핀 관능의 장원(莊園) - **엘리시안강촌 컨트리클럽**

엘리시안강촌 컨트리클럽
곱게 핀 관능의 장원(莊園)

몇 해 전에 이 골프장에서 열린 한국여자프로골프(KLPGA)투어 정규대회 프로암 행사에 참가하여 라운드 했다.

우리 조에 배정된 프로골퍼는 당시 몇 차례 우승 경험이 있는 이 아무개 선수였다.

동반자 가운데 한 사람은 남부 지방 대도시에서 올라왔는데 스스로 장타자이며 '로우 핸디캡 골퍼'라고 티오프 전에 밝혔다. 열 번 치면 일고여덟 번은 70대 타수를 친다고 말했다.

프로암 라운드는 대회 순서대로 '힐코스 - 레이크코스에'서 했다. '샷건 플레이' 방식이라 우리 조는 17번 파5 홀에서 시작했는데······

첫 티샷에서 이 '장타자'의 '멘붕'은 시작되었다.

강력한 티샷을 하고 세컨 샷 지점에 가 보니 자신의 공보다 30미터 더 멀리 나간 곳에 여자 선수의 공이 있지 않은가······ (그녀는 티샷 평균 비거리가 여자프로 정규투어 중상위 순위 정도의 선수였다.)

그가 고개를 갸우뚱하며 우드를 잡고 힘껏 친 두 번째 샷은 페어웨이를 벗어나 10센티미터 정도로 길러놓은 러프에 빠졌다. 한 번에 '러프 탈출' 하지 못한 그는 5번째 샷 만에 그린에 올라왔는데 그날의 그린 스피드는 스팀프미터 측정 기준으로 3.4미터였다.

언듈레이션이 별로 없는 그 첫 홀 그린에서 그는 '4퍼트'를 했다.

그 다음 홀에서도 잘 맞은 티샷이 여자프로 선수보다 30여 미터 덜 나가고, 그린에서 (1미터 넘는 거리 컨시드를 받고서도) 3퍼트를 하자, 그는 "무슨 그린이 이따위야!"라고 부르짖었다.

세 번째 홀에서 힐코스 1번 홀로 넘어왔는데, 힐코스는 레이크코스에 비해 그린의 굴곡이 컸다. 살짝 건드리기만 해도 내리막을 타고 하염없이 굴러가는 볼을 망연히 바라보며 또다시 4퍼트를 한 그는 하마터면 퍼터로 그린을 찍을 뻔했다.

세게 치려고 힘이 들어간 티샷은 (빠져 죽거나) 깊은 러프로 가고, 그린에서 퍼터만 잡으면 벌벌 떨다가 '땡그랑' 소리를 거의 듣지 못한 그는 그날 '100타' 쯤 쳤다.

강촌(江村)에 깃든 '이상향'

엘리시안강촌 컨트리클럽은 평화로운 골프장이다.

흔히들 이곳을 예쁘고 편안한 '힐링 코스'라 하는데 그 말에는 쉬운 코스라는 뜻도 담겨 있는 듯하다. 하지만 이곳에서 치러진 대회에서 나온 성적들은 그런 평판들과는 다르다.

토너먼트가 치러지는 리조트 형 코스

이 코스에서 열린 여자프로골프 KLPGA투어 토너먼트 결과를 보면, 2015년 'KDB대우증권클래식' 대회에서 박성현 선수가 3라운드 합계 13언더파로 우승했고, 2016년에는 양채린 선수 6언더파 우승, 2018년 김해림 선수가 6언더파, 2019년 조아연 선수가 17언더파 우승했다.

남자프로골프 KPGA투어 대회를 보면, 2020년 'GS칼텍스매경오픈' 대회에서 우승한 이태희 선수의 우승 성적이 3라운드 합계 11언더파였다. ('매경오픈'은 4라운드 대회로 치러지는 것이 전통이지만 2020년에는 코로나19 전염병의 영향으로 3라운드 무관중 경기로 진행되었다.) 다른 대회 코스들에 견주어 선수들에게 쉽게 정복당하지 않는 것이다. 평소에 곱게 다듬어 놓은 러프와 짧게 세팅한 티잉 구역에서 치던 레크리에이션 골퍼들이 '대회 세팅'으로 플레이 해 보면, "여기가 이렇게 예민한 코스였구나." 할 수도 있겠다.

북한강변 굴봉산(307m) 기슭 포근한 골짜기에 앉은 엘리시안강촌CC는 27홀(밸리코스, 레이크코스, 힐코스) '휴양지 형' 골프장이다.

토너먼트 코스라기보다는 리조트에 부속된 '힐링 코스' 성격인데, 서울에서 교통이 편하고 대규모 리조트와 골프 연습장 등 프로골퍼들의 정규 토너먼트를 치르기 좋은 지원 시설을 잘 갖추고 있다. 평상시에는 편안하게 플레이 할 수 있는 휴양지 형 코스로 관리하다가 대회를 치를 때는 '토너먼트 세팅'으로 변별력을 키워 전혀 다른 코스로 변모한다.

골프장 명칭	엘리시안강촌 컨트리클럽 Elysian Gangchon Country Club
골프장 한 줄 설명	북한강변의 휴양 리조트 코스
개장 연도	1997년
규모, 제원	27홀 파 108 힐코스 / 파 36, 3,053m (3,339yds) 레이크코스 / 파 36, 3,008m (3,290yds) 밸리코스 / 파 36, 2,953m (3,230yds)
골프장 구분	회원제
위치	강원도 춘천시 남산면 북한강변길 688
설계자	임상하 (힐코스 리노베이션 / 송호)
소유 법인 / 모기업	GS건설 / GS그룹
잔디 종류	페어웨이 / 중지(조이시아그래스) 그린 / 벤트그래스 러프, 헤비러프 / 야지 에이프런 / 켄터키블루그래스 티잉 구역 / 켄터키블루그래스
티오프 간격	7분
캐디, 카트	4백 1캐디, 승용전동카트(5인승)

'강촌CC'에서 GS의 '엘리시안'으로

'엘리시안 강촌'은 GS그룹이 운영한다. 골프장 뿐 아니라 스키장, 수영장, 휴양림, 콘도미니엄 등을 갖춘 종합 레저 단지로 1997년 LG그룹에 의해 문을 열어 운영되다가, LG그룹을 함께 이끌던 허씨와 구씨 두 집안의 몫이 GS(허씨)와 LG(구씨)로 나뉘는 과정에서, 이 골프장과 리조트 사업은 GS그룹이 맡게 되었다. LG그룹은 이와 별도로 곤지암GC를 맡아 운영하고 있다.

엘리시안강촌CC 전경(위), 골프장 옆 엘리시안강촌콘도와 스키장, 수영장(아래)

처음 문을 열 때 이름은 '강촌CC'였다. GS건설이 2008년 제주도에 36홀의 '제주엘리시안컨트리클럽'을 열면서 '엘리시안' 브랜드로 통합되었다. 강촌과 제주의 골프장 둘 다 종합 리조트 안의 휴양지 형 코스이다.

엘리시안(Elysian)은 그리스 신화의 엘리시움(Elysium)에서 따온 말로, 영웅들의 낙원, 즉 '최상의 행복이 있는 이상향'을 뜻한다고 한다.

이상향도 좋겠지만 강촌(江村)이라는 이름으로도 정겨운 땅이다. 가장 높은 힐 코스 7번 홀 티잉 구역에서 보면 북한강이 푸르게 흘러내려오고 강 건너 삼악산, 월두봉이 장려하게 굽이쳐 들어온다. 멀지 않은 곳에 강변 마을도 보인다.

임상하 설계의 산중 코스 미학

이곳은 '예쁜 골프장'으로 알려져 있다. 주변에 산이 많은 지형이지만 강의 흐름을 따라 길고 넓은 분지가 이어져 백리 너머 먼 곳까지 시야가 트여있다. 춘천, 홍천, 횡성의 산줄기들이 겹겹의 능선을 이루며 흘러가는 모습이 아득하다.

가까이에는 강과 봉우리가 감싸고 있다. 이 자리는 안동의 하회마을처럼 강이 크게 돌아 나가는 지형의 들머리이다. 백두대간의 '한북정맥'이 '화악지맥' 갈래로 뻗어 내려오다 북한강의 느릿한 물돌이에 막혀 우뚝 솟아오른 월두봉(162m)이 라운드 중에 나타났다 사라지곤 한다. 이 코스가 기댄 굴봉산에서 솟아오르기 시작하여 검봉산(530m), 가리산(1,051m), 태기산(1259m)으로 이어져 가는 '영춘지맥'의 먼 산줄기들이 매 홀마다 다른 빛깔로 말을 걸어온다. 눈을 안으로 돌리면 낮고 넓은 분지에 꽃과 나무의 정원처럼 곱게 빚은 코스가 펼쳐진다.

골프 코스 설계자는 고 임상하(1930~2002) 선생으로, 화산CC, 파인크리크CC, 신라CC, 지산CC, 뉴서울CC 북코스 등을 디자인한 이다. 골프업계에서는 김명길, 장정원, 임상하 선생들을 '국내 골프설계자 1세대 3인방'으로 꼽는다. 이들이 이천 년대 초반까지 국내에서 가장 많은 골프 코스들을 설계했기 때문이다.

임상하 설계 코스들은 수십 년 전에 만들어진 것들이면서도 현재성을 갖는 것들이 많다. 그의 작품들은 한국 산천의 흐름과 아름다움을 이해하고 받들면서 골프 플레이의 다양한 재미와 입체적 난이도를 살려낸다. 도시계획 전문가 출신의 코스 디자이너였다는데 설계한 코스마다 '용도에 따른 콘셉트'와 '플레이의 가치', 그리고 '미학적 조형'이 다채롭다.

한국 자연의 아름다움을 골프 코스에 담아내는 '작가적 관점을 정립한 거장'이라 여긴다.

당시 설계 과정에서 '넓고 다이내믹한 18홀 코스'를 만드는 안과 '휴양형 27홀 코스'를 꾸미는 안이 함께 검토되었는데, 복합 휴양 리조트 안의 '아름답고 평화로운 27홀 코스'를 조성하게 되었다 한다.

온화하고 단아한 느낌

골프장은 그 소유주의 성품을 닮는다.

GS그룹은 효주(曉州) 허만정 선생에서 비롯되었다. 경남 진주 땅 만석꾼이었던 그는 독립운동 자금을 대고 소작농과 인근 주민들이 굶주리지 않도록 곡식을 나누었다.

우리나라 대표 기업들의 창업에도 크게 기여했다. LG가 '락희상회'를 설립할 때 셋째 아들을 참여시키며 돈을 대었고, '삼성'이 창업될 때는 종잣돈을 대며 큰아들을 보냈다.

LG는 1947년부터 3대에 걸쳐 허씨와 구씨의 동업관계로 유지되다가 2004년 LG(구씨 대주주)와 GS(허씨 대주주)로 나뉘어, 전자, 화학, 금융 등은 LG(구씨)가, 정유와 건설 부문은 GS(허씨)가 맡아 그룹 분리하였다. 두 기업그룹은 서로의 사업 영역을 존중하며 좋은 관계를 지키고 있다.

삼성그룹 계열의 골프장에서 고 이병철 회장에서 이어져 내려오는 이씨 집안 특유의 안목과 정밀한 관리 기준이 느껴지는 것에 견주어, GS그룹의 엘리시안강촌CC에서는 온화한 미감과 은근한 섬세함이 느껴진다.

클럽하우스는 소박함 속에 간결하며 코스는 산천에 고이 안겨 있다. 사람을 낮추보는 위세나 자연을 정복하여 굽어보려는 의도가 느껴지지 않는다 할까.

코스의 특징

갈 때마다 느낌이 다른 까닭

이 코스를 한번 라운드 한 사람들은 저마다 다른 그림의 추억을 간직하기 쉽다. 서너 번 이상 라운드 해도 매번 느낌이 다를 것이다. 산 중턱의 힐코스와 강변에 가까운 밸리코스가 뚜렷이 다르고 계절과 날씨에 따라, 아침에서 저녁까지 시간대마다 분위기가 다르다.

강과 산이 만나 일교차와 계절이 뚜렷한 강촌의 기후 특성이 시시각각의 선명한 변화를 빚어내는 것이라고 나는 생각한다. 코스가 산 중턱에서 강 주변의 분지를 오르내리기에 높이와 지형에 따라 풀꽃과 나무의 생장 분포가 다르기도 할 것이다.

나는 "골프장에서 공만 좇다 오면 그린피가 아깝다"는 말을 수변 사람들에게 자주 하는데, 여기서는 공만 좇은 라운드도 꿈결처럼 곱게 기억한다. 어느 가을날 새벽에 밸리코스를 라운드했을 때 안개가 짙어서 보이지 않는 상상의 그린을 향해서 치고 나갔다. 후반에 접어들며 안개가 걷히자 노란 낙엽송과 붉은 단풍이 어릴 적 기억을 더듬는 꿈길처럼 드러났다. 안개 속이 꿈이었는지 단풍 길이 꿈속이었는지 기억에 서로 스며들어 모호하다.
나의 지인 가운데 어떤 이는 "강촌의 가장 큰 자산은 새벽 안개"라 했다. 힐코스 맨 위쪽 6번 홀에서 안개 낀 밸리코스의 운해를 보았을 때의 감동을 잊지 못한다는 것이다.

힐코스 5번 파4 홀

세 코스의 다른 개성

각각 9홀로 이루어진 힐코스, 레이크코스, 밸리코스 세 코스 모두 챔피언 티에서의 총 길이가 3,300야드 남짓으로 짧은 편이다. 여자 프로 대회를 치르기에는 부족하지 않은 길이이지만 남자 프로 정규대회를 치르기에는 많이 짧기에, 2020년 KPGA 투어 'GS칼텍스매경오픈' 대회에서는 27홀 코스에서 18홀을 골라서 조합하여 7,001야드, 파 70의 토너먼트 코스로 세팅했던 바 있다.

세 코스는 세 개의 다른 골프장인 듯 개성이 다르다.

힐코스는 산중턱에 걸쳐있다. 이 골프장에서 가장 높은 260미터에서 200미터 높이 산허리를 오르내린다. 아래쪽에 있는 레이크코스, 밸리코스와는 사뭇 다른 개성을 보이는데 그것은 2009년 송호 설계가의 수정 디자인으로 리노베이션 했기 때문이다. 코스의 길(Route)은 그대로 두고 벙커 위치와 페어웨이, 그린의 위치와 모양 등을 고쳐 만들었다.

그래서 힐코스에서는 송호 디자인의 도전적인 특성이 엿보인다. 산허리 길 지형 위에 페어웨이를 다소 넓히고 벙커를 늘림으로써, 티샷은 마음껏 치되 그린 어프로치는 까다롭도록 조정

했다. 그린 언듈레이션을 입체적으로 살려냈으며 그린 주변의 벙커는 깊고 마운드는 굴곡지게 수정하여 샷 변별력을 높였다.

프로 선수들의 토너먼트에서도 힐코스는 전 홀을 그대로 사용했다. 3,339야드로 짧은 편이지만 오르막 비중이 높고 그린과 페어웨이의 언듈레이션이 크고 입체적이라 7번 파5 홀만 파4 홀로 조정하여 토너먼트 세팅을 했다.

힐코스에서는 이 골프장의 모든 홀들과 계곡의 전경을 내려다볼 수 있다. 먼 곳에 흐르는 강과 산맥도 이곳에서 가장 잘 보인다.

레이크코스와 **밸리코스**는 처음 문 열 때 모습을 지키고 있다. 휴양지 코스로서 평화로운 산중 정원처럼 조성한 것이므로 아늑함 속에 플레이 하도록 설계된 코스이다. 임상하 설계의 다른 골프장들과는 달리 그린 언듈레이션은 완만하고 페어웨이도 평탄한 편이다. 그러나 호수와 나무, 페어웨이의 폭과 오르내림 등으로 난이도를 조절한다. 그다지 많아 보이지 않는 벙커들도 꼭 있어야 할 위치에서 게임에 개입한다. 쉽고 편안해 보이지만 스코어는 평소 자기 실력대로 나온다 하는 이가 많다.

레이크코스 6번 파5 홀

레이크코스는 파3와 파4, 파5 홀이 각각 3개씩인 3-3-3 구조이다. 일반적인 골프 코스들이 전후반 각각 아홉 개 홀에서 파3 두 개, 파4 다섯 개, 파5 두 개인 2-5-2 구성을 따르는 데 견주어, 파4 홀은 줄고 파5 홀과 파3 홀이 하나씩 더 있는 것이다. 이런 경우 골프 실력 상급자들은 파5 홀에서 버디를 노릴 수 있는 기회를 한 번 더 갖게 되고 초급자들에게는(상대적으로 쉽게 여기는) 파3 홀의 기회가 한 번 있는 셈이다. 임상하 설계 코스들 가운데 파인크리크 등에서도 비슷한 구성이 보이는데 27홀 3개 코스를 만들 때면 이런 배치를 즐겨 했던 것으로 보인다.

밸리코스는 자연의 숲과 호수를 그대로 살려 놓은 듯한 숲속 정원의 느낌이다. 세 코스 중에서 가장 낮은 분지에서 북한강에 인접해 있다. 코스의 길이가 상대적으로 짧고 아기자기한 조형미가 두드러진다. 토너먼트를 치를 때는 힐코스-레이크코스를 사용하지만 일반 골퍼들 중에는 밸리코스를 좋아하는 이들이 많다. 호수와 숲, 정원형 조경의 배치가 오밀조밀한 감성으로 다양해서 플레이어의 눈을 즐겁게 한다. 짧은 대신 정교한 어프로치 샷을 요구하는 홀이 이어진다.

인상적인 것들

장쾌하고 어려운, 힐코스 5번 파4 홀

이 골프장에서 가장 높은 곳은 힐코스 5번 홀 티잉 구역과 6번 홀의 페어웨이다. 5번 홀 티잉 구역에서는 서쪽 이웃의 제이드팰리스 골프장 부근과 강 건너 연인산(1,068), 칼봉산(909m)의 군봉들이 보이고, 6번 홀 페어웨이에서는 엘리시안 리조트의 전경을 굽어볼 수 있다. 7번 홀 티잉 구역 뒤로는 월두봉으로 향하는 북한강의 흐름이 한눈에 보인다.

5번 파4 홀은 KLPGA 투어 대회에서 버디가 거의 나오지 않는 홀로 악명 높았다. 왼쪽으로 휘는 400미터 길이의 도그렉 형 홀이며 대회 때는 숲 뒤쪽의 '백티'를 사용한다. 장타자는 왼편의 계곡을 넘길 수 있지만 안전하게 페어웨이 가운데로 치면 긴 어프로치 샷이 남는다. 그린은 가로 타원형으로 솟은 모양이라 긴 클럽으로 공략해서 공을 세우기 어렵다.

'레귤러 티'는 훨씬 앞에 있기에 도그렉 홀 느낌이 나지 않는데, 적어도 이 홀에서는 백티에서 티샷 해야 엘리시안강촌의 제맛을 볼 것이다.

힐코스 5번 도그렉 파4 홀 티잉구역에서 본 모습(왼쪽), 그린에서 돌아본 모습(오른쪽)

경관이 장쾌하고 모험과 전략의 선택이 교차하며, 그린플레이에서의 상상력까지 시험하는 홀이다. '골프매거진'이 '한국에서 가장 아름다운 홀'로 선정하기도 했다.

레이크코스 6번 파5 홀 이야기

481미터 길이(레귤러티 456m)의 이 홀에서는 페어웨이 오른쪽 벙커를 넘기면 투 온(on in two)에 도전할 수 있지만, 조금만 오른쪽으로 가도 오비 구역에 빠진다. 그린 앞으로는 커다란 호수와 실개천이 투온 도전을 가로막고 있다. 티샷과 세컨샷의 거리와 정확성, 전략적 사고 능력과 기술샷 능력 등을 두루 시험하는 홀이다.

한두 타 차이 승부가 뒤집힐 수 있는 극적인 변화를 품고 있기에 토너먼트에서는 '승부 홀'로 세팅된다. 여자 프로대회에서는 힐코스 - 레이크코스 순서로 플레이하면서 레이크코스의 진행 순서를 바꾸어, 이 홀을 17번으로, 7번 파3 홀을 마지막 18번 홀로 세팅하기도 한다.

남자프로대회에서는 레이크코스와 밸리코스를 뒤섞어 9홀을 새로 편집했다. 2020년 'GS칼텍스매경오픈' 대회에서는 이 홀과 4번 홀을 합쳐서 540미터 파5 홀을 만들어 경기하기도 했다.

글 들머리에서 이야기한 '프로암 샷건 라운드'에서, '장타자'가 9타를 친 첫 홀이 이 홀이었다.

밸리코스 2번, 7번 파3 홀들의 존재감

내리막 162미터로 짧은 밸리코스 2번 파3 홀은 아름다운 조경으로 기억에 남는다. 봄에는 영산홍이 붉고 가을에는 건너편 산의 울긋불긋한 단풍과 푸른 하늘이 연못에 담긴다. 내리막 파3 홀 특유의 편안함 속에서 계절마다 시간마다 다른 감흥을 주는 홀이다.

밸리코스가 다소 짧다고 느끼는 순간 호수 너머 언덕 위로 180미터(레귤러 티, 레드티 145m) 이상 쳐 보내야 하는 7번 파3 홀이 나타난다. 밸리코스에서는 파3 홀들의 존재감이 뚜렷하다.

밸리코스 6번 홀의 매력

밸리코스 6번 파5 홀(473m)이 밸리코스의 시그니처 홀 아닐까 싶다. 레귤러 티에서의 길이는 455미터이고 내리막이라 일반 골퍼들도 티샷이 잘 맞으면 투 온(on in two) 시도가 가능하다. 티잉 구역에서 멀리 보이는 삼각 봉우리가 월두봉이다. 그 기운을 느끼며 티샷하고 커다란 호수를 넘겨 그린을 노릴 수 있는 기회의 홀이다. 아늑하면서도 도전적이고 묘하게 아름답다. 엘리시안강촌 골프장의 매력을 한데 모아 만든 인상적인 홀이라 기억한다.

(위로부터 시계 방향으로) 밸리코스 2번 파3 홀. 레이크코스 6번 파5 홀. 밸리코스 7번 파3 홀. 밸리코스 5번 파5 홀

밸리코스 /번 홀 티잉 구역에서 바라본 6번 홀 페어웨이

관리 – 코스와 장원(莊園)

이 골프장을 여자 골퍼들이 좋아한다는 말을 많이 들었다. 생각해 보니 라운드 할 때마다 점점 여자 손님들이 많아졌던 것 같기도 하다. 그런데 내 주위 남자들에게 물어보니 열에 아홉은 이곳을 그리워했다. 이유는 저마다 달랐다. 엘리시안 리조트에서 숙박하며 즐긴 추억을 말하는 이도 있었고 이글 기회를 아깝게 놓쳤다는 장타자도 있었다. '거긴 쉬워서 좋아'라는 이와 힐코스에서 본 산맥과 강줄기를 기억하는 이…… 무엇보다 '거기 예뻐'라고 말한 이가 많았다.

힐링 코스와 토너먼트 코스를 아우르는 관리 내공
평소에는 온화한 휴양지 코스의 모습이었다가, 대회를 치를 때 거친 토너먼트 코스로 변신하는 것은 매우 고단한 일이다. 내가 여자프로골프대회 프로암 라운드에서 경험해본 토너먼트 세팅에서는 러프 길이가 10센티미터 정도, 그린스피드는 스팀프미터 측정 기준 3.4미터 쯤 되었는데도 예전의 강촌CC는 새까맣게 잊을 만큼 까다롭게 느꼈다. 그런데 매경오픈 남자대회에서는

밸리코스 9번 파4 홀 그린에서 돌아본 모습

러프 길이가 20센티미터 되는 곳도 있었다니 어떤 느낌이었을지 가늠하기 어렵다.
그린을 빠르게 하는 것도 러프를 길게 관리하는 것도 관리의 기술과 공덕이 깊어야 하는 것이다. 조경만 예쁘게 관리하는 곳이 아니라는 뜻이겠다.

사계절 휴양 장원(莊園)

그런 한편, 플레이 하는 코스로서 뿐 아니라 휴양 정원으로서의 조경과 관리가 더 칭송받을 만한 것일 수도 있겠다. 봄에는 레이크코스를 중심으로 개나리, 진달래, 벚꽃, 영산홍, 꽃잔디가 저마다의 시간에 피고 지며, 여름의 힐코스는 구름 위로 소나무들이 걷는 길 같기도 하다. 밸리코스의 가을 단풍은 산에도 호수 속에서도 물든다.

겨울에는 골프장 문을 닫고 스키장 중심으로 운영된다. 엘리시안강촌은 옛 유럽의 장원 같은 느낌으로 현대인들이 꿈꾸는 종합 레저 휴양 시설을 조성한 것이라 한다. 수영장, 콘도미니엄, 연수 시설 등이 있고 32타석 골프 연습장과 6홀의 퍼블릭 코스를 갖추고 있다.

내 마음의 강촌

강촌은 추억이 되살아나는 이름이다.

어릴 적 경춘선 기차를 타고 강촌에 많이 왔다. 수선화 같은 소녀와 함께 오기도 했고 기타 치고 있는 힘 다해 술 마시던 청춘의 소풍 길이기도 했다. 올 때마다 북한강의 새벽안개가 고왔다.

내가 한때 거쳤던 문학 전공에는 '소설연습' 과정이 있었다. 스승은 교과서에 나오는 단편소설의 작가이자 일제 강점기에는 글을 써서 항아리에 묻어두었다는 예술 지사(志士)였다. 나는 과목 이수 제출 단편 글에 강촌에 얽힌 이야기를 썼다. 강변의 물푸레나무를 보고 "오필리어의 영혼 같은 잎......" 이라 적은 표현에 대하여 스승은 자세히 물으셨다. 멋을 부린 글이 부끄러워 나는 더듬거렸다.

졸업을 앞두고 글을 쓰지 않겠다는 내게 스승은 말씀하였다. 자신도 젊은날 한때 글쓰기를 멈추고 석재 공장을 운영하기도 했다며. 그러나 어떤 알 수 없는 꿈에 이끌려 다시 쓰게 되었다며, 어디에서 무엇을 하든 꿈꾸라 하였다.

사회에서 브랜드 짓는 일을 하며 광고 글을 숱하게 썼다. 잡지 편집장 노릇에서는 부질없는 잡문을 산처럼 써댔고 사업하면서도 내 제품 광고를 입에 바르고 썼다......

지금은 골프장 이야기를 쓴다.

엘리시안강촌에 무심히 자란 물푸레나무를 보면서 청춘을 떠올린다.

참 어여쁜 곳이구나. 그 가냘픈 수선화 소녀가 서른다섯 쯤 활짝 핀 관능으로 성장(盛裝)하였다면 이렇게 고운 모습일 것이다.

사진은 주로 엘리시안강촌컨트리클럽에서 제공한 것을 사용했으며 일부는 글쓴이가 찍은 것입니다.

PINX
GOLF CLUB

제주에 그려낸 '작품 골프장' - **핀크스 골프클럽**

핀크스 골프클럽
제주에 그려낸 '작품 골프장'

"핀크스는 우리나라에서 최초로 '세계 100대 골프 코스'에 든 골프장이다."

이런 말은 핀크스 골프리조트의 부분 단면만을 드러낸다
......
한라산 백록담에 사는 흰 사슴이 내려와 이따금 눈에 띄는 자리라 한다.
제주는 어디나 아름답지만 핀크스 터의 풍치는 신비롭다. 전설 속의 종(鐘)처럼 솟은 산방산과
그 너머 바다에 떠가는 가파도, 더 멀리 국토의 최남단 마라도가 한눈에 보이는 곳이다.

한라산이 화산 폭발했을 때 터져 날아간 정상 봉우리가 바다 가까이에 떨어져서 산방산이 되고, 파인 자리는 백록담이 되었다는 전설이 있다.

핀크스는 산방산(395m) 정상과 비슷한 높이의 서귀포시 안덕면 '한라산 중산간' 들판에 있다. 이곳에서는 산방산이 문득 코앞에 다가온 듯 가까워졌다가, 더러는 바다에 뜬 섬처럼 보이기도 한다.

흰 사슴은 이 모습을 그리며 내려오는 것일까.

꿈을 그려낸 이야기

'일본 제일의 도시락 재벌'로 성공한 어느 재일동포가 아버지의 고향인 제주를 여행하다가 이 땅 자리에 매료된다.

'김홍주'라는 사업가였다. 그는 일본에서 번 돈으로 60여만 평의 땅을 사고 재산을 쏟아 부어 90년대 말에 핀크스를 일군다. 그가 이 골프리조트를 만들어 나간 방법은 여느 골프장들과는 달랐다.

핀크스는 '~가 그리다'라는 뜻의 라틴어 'Pinxit'을 줄인 이름이다.

"신이 만든 자연위에 또 하나의 자연을 작품으로 그려내다"는 뜻으로 지은 것이다.

그는 예술 작품을 그려내듯 핀크스를 빚어낸다.

"유한한 골프장이 무한한 자연을 해칠 수 없다"는 것이 그 바탕 생각이었다 한다. 그는 무언가를 건설하는 것보다는 '작품으로 그려내기' 위해서, 몇 사람 예술가들의 영감을 모은다.

테오로드 로빈슨의 마지막 코스 설계작

골프 코스 설계는 테오도르 로빈슨(Theodore G. Robinson 1923-2008)에게 맡겨졌다. 그는 세계 100대 골프 코스로 꼽히는 미국 사할리CC, 하와이 코올리나GC 등 170여 개 골프 코스를 디자인하고 미국 골프 코스 설계가 협회 회장을 지낸 만년의 거장 설계가였다.

의뢰인은 설계가에게 "잘 부탁드린다"는 말만 거듭했다 한다. 제주도와 비슷한 화산지대의 하와이 '코올리나골프클럽'을 만든 경험을 높이 쳐서 로빈슨에게 설계를 맡겼는데, 골프 코스에 관한 모든 것을 존중하고 일임했다. 로빈슨은 이런 말을 남겼다.

"처음 이 자리를 보았을 때 매우 특별한 곳이라는 걸 느꼈습니다. 그래서 자연이 스스로 빚은 것처럼 설계해야 한다고 생각했습니다. 인공적으로 만든 것 같은 느낌이 되어서는 절대 안 되겠다는 목표를 세웠습니다. 그런 가운데 기량이 다른 모든 골퍼들에게 다양한 도전을 불러일으키는 코스를 만들려 했고, 실현되었다고 확신합니다."

설계자 테오도르 로빈슨(클럽하우스 로비 액자)

27홀의 코스를 라운드 하다 보면 만년의 완숙한 디자이너에게 설계를 일임한 까닭을 짐작하게 된다. 설계자의 기교와 욕망은 덜 보이고 자연이 주는 매력이 먼저 다가온다.

안정적인 남북방향 홀 배치를 대체로 따르면서도 땅이 본디 가진 개성을 다양하게 살린 변화를 구사하여, 이곳 주변 풍광 전체를 한 홀 한 홀마다 기억에 담고 즐기며 돌아오도록 구성하였다. 라운드 하면서 산방산과 바다, 섬들과 바람, 한라산의 '오름'들을 '기억의 화폭에 그려 넣는' 셈이다.

바람의 변화를 받아들여 이용하고 개울과 호수의 위치, 거리와 높낮이 등을 조정 배치함으로써 본디 지형이 가진 개성을 살려냈다. 그런 가운데 좋은 골프 코스가 가져야 할 덕목들을 고르게 담아낸 성취가 조화롭다.

제주의 환상적인 자연을 끌어들여 안으면서 홀마다의 도전과 재미, 난이도와 역할 등을 종횡무진의 이야기로 빚어낸 역량이 돋보인다 할까. 만년의 설계 거장이 평화로운 리조트 코스의 성격을 토너먼트 코스의 예민한 디테일과 조화시킨 허허로운 경지라 여긴다.

테오도르 로빈슨이 인생의 마지막으로 심혈을 기울인 작품이 이 코스라 한다. 그는 1999년 핀크스가 문을 연 뒤 바야흐로 무르익을 즈음인 2008년 85세에 별세하였다. 그 뒤 그의 아들 테드 로빈슨 주니어는 한국에서 춘천의 '휘슬링락CC' 코스를 설계했다.

바람과 돌과 물 - 이타미 준의 건축

클럽하우스와 리조트 호텔 건축 설계는 이타미 준(1937~2011)이 맡았다. 그가 설계한 핀크스 클럽하우스와 '포도호텔'은 우리나라 건축은 물론 세계 건축의 흐름에도 영향을 주었다고 한다. 이른바 '건축사적 문제작'이라 불린다.

웨스트코스 9번 파4 홀 그린(위), 이스트코스 9번 파5 홀(아래)

멀리서 본 포도호텔(위), 석양이 지고 밤이 찾아올 때의 클럽하우스(아래)

건축설계가 이타미 준은 의뢰인 김홍주 회장과 마찬가지로 재일동포였다. 일본에서 태어난 그의 본명은 '유동룡'이며 죽을 때까지 일본에 귀화하지 않고 한국인으로 살았다. '이타미 준'은 건축가로서의 예명이다. 처음 해외에 나갈 때 이용한 공항이 오사카의 '이타미공항'이었고 절친하게 지내던 작곡가 길옥윤이 일본에서 '요시다 준'으로 활동했기에 그를 본떠 이타미준이라는 예명을 지었다 한다.

건축가 이타미 준(유동룡. 1937~2011)

그는 고국을 사랑하고 우리나라 고미술에 심취하여 한국의 전통미를 건축 설계에 담고자 애썼으나, 일본에서는 '조센징'이라 배척되었고 한국에서는 '왜색'으로 의심 받았다. 그는 자신이 늘 '주변인'이자 '경계인'이어서 평생 외로웠노라고 고백한 바 있다.
코스 설계가 테오도르 로빈슨에게 '잘 부탁한다'고만 했던 것과 달리, 의뢰인은 건축가 유동룡 선생과 수없이 토론하고 많은 생각과 요구를 전했다 한다.

클럽하우스와 포도호텔은 낮고 겸손해 보인다. 특히 포도호텔은 원래 그곳에 있었던 듯 자연의 모습을 닮아 있다. 이 건축물은 숙박객들이 '자연의 일부가 되어 머물다 가도록 한 걸작'으로 평가되어 온다. 한라산 중산간 '오름'의 곡선, 제주 전통 가옥의 모습을 떠올리게 하는 외관이며, 건물 안 곳곳에는 밖으로 열린 조형적 공간 장치들이 있어서 제주의 야생 정원과 자연의 숨결을 자연스럽게 실내로 끌어들인다.
이 열림 장치들은 또한, 건물 안에 있는 이들의 눈과 마음을 제주의 자연으로 이끌어낸다. 약하고 외로운 인간이 건물에서 보호받는 한편, 자연과 동화되어 교감하고 위로받도록 한 것이라고 이해한다.
단층 구조인 이 건축물의 지붕은 둥그스름한 '제주 오름' 모양이 수십 개 연결된 모습이다. 위에서 보면 마치 건물 형태가 포도송이처럼 보인다 하여 포도호텔이라 이름 지었다 한다.
이타미 준이 건축주 김홍주에게 보낸 편지에 이 건축물에 대한 그의 생각이 포도송이처럼 알알이 담겨있다.

"가장 중점을 둔 것은 지형과의 조화, 지형에 거슬리지 않는 배치입니다. 또한 제주 마을의 본질과 민가의 모티프를 부상시키면서 자연발생적 식물인 포도의 모양을 통해 전체 건축물의 조닝(Zoning)에 들어갔습니다. 공간 하나하나를 계획할 때는 판소리의 리듬 속 본질이기도 한 연속과 불연속을 도입해 보기도 했지요. 제주도의 바닷바람을 의식하고, 현무암을 있는 그대로 쌓아나가 작은 마을을 형상화한 이번 건축물은 아직 세계적으로 사례가 없기에 가슴이 뜨거워집니다."

클럽하우스는 제주의 돌과 나무 색을 띤 단층 건물로 낮은 구릉에 포근히 안긴 모습이다. 지붕 가운데 입방체 조형은 바람을 타고 제주의 오름 사이를 날아오르려는 연을 형상화한 것이라 한다. 소박하면서도 제주의 먼 바다와 산방산, 들과 오름들을 애틋하게 끌어안는 건물이다. 작은 클럽하우스에서 내다보는 시선이 멀고 깊다. 이렇게 긴 여운을 남기는 클럽하우스 조망이 또 있을까 싶다.
(포도호텔 등 핀크스 리조트 건축의 성과로 이타미 준은 프랑스 예술훈장인 '슈발리에'와 '레지옹도뇌르' 훈장을 받았다. 한국에서는 '김수근 건축상'을 받았으며 일본 최고의 건축상 '무라노 도고' 상을 받았다.)

그 위에 이왈종의 천진한 예술이 뛰놀다
테오도르 로빈슨의 완숙함이 배인 코스와 이타미 준의 사유와 성찰이 깃든 건축물만 있었다면 이 골프 리조트는 완성도가 높을지언정 분위기가 다소 엄정한 곳이 될 수도 있었겠다.
이 무게를 경쾌하게 덜어내고 자유분방한 '액센트'를 준 것이 '이왈종의 그림'이었다.

이왈종은 미술대학 교수직을 버리고 돌연 서울을 떠나 제주에 정착한 화가였다. 핀크스 창업자 김홍주 회장은 어느 날 이왈종 화백에게 클럽하우스에 걸 그림을 부탁했고 회원권과 골프채를 주었다고 한다. 그리고 핀크스에서 자유롭게 쉬고 골프하면서 그림을 그리라고 권했다. 핀크스의 로고와 물고기 그림 아이콘은 이왈종이 그렸다. 클럽하우스 로비와 로커룸, 포도호텔 메인로비 등에 그의 그림이 걸려있고 벽면 시계 도자기 장식도 그의 그림 속에서 나온 것이다.

이왈종 뿐 아니라 도예가, 전통 대목장, 동양화가 등이 작품을 만들 듯 골프장 꾸미기에 참여했다. 티잉 구역의 티마크는 제주 출신 도예가 김미영이 제주도의 물항아리 모양을 재해석해서

클럽하우스 프론트의 이왈종 그림(위). 레스토랑 벽면의 이왈종 그림 모티프 도자기 부조 시계, 도자기 티마커(위에서 시계방향으로)

빚은 것이며 클럽하우스 외부의 조선마루는 대목장 박용훈이 짠 것이라 한다.

예술 안목이 있는 사업가가 여러 분야의 예술가들을 참여시켜 제주의 특색과 개성이 오롯한 이 상향을 힘께 꿈꾸고 영감 넘치게 '그려낸(Pinx it) 것'이 핀크스라 하겠다.

살가운 클럽

핀크스는 섬세하고 살가운 클럽 문화로 회원, 방문객들의 마음을 움직였다. 명절에 회원들에 게 제주산 나물을 정성스레 포장하여 보내 인사한다든가, 회원 행사에서 우승한 여자 회원들 에게 이왈종 화백의 그림을 선물한다든가 하는 살가움에 감동하여 지금도 잊지 못하는 이들 이 적지 않다.

캐디들의 근속 연수도 상대적으로 길어서, 나는 최근의 두 번 라운드에서 모두 이곳에서 10년 넘게 근속한 캐디와 함께했다. 어째서 오래 근무하느냐고 물어보니 "우리 골프장이 원래 캐디에게 잘해줘요"라고 했다.

'명문 코스'가 걸어온 길

'핀크스컵 한일 대항전'과 여러 대회들

처음 문을 연 해인 1999년부터, '핀크스컵 한일여자프로골프대항전'이 이곳에서 시작되어 2008년까지 매해 열렸다.

핀크스가 스폰서가 되어 직접 주최하고 운영한 것이다. 한국팀은 첫 해 대회와 와 둘째 해 대회에서 완패하고 연패했다. 박세리, 김미현, 강수연, 구옥희, 장정, 정일미, 김영, 펼신까지 나섰으나 기량과 힘의 차이를 절감하며 지고 말았다.

이후 절치부심한 한국 여자 선수들이 세 번 째 '핀크스컵 대항전'에서 승리하기 시작할 즈음에서, 한국 여자 프로골프의 위상과 자신감은 비약적으로 고양되어 일본을 압도하고 세계로 뻗어나가게 된다.

핀크스컵 대항전을 비롯하여 이 골프장에서 많은 대회가 열렸다. 사철 푸른 양잔디와 거친 러프를 경험하는 대회가 국내에서 열린 것은 (특히 여자 프로선수들에게는) 이곳이 처음이었다. 2000년의 '마주앙오픈'을 시작으로 '현대증권여자오픈', 'SK텔레콤오픈' 등의 남녀 대회가 열렸으며, 2008년부터 3년 동안 유러피언투어 '발렌타인챔피언십'이 열려 세계에 소개되기도 했다. 2017년부터는 'SK네트웍스·서울경제 레이디스클래식' 대회가 이곳에서 매년 열리고 있다. 이러한 대회들을 통해서 코스의 변별력과 장단점은 시험받고 보완되며 검증되었다. 핀크스는 리조트 골프장의 평화로운 성격을 기본으로 하고 있으나 국제적인 토너먼트 세팅도 가능한 코스임을 입증하며 발전되어 오는 것이다.
이런 과정에서 핀크스가 한국 프로골프 발전에 기여한 몫도 적지 않았을 것이다.

골프장 명칭	핀크스 골프클럽 Pinx Golf Club
골프장 한 줄 설명	한국 최초 세계 100대 코스
개장 연도	1999년
규모, 제원	27홀 파 108 이스트코스 / 파 36, 3,297m (3,606yds) 웨스트코스 / 파 36, 3,434m (3,755yds) 노스코스 / 파 36, 2,958m (3,236yds)
골프장 구분	회원제 18홀, 대중제 9홀
위치	제주특별자치도 서귀포시 안덕면 산록남로 863
설계자	테오도르 로빈슨(Theodore G. Robinson)
소유 법인 / 모기업	SK핀크스㈜ / SK그룹
잔디 종류	페어웨이 / 벤트그래스 그린 / 벤트그래스 러프, 헤비러프 / 켄터키블루그래스 에이프런 / 켄터키블루그래스 티잉 구역 / 벤트그래스
티오프 간격	10분
캐디, 카트	4백 1캐디, 승용전동카트(5인승)

한국 최초 '세계 100대 코스'

핀크스는 1999년 문을 열자마자 '국내 최고 명문'으로 떠받들렸다.

자연을 그대로 살려 빚어낸 미학적 성취와 세계적 설계 거장이 심혈을 기울인 코스의 변별력, 그리고 건축물과 조경의 예술 향기가 그 이전의 골프장들과는 개념과 차원이 달랐기 때문이었다. 핀크스 이전의 골프장들이 '공을 치는 코스'였다면 핀크스는 '개성 있는 골프 문화를 즐기고 빚어내는 클럽'을 선보인 셈이다.

2003년 골프다이제스트 코리아 선정 국내 골프코스 랭킹 1위에 오른 데 이어, 2005년에는 골프다이제스트 선정 '미국 제외 세계 100대 골프 코스'(72위)에 올랐다.

코스 랭킹이라는 것이 골프장과 선정 평가 주체 간의 영업적 이해관계에 많이 영향 받는다는 회의적 시각도 있지만, 적어도 '세계적인 기준'을 충족하지 않으면 후보에도 오를 수 없는 것 또한 사실이다. 게다가 세계 100대 코스 선정은 한국 골프장 역사에서 처음이었으니 선구적 노력과 성취를 높이 평가할 만하다. 핀크스는 그해 영국 및 유럽 골프 전문지 골프월드 선정 세계 100대 골프 코스(79위)에도 올랐다. 2007년에도 골프다이제스트의 같은 평가에서 세계 100대 코스에 들었으며, 2017년에는 'Winners of the 100 Greatest Golf Resort'에 선정되었다. 2019년에는 '골프매거진코리아'가 한국 내 2위 코스로 뽑았다.

경영난과 대기업 인수 후의 극복

핀크스의 창업자는 골프 리조트의 창의적인 조성과 운영에 돈을 아끼지 않았으나 점차 어려운 경영 환경을 맞게 된다. 큰 대회를 치르고 코

세계 100대코스 등 각종 인증패(클럽하우스 로비)

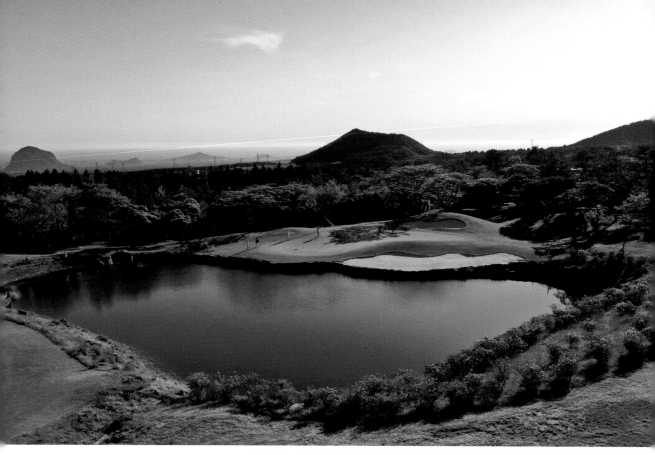

스와 리조트를 수준 높게 가꾸고자 지출을 늘렸던 반면, 제주도 내 골프장의 공급 과잉과 회원 입회보증금 반환 시기가 겹쳐서 자금 흐름이 막힌 가운데, 이천 년대 후반에는 코스의 관리 상태도 급격히 악화되기에 이른다.

골프장 주변의 고급 빌라 리조트인 '비오토피아' 조성에 많은 투자가 집중된 탓도 있었다 한다.

핀크스 창업자는 우호적인 인수 희망사를 찾아 요청하였고, 2010년에 이 골프 리조트는 SK그룹에 인수된다.

그 후 핀크스의 경영이 안정되기 바라는 기대와 그 살갑고 예술적으로 독특한 개성이 사라지지 않을까 하는 우려의 이야기들이 이 골프장을 사랑하는 이들 사이에서 떠돌았다.

SK그룹이 인수한 뒤 코스와 시설의 개선에 노력을 기울였다. 3개 코스 27홀에 이종잔디가 얼룩져 있던 페어웨이의 켄터키블루그래스를 다 걷어내고 벤트그래스 품종으로 깨끗이 교체했다.

러프에도 다른 품종이 침입하여 얼룩져 있었는데 켄터키블루그래스 단일 품종으로 전면 교체했다. 매년 순차적으로 작업하여 개선이 완료되었다.

클럽하우스 내부 마감과 로커룸, 사우나 등도 말끔하게 보수했다. 20여 년 전 처음 문을 열 때보다 한결 좋은 상태로 개선했다 한다

코스의 이야기들

핀크스는 해발 400미터에서 490미터에 이르는 중산간에, 회원제 코스 18홀(7,361yd / Par 72), 대중제 코스 9홀(3,197yd / Par 36)로 구성된 27홀 골프장이다.

3개 코스의 다른 개성

이스트코스와 웨스트코스가 두 개 고리 모양의 무한대 고리(∞) 같은 배열로 전, 후반의 완결 구조를 갖는다. 이런 형태는 미국의 오거스타 내셔널 골프클럽과 싸이프러스 포인트 등의 세계 으뜸 코스들을 설계한 알리스터 맥킨지 박사(Dr. Alister Mackenzie, 1870~1934)가 그의 저서 '골프 코스 설계학(1920)'에서 제시한 이래 코스 설계의 기본 원칙으로 통하는 조항 같은 것이기도 하다. 균형 있는 무한대 고리 모양으로 돌다 보면 좌우로 휘어 돌아가는 각도가 각 홀에 골고루 배분되기 쉽고 홀마다의 거리 조합도 합리적으로 꾀할 수 있게 된다.

이스트코스(East Course)는 가장 낮은 자리에 있으며 자연지형을 살린 야트막한 마운드들의 부드러운 곡선미를 느끼며 산책하는 느낌의 코스이다. 길지 않으나(3,606야드) 좌우로 휘어지는 도그렉 홀이 많아 생각하는 플레이를 해야 하고, 입체적인 모양의 그린 앞을 깊은 벙커와 호수가 가로막는 경우가 많아 클럽 선택의 정확성이 필요하다.

웨스트코스(West Course)는 상대적으로 전장이 길고(3,755야드) 오르막이 많으며 바람의 영향을 더 받기에 이스트코스보다 보통 4~5타 정도 더 치게 된다. 그린이 살짝 보일 듯한 각도의 도그렉 형 홀들이 많은데, 좌우 휘어짐과 오르막 내리막이 함께 어울리며 그 위에 바람이 변수로 작용한다. 그린 앞 실개천과 벙커의 위치를 감안하여 어프로치 샷 공략 각도와 거리 선택을 분명히 해야 한다.

웨스트코스 9번 파4 홀(위), 이스트코스 1번 파5 홀(가운데), 노스코스 9번 파4 홀(아래)

노스코스(North Course)는 대중제로 운영되어왔으나 가장 높은 곳에 위치하여 조망이 빼어나다. 제주의 오름과 바다가 파노라마처럼 펼쳐지기에 이 코스를 좋아하는 골퍼들이 많다. 세 코스 중 가장 짧은 편(3,236야드)이지만 풍광의 기상은 가장 장쾌하다.

기술샷과 전략적 플레이를 요구하는 코스

전장이 길지도 짧지도 않은 코스이지만 오르막 내리막의 구성과 제주 바람의 작용, 그린 앞의 벙커와 한라산이 빚어내는 착시 등으로 숨은 어려움이 많은 편이다. 블라인드 홀이 여럿 있으나 아이피 지점(Intersection Point)에서의 세컨샷 어프로치 블라인드 홀은 없는데, 그린이 대부분 솟아올라있고 모양과 언듈레이션이 다양하므로 매 홀마다 정확한 어프로치 기술을 구사

해야 좋은 점수를 낼 수 있다. 왼쪽으로 휘어지는 드로우(Draw)와 오른쪽으로 휘어지는 페이드(Fade) 샷이 유리한 홀이 각각 절반 이고, 홀 당 평균 4.2개의 벙커가 요소마다 위치하여 홀마다 공략 방법이 다르다. 그린의 타원 방향과 언듈레이션을 파악하고 유리한 어프로치 각도와 스핀(Spin) 샷 기술을 선택하여 플레이 하도록 조성되었다.

파3 홀들마다 거리와 장애 요소 등의 구성이 모두 다르고, 파5 홀들은 저마다 다른 도전과 우회

로를 품고 있어 지루하지 않다. 파4 홀들은 내리막과 오르막이 교차하고 세컨샷 지점에서 공략할 그린 높낮이가 홀마다 달라서(1.5미터~13미터) 같은 거리라도 다른 클럽을 사용해야 한다. 매 홀의 구조를 이해하고 전략을 세워서 플레이 하는 '생각하는 골프'와 다양한 골프 기술을 시험하는 코스라 하겠다. 14개 클럽을 모두 사용하는 가운데 재미와 난이도가 버무려지며 리

듬감 있게 연결되는 것이다. 홀 사이의 이동거리가 짧아서 리듬이 끊이지 않는 것도 장점이다. 영웅적인 도전을 할 수 있는 홀들에서는 전략적인 우회로가 있고 정교한 골퍼가 힘 좋은 골퍼에 대항할 수 있는 길이 열려 있다. 5단계의 티잉 구역(블랙, 골드, 블루, 화이트, 레드)이 운영되고 있다. 이 코스가 재미있으면서도 다소 짧다는 골퍼들도 있는데 그렇다면 블랙 티나 골드 티에서 실력에 맞게 플레이 하기 권한다.

홀마다 풍광이 다르고 구조가 달라 전체 홀들을 선명하게 기억하기 쉽다. 특히 웨스트코스 5번부터 9번까지는 아름다운 풍광과 짜릿한 승부의 변수가 끝까지 이어지는 인상적인 구간이다.

인상적인 몇 가지

'한국에서 가장 아름다운', 웨스트코스 9번 파4 홀.

골프매거진이 '한국에서 가장 아름다운 파4 홀'로 선정한 홀이다. 클럽하우스에서 어프로치 샷과 그린 플레이 모습을 볼 수 있는 핀크스의 시그니처 홀이며 토너먼트를 치를 때는 마지막 18번 홀이 된다. 연못과 실개천, 한라산과 산방산, 바람과 오름, 제주 바다와 클럽하우스가 모두 어우러지는 자리다.

특히 뒷바람 부는 날 '앞 핀'일 때 거리 조절이 힘들어 프로 선수들도 그린 앞 실개천에 공을 많이 빠뜨린다. 아름다울 뿐 아니라 복합적인 변수가 많아서 승부가 극적으로 뒤집히기도 하는 홀이다.

웨스트코스 5번 창고천과 산방산

이 파3 홀 티잉 구역 앞을 어슷하게 지나가는 창고천(倉庫川)은 한라산 남서쪽 사면 삼형제오름과 숨은물뱅듸 일대에서 발원하여 이곳을 거쳐 서귀포 앞바다로 흐른다. 평소에는 물이 흐르지 않는 건천(乾川)이었다가 비가 오면 물이 불어 흐르는 제주 화산지대의 전형적 하천이다. 이 창고천을 건너 산방산 방향 그린으로 치는 217야드(레귤러티 182야드) 파3 홀이다.

티잉 구역 왼쪽으로 치우쳐 서면 그린 너머로 산방산이 정면에 보인다. 바람의 영향을 많이 받기도 하고 비 온 다음 날엔 물소리가 크게 들리기도 한다. 산방산이 마주보는 아득한 경치도 샷에 영향을 주기 쉽다. 핀크스의 파3 시그니처 홀인 듯하다.

웨스트코스 5번 파3 홀(위), 웨스트코스 9번 파4 홀 그린에서 돌아본 모습(아래)

산방산, 가파도, 마라도가 한눈에

웨스트코스 1번 홀 티잉 구역에서는 제주 남쪽 바다의 산방산과 형제섬, 가파도 그리고 국토의 최남단 마라도까지 한 눈에 보인다. 티잉 구역 뒤의 티하우스에는 전망대 모양의 조망 안내판도 설치되어 있다. 그 옆으로는 제주 곶자왈석을 이용한 정원(락가든)이 정겨운 모습으로 조성되어 있다. 돌 쌓은 모습이 기묘하고 정겨워서 물었더니 돌쌓기 기능을 보유한 전문가가 틈틈이 들러 핀크스 골프장 곳곳에 곶자왈석 정원을 퍼뜨리며 쌓고 다듬는다 한다. 이 정원에 꽝꽝나무, 다정큼나무 등 제주 토종 교목과 관목들을 심어나가고 있다.

벤트그래스 잔디 관리 기준

켄터키블루그래스를 걷어내고 새로 식재한 벤트그래스는 골프장 잔디 중에서 시공이 가장 어렵고 관리가 예민한 품종이라 과거에는 그린 부분에만 사용했었다. 이 품종 잔디는 아주 짧게 깎을 수 있으므로 골프채와 공이 만나는 접촉면에 잔디 잎이 끼어들지 않는다. 따라서 타격감이 좋고 스핀이 잘 걸려서 기술 샷을 칠 수 있는 상급자들의 실력을 변별한다.

27홀 전체 페어웨이에 이 벤트그래스를 심었으며 평소에는 12~14밀리미터, 대회를 치를 때는 12밀리미터 높이로 깎아 관리한다. 그린은 평소에 스팀프미터 측정 기준 3.0~3.2미터로, 대회 때는 3.3~3.5미터 스피드로 관리한다

제주의 흙과 향기

티잉 구역에 설치된 티마커는 제주 물항아리를 모티프로 빚은 도예 작품이다. 코스 곳곳의 경계석은 화산암을 쌓은 것이고 들판을 뒤덮은 때죽나무와 들풀은 이 자리에서 자생하던 것들이다. 클럽하우스 주변 팽나무 배롱나무들은 이곳의 조경수목으로 아름다움을 칭송받은 뒤 전국의 골프장으로 퍼져나갔다.

아라고나이트 온천

클럽하우스에는 노천온천탕이 있다. 지하 2001미터에서 뽑아 올린 국내 유일의 아라고나이트 온천이다. 용출온도가 42도인 온천수에 미네랄이 풍부하여 우유 빛깔을 띤다. 당나라 현종 때 양귀비가 즐겼다는 중국 서안 온천과 유사한 성분으로 피로회복, 피부질환 개선, 성인병 예방 등에 효과 있다 한다. 어쩌다 들른 나그네가 그 효과를 다 누릴 수 있는지는 모르겠으나 노천온천에 오래 몸을 담그고 제주 땅의 젖과 꿀 같은 기운이 스미는 느낌을 상상하였다.

(위로부터 시계 방향으로) 웨스트코스 1번 홀 티잉구역 뒤 조망 안내판. 아라고나이트 온천, 현무암 돌담 경계석. 전면 교체한 벤트그래스 잔디 페어웨이

자신을 그려내는 자리

핀크스 골프장 근처에 이타미 준이 설계한 수(水)·풍(風) 석(石) 박물관과 방주교회가 있다.
또한 세계적인 건축가 안도 타다오가 설계한 '본태박물관'도 가까이에 있다. 포도호텔과 더불어 명장의 건축 작품들이 모여 있기에 핀크스 일대는 '건축물 투어의 성지'라 불린다.
수, 풍, 석 박물관은 제주를 상징하는 물과 바람과 돌을 주제로 각각 독립된 건축 작품이다.
물과 바람과 돌을 느끼며 스스로를 발견하는 자리일 것이다.

핀크스는 '자신을 발견하고 새로 그려내는 곳' 아닌가 싶다.
골프 또한 누군가에겐 스스로를 깨닫는 몸짓인 것이고.

사진은 핀크스 골프클럽에서 제공한 것을 주로 사용했으며, 지은이가 찍은 것도 썼습니다.

PHOENIX
COUNTRY CLUB

평창 산중의 '헤리티지 클래식' - **휘닉스 컨트리클럽**

휘닉스 컨트리클럽
평창 산중의 '헤리티지 클래식'

"이지러는 졌으나 보름을 갓 지난 달은 부드러운 빛을 흔붓이 흘리고 있다. 대화까지는 칠십리의 밤길 ......(중략)...... 죽은 듯이 고요한 속에서 짐승 같은 달의 숨소리가 손에 잡힐 듯이 들리며, ...(중략)...... 산허리는 온통 메밀밭이어서 피기 시작한 꽃이 소금을 뿌린 듯이 흐붓한 달빛에 숨이 막힐 지경이다."

이효석(1907~1942)의 단편소설 '메밀꽃 필 무렵'에서 묘사한 달밤의 봉평 산길이다.

이 골프장에서 산허리 하나 돌면, 그 시(詩) 같고 영상 같은 글의 메밀꽃길이 나온다.
이효석 생가가 있는 봉평의 느릿한 산중 마을을 걸으며, 예술 작품 하나가 얼마나 많은 사람들에게 위안을 주고, 밥을 나누어 주는지 새삼 느낀다.

소금을 뿌린 듯한 달밤의 메밀꽃길은 아니더라도 그와 다른 느낌으로 이끌리는 백자작나무 숲길이 이곳에 있다.

물레방앗간에서 허생원과 풋사랑을 나눈 처녀와 젊은 왼손잡이 동이 이야기, 발정난 당나귀와 푸른 달빛 속 흰 꽃들이 일렁이는 장면들이 신비롭게 어울려 자연과 사람이 합일되는 예술작품은 아니더라도,

이 깊은 산 속에 다른 세상이 있다. 이곳의 본디 자연 모습을 지금은 알 수 없지만…… 나는 이 잘 빚어진 인공의 골프 코스가 꿈길 같다고 느낀다.

메밀꽃 필 무렵의 산중 마을 정취를 느껴보거나, 휘닉스파크 초대형 리조트 속의 현대 휴양 문명을 경험하는 것도 좋겠으나,

휘닉스CC는 코스 자체로 즐길 '작품'이랄 만하다.

한국 골프장 역사 속 위상, 의미

한국 최초 잭 니클라우스 설계 코스

1999년 강원도 평창 700미터 고원에 문을 연 휘닉스 컨트리클럽은 골프 황제 잭 니클라우스가 우리나라 땅에 처음으로 설계한 골프장이다.

당시 사업주는 국내 거장 설계가로 꼽히던 고 임상하(1930~2002) 선생에게 기본적인 코스 개발 타당성 검토를 맡기고 설계를 협의했다. 세계 수준의 골프 코스를 조성하려는 의지에 맞추어 잭 니클라우스가 설계자로 초빙되었고 '임골프(당시 대표 임상하)'가 한국 측 코디네이터를 맡았다. 세계 최고 골프 선수 출신으로 당대 코스 설계에 바람을 불러일으키던 잭 니클라우스와 함께 세계적으로 인정받는 코스를 만들고자 하는 열망이 당시의 사업수에게도 임선생에게도 컸던 듯하다.

이 골프 코스는 잭 니클라우스가 우리나라에서 처음으로 설계한 것일 뿐 아니라 '잭 니클라우스 시그니처 코스'이기도 하다. 뒤에 나오는 '잭니클라우스 골프클럽' 편에서 다시 이야기하겠지만, '잭 니클라우스 설계' 브랜드가 붙는 골프장은 몇 등급으로 나뉜다.

'니클라우스 디자인팀'이 설계한 것, 잭 니클라우스의 아들이 설계한 것, 잭 니클라우스와 그의 아들이 함께 설계한 것, 그리고 잭 니클라우스가 직접 설계한 것의 네 단계 등급이다.

잭 니클라우스가 설계 현업에서 은퇴한 뒤로는 3단계 등급으로 단순화하고 시그니처 코스(Signature Course)를 '헤리티지 코스(Heritage Course)'로 바꾸어 부르고 있다. 국내에서는 이 휘닉스CC와 함께 가평베네스트GC, 송도의 잭니클라우스GC, 인천 청라의 베어즈베스트GC 네 곳이 '헤리티지 코스'이다.

골프장 명칭	휘닉스컨트리클럽 Phoenix Country Club
골프장 한 줄 설명	평창 산중의 잭니클라우스 헤리티지 코스
개장 연도	1999년
규모, 제원	18홀 파 72 6,357m(6952yds) 마운틴코스 3,187m(3,486yds) 레이크코스 3,170m(3,467yds)
골프장 구분	회원제 골프장
위치	강원도 평창군 봉평면 면온리 1095번지
설계자	잭니클라우스(Jack W. Nicklaus) 한국측 실시설계 / 임상하(임골프)
시공사	㈜삼성중공업 / 삼성에버랜드㈜
회사 / 모기업	휘닉스평창㈜ / 중앙그룹
잔디 종류	페어웨이, 러프 / 켄터기블루그래스 에이프런 / 켄터기블루그래스 그린 / 크리핑 벤트그래스(펜크로스) 티잉 구역 / 켄터키블루그래스
벙커	총 72개 / 마운틴46개, 레이크26개
관리 특징	자연형 골프장 조성
리조트 단지, 시설	콘도, 호텔, 유스호스텔,스노우파크,수영장
티오프 간격	8분, 7분 교차
캐디, 카트	4백 1캐디, 승용전동카트(5인승)

'헤리티지 코스'의 걸작

잭 니클라우스가 직접 설계했다 해서 반드시 좋은 코스라고 지레 단정할 수는 없다. 하지만 내가 만나 의견을 물어본 프로 선수와 골프장 전문가들은 휘닉스CC를 국내 골프 코스 가운데 '클래식'이라 인정하는 데 거의 모두 동의하였다.

(골프 코스 설계에서 '클래식 코스'란 제2차 세계대전 이전 중장비가 없던 시절에 만든 코스를 말하는데, 여기서는 '고전의 품격을 갖춘 일류'라는 뜻으로 적는다)

잭 니클라우스가 자신의 설계 코스에 대해 인터뷰 한 기록이 많기 때문인지 그의 '설계 철학'이라 하는 여러 단편적 명제들이 떠돈다. 나는 그가 '플레이어의 눈으로 본다'는 관점을 가장 중요하게 여겼다고 이해한다. 아마도 선수 출신 설계가였기 때문일 것이다. 뒤에 나오는 잭 니클라우스GC 편에서 더 이야기하겠지만 그는 골퍼가 매 홀에서 모든 플레이 요소들을 눈으로 보고 느끼며(Look & feel) 스스로 전략을 세워서 플레이하도록 하는 것을 중시했다.

선수 출신 설계가의 시각

휘닉스CC 이전 국내 골프장 가운데 선수 출신 설계자가 디자인한 것은 '한양CC' 구코스(연덕춘 설계)'와 '제일CC' 및 '일동레이크GC(김학영 설계)'였다. 우리나라 최초의 프로 선수였던 연덕춘(1916~2004) 선생은 자신이 선수 생활을 한 '군자리코스'와 일본 골프장들의 기억을 살

레이크코스 10번 홀(위), 11번 홀 그린(아래)

려 한양CC 구코스를 설계했으며 김학영(1938~) 선생은 연덕춘의 제자로서 일본에서 프로 선수 생활을 하며 정식으로 골프 코스 디자인을 공부하여 설계자로 일했다.

한양CC와 제일CC는 일본식 골프 코스 설계의 전형을 받아들인 것이지만, 1995년 문을 연 일동레이크GC는 선수 출신 설계작의 의미를 넘어 한국 골프장 가운데 서구형의 도전적 토너먼트 코스를 보기 드물게 잘 구현한 '작품 코스'로 꼽힌다.

그런데 1999년 세계의 골프 황제 잭 니클라우스가 설계한 휘닉스CC가 한국에 문을 연 것이다.

보기플레이어 골프 실력의 설계자가 세계적인 명품 코스를 만들어 낸 경우도 적지 않다. 선수 출신 설계가들은 일반 골퍼들의 골프 실력을 헤아리지 않는다는 이야기를 하는 이도 있다. 잭 니클라우스는 세계 최고의 기량을 가진 골퍼였으므로 너무 어렵기만 한 코스를 만들지 않겠느냐는 선입견을 가질 수도 있다.

그러나 그는 설계자의 길을 본격적으로 걷기 훨씬 전부터 피트 다이(Pete Dye), 데스몬드 뮤어

헤드(Desmond Muirhead) 등 전설적 코스 디자이너들과 공동 작업하며 전문성을 쌓은 바 있다. 그리고 무엇보다 그가 운영하는 설계회사(니클라우스 디자인)에는 그의 상상력을 설계 도면과 실제 코스로 구현할 최고 수준의 실무 디자이너들이 진용을 갖추고 있었다.

잭 니클라우스의 설계와 임상하의 실시설계

국내 골프 코스 디자이너 몇 사람에게 잭 니클라우스의 코스 디자인 작품들에 대한 전반적 의견을 들어보았다. 대답은 저마다 조금씩 달랐으나, 첫째 기능적인 짜임새가 좋고, 둘째 원숙미가 있다고 보는 점에서는 대부분의 의견이 일치하였다. 골퍼의 실력을 세밀하게 변별하는 기능과, 자연을 재구성하여 코스로 조형화하는 완성도가 높다고들 평가했다.

휘닉스CC는 좀 더 많은 축복을 받았을 것이라 생각한다. 잭 니클라우스의 능력뿐 아니라 당대의 국내 거장 설계가 임상하의 한국 산중지형 해석까지 결합된 작품이라 보는 것이다.

외국 코스 디자이너가 국내 골프 코스를 설계할 때는 일반적으로 국내 설계팀과 협업하기 마련이다. 외국인이 완성한 기본 설계를 한국의 법률과 현장 특수성에 적용하기 위한 '실시설계'가 반드시 필요하기 때문이다. 이 코스 설계의 한국 측 실시설계 파트너는 처음부터 이 코스 계획의 코디네이터 역할을 해오던 '임골프(당시 대표 임상하)'였다. 고 임상하는 화산CC, 지산CC, 신라CC, 파인크리크CC, 강촌CC 등의 설계에서 한국 산중 지형 코스의 새로운 미학 지평을 연 바 있다. 휘닉스CC 작업에 참여할 때는 그의 역량이 완숙의 정점을 찍고 있었다.

잭 니클라우스의 설계를 이 코스 현장의 실시설계에 접맥하면서 그는 서구적 설계를 한국 산중에 받아들이고 융합하는 장인(匠人)적 실험을 했던 것 아닌가 싶다. 당시 임골프 측 디자인 코디네이터였던 권동영 씨에 따르면 잭 니클라우스가 파견한 톰 펙(Tom Peck), 리 슈미트(Lee Schmitt), 쳇 윌리엄스(Chet Williams) 등 실무 디자이너들과 함께 잭 니클라우스의 기본설계를 산악 지형에 적용하기 위한 새로운 실험과 상호 제안을 무수히 거듭하였다 한다. 아티스트들의 열정적인 협업으로 완성도가 높아졌다는 것이다.

대자연 골짜기의 역동적 코스

이 골프장이 있는 자리는 강원도 평창 태기산(1259m) 중턱 해발 700미터 지점의, 자연이 스스로 가둔 깊은 산골이다. 골짜기 맞은편에는 태기산의 가파른 경사를 타고 내려오는 '휘닉스평창 스노우파크'가 거대한 스포츠 레저 리조트 단지를 이루고 있다.

골프장 땅은 본디 넓은 분지가 아니라 높은 산과 푸른 하늘만 보이는 두메산골이었다.
이 골짜기의 결을 더듬고 맥을 찾아서 길을 트고 들판을 다졌다. 계곡물을 담아 호수를 만들고 실개천을 흘려 코스 자리 전체를 돌아 적시게 했다. 깊디깊은 산에서 여러 구릉을 다듬고 골을 메워 자연 그대로의 모습인 듯 유려한 터를 만든 공력이 깊어 보인다.
그 위에 무인(武人)의 18반 무예를 시험하는 사냥터 같기도 하고 예인(藝人)의 인생 2막 무대 같기도 한 코스를 만들었다.

코스의 아름다움이란 무엇인가.

클럽하우스에서 나오면 10번(레이크코스 1번) 홀이 장엄하게 내려다보인다. 왼쪽 절반은 푸른 하늘을 담은 호수이고 오른쪽 절반으로는 켄터키블루그래스 양잔디의 진녹색 페어웨이가 완만하게 휘어지며 그린 쪽으로 뻗어간다. 호수 너머에 작은 그린이 선명하게 보인다. 마음으로는 호수를 질러 그린 근처까지 공을 쳐 보낼 수 있을 것 같지만 자기 분수에 맞는 과녁을 페어웨이 위에 정해놓고 쳐야 한다.

이 선택의 순간에, 이 코스가 아름답다고 느낀다.
자연을 살려 가꾼 풍광에 감응하는 것인지 코스 자체의 완결성이 빚어내는 기능 미학에 공감하는 것인지 나는 선뜻 판단하지 못하겠다.

골프장에서 공만 좇느라 코스의 풍광을 즐기지 못하는 이가 많다. 그러다가 어느 정도 구력과 실력이 쌓이면 꽃과 나무가 보이고 건너편 산의 낙엽송 단풍도 보게 된다. 그때부터 새로운 차원의 골프를 맛보게 되기도 한다. 그런 한편, 멋진 풍경을 감상할 수 있을 만한 여유를 품어낸 골프 코스가 좋은 것이라 단언하지 못한다. 골프 경기장으로서의 기능 완결성이 주는 긴장감이 너무 팽팽해서, 풍광을 즐길 겨를도 없이 게임 자체에 몰입하게 만드는 코스도 있는 것이다.

나는 골프장 풍광을 완상하기 좋아하는 '레크리에이션 골퍼'이지만, 만약 골프 코스 설계자 입장이 되어 두 가지 특성의 코스 중 하나를 골라야 한다면, 아마도 후자를 선택할 것 같다.

11번(레이크코스 2번) 파4 홀

팽팽한 기능의 미학

휘닉스CC의 코스 전체 길이는 6,338미터(6,932야드)이니 길지 않은 편이다. 하지만 고저좌우가 변화무쌍하고 숲과 호수가 드나드는 자연지형을 이용한 설계로 힘과 정교함의 균형을 맞추고 있다.

잭 니클라우스가 자신의 설계 방식에 대해 늘 힘주어 말하는 세 가지가 있다.
첫째, 골프는 힘보다 정확함을 가늠하는 게임이라는 것. 둘째, 자연 지형에 설계를 맞추되 설계자의 아이디어에 자연을 짜맞추지 않는다는 것. 셋째, 골프 코스는 시각적인 즐거움을 주어야 한다는 것이다.

잭 니클라우스 설계 코스가 드러내는 기능미와 원숙미는 이 세 가지가 잘 조화된 결과이겠다. 앞에 예로 든 레이크코스 1번 홀 티잉 구역에서 느끼는 아름다움은, 코스 조경 때문인지 자연 풍광에 대한 감응인지, 또는 골퍼 마음속 샷 구현 상상력의 조화인지 가늠하기 어렵다.
이 홀부터, 골프의 전설 잭 니클라우스가 빚어놓은 결계(結界)가 첫 홀부터 마지막 홀까지 '18나한진(十八羅漢陣)'처럼 변주되는 것이라 여긴다. 지형과 풍광을 최대한 살려 이용하고 코스의 기능과 결합시키는 팽팽한 삼위일체의 황금률이라 이해한다.

클럽의 위상과 평가

이 골프장은 '휘닉스스노우파크'라는 초대형 최첨단 스키장과 어우러진 리조트형 컨트리클럽이다. 서울에서 먼 곳이지만 종합 레저 스포츠와 리조트 등 넉넉한 지원 시설과 모기업의 든든한 배경을 바탕으로 고급 회원제 골프장으로 운영되고 있다.

'서울경제골프매거진'이 2년마다 평가하는 '대한민국 10대 코스'에 2003년부터 7회 연속 선정되었다. 골프다이제스트가 평가한 '2019~2020 대한민국 50대코스'에는 28위로 선정되었다. 최근의 평가 순위에서 더 앞선 골프장들이라 해도 이 골프장만큼 품질과 변별력이 검증된 코스를 보유한 곳은 손에 꼽을 만큼 드물다.
2001년 한국프로골프투어 'KPGA 선수권대회'를 개최한 뒤로 KLPGA '휘닉스파크클래식', 'KDB대우증권클래식' 등 많은 프로골프투어 정규 대회가 이곳에서 열려왔으며, 왕년의 스타 신용진 선수에서부터 이미나, 전인지 등 많은 스타 선수들이 이곳에서 우승했다. 지금도 한국

여자프로골프협회 KLPGA 2부 투어인 '드림투어' 대회가 이곳에서 열리고 있다.
우리나라 엘리트 골프 발전에 기여한 바 클 뿐 아니라 최고 선수들의 토너먼트 플레이를 통해서 코스의 변별력이 검증되어온 코스이다.

코스의 특징

리조트 단지 안에 있지만 리조트형 코스라기보다 토너먼트형 코스라 봄이 옳다.
잭 니클라우스는 '골프 황제'라 불리던 세계 최고 선수 출신이지만 "아마추어 골퍼에겐 쉽고 프로 골퍼에겐 어려운 코스", "파(Par) 하기는 쉽지 않고 보기(Bogey)는 편하게 할 수 있는 코스"를 만드는 설계가로 알려져 있다.

이렇듯 "강자에겐 강하고 약자에겐 너그러운" 것을 공정성의 기본이라고 여기는 듯하다.

공정한 코스의 미덕

호수와 실개천의 위치, 고저좌우의 레이아웃 등으로 그러한 공정성을 부여한다.

'고수'는 직접 공략하게 유도하고 '하수'는 돌아갈 수 있도록 길을 안배하는 것인데 직접 공략하는 도전에는 위험이 도사린다. 반면에 성공하면 반드시 좋은 점수를 낼 수 있는 보상이 따른다. 그러므로 오늘 우회할 수밖에 없던 '하수'가 실력을 연마해 언젠가 다시 찾아와 모험에 성공하리라 꿈꾸는 것이며, 그런 까닭에 "좋은 코스는 실력 향상을 돕는다" 하는 것이다.

이 코스에는 그렇듯 공정성과 전략성의 미덕이 잘 안배되어 있으므로 플레이 루트를 세심히 선택해서 '생각하는 플레이'를 해야 한다.

호수와 실개천 등 위험 요소들은 거의 모두 플레이어의 눈에 보이도록 배치되어 있다. 벙커는 그다지 많지 않지만 '고수가 빠지기 쉬운 자리'에 도사리고 있다고 보면 된다. 그린의 한쪽 방향에는 벙커나 호수 등 위험 요소가 있고 반대쪽은 열려 있다.

권하건대, 이 코스에서는 설계자와 함께 플레이 한다고 생각하며 라운드 하는 게 어떨까 싶다. 잭 니클라우스의 공략방법을 상상해 보고, 스스로의 공략법을 비교 선택해 보는 것이다.

11번(레이크코스 2번) 파4 홀 세컨샷 지점

개성이 다른 마운틴코스와 레이크코스

마운틴코스(1~9)에서는 침엽수림이 울창한 산악의 자연미가 느껴진다. 그 웅대한 느낌 때문에 도전적인 플레이를 하기 쉬운데, 장애 요소들이 상대적으로 예민하게 배치되어 있으므로 전략적으로 플레이 하는 것이 유리하다. (골프에서 '전략적'이라는 것은 '안전함'과 '치밀함'의 뜻을 포함한다)

레이크코스(10~18)는 독을 품은 꽃처럼 아름답다. 코스 전체를 돌아나가는 일곱 개의 커다란 호수는 레이크 코스의 여섯 개 홀에서 플레이에 개입한다. 그 중 세 개는 영웅적인 도전을 부르며 세 개는 정교하게 피해가라 한다. 과감한 도전을 피할 수 없고 피해서도 안 되는 코스이다.

마운틴코스 2번 파5 홀 - 초반 분위기 결정

마운틴코스는 인내심으로 지키는 홀과 도전적으로 노리는 홀을 명확히 구분해야 하는 구성이다. 2번 파5 홀에서 장타자는 투 온(on in two)도 가능하지만, 티샷 낙하지점 왼쪽과 세컨 샷 오른쪽에 호수가 있고 그 사이에 실개천이 연결되어 있어서 분명한 전략과 정확한 샷이 필요하다. 대회에 참가하는 선수들은 충분한 준비 운동으로 미리 몸을 풀고 시작하기에 이 홀에서 비교적 어려움 없이 점수를 줄이곤 하지만, 일반 골퍼들은 몸이 풀리기 전에 만나는 예민한 파5 홀이라서 호수에 공을 빠뜨리기 쉽다. 좋은 점수를 낼 수도, 실점할 수도 있는 홀이므로 이곳에서 그날 라운드의 분위기가 결정될 수 있디.

11번(레이크코스 2번) 파4 홀 - 스플릿 페어웨이

나와 함께 라운드 한 동반자는 "용감한 자가 미녀를 얻는다"며 그린 방향으로 직접 도전했으나 "제 배필 아닌 미녀를 탐하다 망신스럽게 죽었다"는 소리를 들었다.

이 홀에서 느끼는 아름다움이 코스 자체의 기능적 완성미인지 티잉 구역에서 내려다보는 풍광

레이크코스 14번 파5 홀

의 빼어남인지 나는 아직 모르겠다. 어쨌든 보는 순간 숨이 막힐 듯 드라마틱한 홀이다.

오른쪽으로는 기다란 페어웨이가 나 있고, 왼쪽 큰 호수 안에 아일랜드 형의 그린과 앞치마 같은 페어웨이가 떠 있다. 이른바 '스플릿 페어웨이(Split Fairway)'인데, 블루 티에서 220야드를 띄워 보내 그린 앞의 페어웨이에 안착하면 60야드 안쪽의 어프로치 거리를 남길 수 있다. 장타자는 '원 온(on in one)'도 가능하다.

그런 한편 오른쪽 페어웨이를 선택하여 티샷 해도 짧은 거리가 남으므로 방향을 신중히 택해서 자신있는 어프로치 거리를 남기는 전략을 써야한다.

장타자라고 자부하는 아마추어 남자 골퍼들은 이 홀에서 불문곡직 아일랜드 방향으로 도전하곤 한다. 그런데 (이곳에서 열린 여자 프로대회를 취재한 KLPGA 전속 사진작가 박준석 씨의 말에 따르면) 남자 아마추어 장타자들보다 드라이버 샷을 더 멀리 치는 여자 프로 골퍼들은 거의 모두 오른쪽 안전한 페어웨이를 선택하더라 한다.

14번(레이크코스 5번) 파5 홀 - 잡아야 하는 기회

티샷을 마음껏 휘두를 수 있으며, 어느 정도 거리를 내는 사람은 충분히 '투 온'을 노릴 수 있는 홀이다. 다만 투 온을 하려면 세컨샷 낙하지점이 예민하다. 그린 왼쪽에는 호수와 벙커가 함께 있으니 오른쪽을 공략하는 것이 안전한데, 투 온을 노리다 보면 그린 중심을 향하다가 힘이 들어가 왼쪽 장애물에 빠지기 쉽다(당연히 빠지라고 유혹하는 설계이다). '쓰리 온(on in three)'을 선택하더라도 충분히 버디를 노릴 수 있다. 다만 그린이 까다로운 편이므로 세 번째 샷의 공략 각도를 선택하여 두 번째 샷을 보내야 한다.

16, 17, 18번(레이크코스 7, 8, 9번) 홀의 승부 구간

16번 파4 홀은 그린 앞 실개천을 감안해서 티샷 해야 하고 그린 주변이 예민해서 실점하기 쉽다. 17번 왼쪽으로 휘어지는 파5 도그렉 파5 홀은 자기 비거리에 따라 티샷 방향을 선택하게 된다. 왼쪽으로 길게 칠수록 투 온의 가능성이 커지는 것이다. 그래서 토너먼트에서는 실점을 만회하려고 왼쪽으로 치다가 더 큰 실점을 하는 선수들도 많다(이것 또한 설계자의 의도이다).

17번(레이크코스 8번) 파5 홀(왼쪽), 18번(레이크코스 9번) 파4 홀 세컨샷 지점(오른쪽)

그 뒤에 맞는 18번 홀은 시각의 구도가 탄탄하여 아름답고 플레이 결과는 드라마틱하다. 그린을 어느 각도에서 얼마나 남겨놓고 어프로치 샷을 할 것인지 티잉 구역에서 결정하고 티샷해야 한다. 그린 앞에 호수가 그다지 위협적인 것 같지 않으면서도 공을 빨아들인다. 우승을 코앞에 둔 선수가 여기에 공을 빠뜨려 더블보기를 범하고 승부가 뒤집히는 경우도 흔하다.

결계와 진법

다른 골프장들의 홀별 설명에서는 풍광과 설계가 만나는 지점의 감상에 비중을 둔 것과 달리, 이 코스에서는 설계와 공략에 대해서 주로 이야기했는데, 그것은 잭 니클라우스가 설치해 놓은 코스의 결계(結界)와 진법(陳法)이 그만큼 극적이기 때문이다.
18홀 가운데 서로 비슷한 것이 하나도 없이 모두 다른 형태와 기능을 갖고 있다. 홀마다 이야기가 선명하고, 그것들이 이어지는 전개가 탄탄하게 느껴진다.
이 골프장이 문을 연 지 꽤 오래 되었는데 단 한 번도 코스를 개조, 개선하지 않은 것으로 안다. 그래도 역시 명불허전이다.

울창한 원시 소나무 숲에 드문드문 보이는 가문비나무와 자작나무, 낙엽송 군락, 연분홍 참철쭉 꽃무리 들이 조경 화수목인지 제멋대로의 자연인지 모르게 어우러진다. 특별히 멋을 내지 않아도 이곳은 자연 자체가 조경일 것이다.

이 드넓은 골프장 어딘가에 아득한 메밀밭이 펼쳐져 있다면 어떨까 하는 마음도 문득 스친다. 소금을 뿌려놓은 듯한 메밀꽃길을 달밤에도 나와 걸어볼 수 있도록......

사진은 휘닉스 컨트리클럽에서 제공한 것을 주로 사용했으며 일부는 글쓴이가 찍은 것입니다.

GAPYEONG BENEST
GOLF CLUB

'황제'라 불리는 골프장 - **가평베네스트 골프클럽**

가평베네스트 골프클럽
'황제'라 불리는 골프장

그린은 절벽 끝에 있었다. 그 너머엔 하늘뿐이었다.
먼 산맥의 끝없는 첩첩능선을 바라보던 선배가 수도승처럼 읊조렸다.

"가슴으로 치는 거야. 골프는……"

꽤 큰 사업을 하는 이였다. 수십 년 골프를 하며 '언더파'까지 쳤다 한다.
나는 알아들은 척 '네' 했지만 알아듣지 못해서 입을 다물었다.
그 뒤 십여 년이 지나도록 가평베네스트는 내 마음 속에 '가슴으로 치는' 골프 코스로 남아있다

가평베네스트는 '몇 타 쳤다'는 기억만 남기기엔 아까운 골프장이다.
이곳에서 공만 쫓다가 코스는 못 보고 왔다는 사람도 있는가 하면, 어느 홀의 나무 한 그루까지
기억에 담은 사람, 지친 인생을 위로받았다 말하는 이도 보았다.

'베네스트'라는 이름

'독수리 둥지'였던 자리

파인코스 7번 홀 그린에서 내려다보면 이 골프장이 처음 개발될 때 '독수리 둥지(Eagles Nest)' 라는 이름이 붙었던 까닭을 짐작하게 된다. 1988년 '무진개발'이라는 회사가 1990년 골프장 사업계획을 승인받고 '이글스네스트'라는 이름으로 개발 추진하였다. 제2차 세계대전을 일으킨 히틀러의 별장 이름도 독수리둥지(Kehlsteinhaus = Eagles Nest)였다. 골프장 개발 초기에 왜 이런 이름을 지었는지는 잘 알 수 없으나 이곳에 서면 독수리 등 위에서 내려 보는듯한 영웅심이 드는 것 같기도 하다.

무진개발이 개발에 어려움을 겪자 1995년 삼성그룹이 인수하였으며, 2000년 '가평베네스트'로 이름을 바꾸고 2000년 9월 파인-메이플코스를 완공하여 임시 개장하였다.

2001년에는 삼성에버랜드가 무진개발을 흡수 합병하였고 2004년 3월 클럽하우스를 완공했으며, 같은 해 9월 버치코스를 열면서 회원제 27홀 골프장으로 정식 개장한다.

베네스트라는 이름을 짓다

삼성그룹은 골프장 이름에서 '독수리(Eagles)'를 날려 보내고 '둥지'라는 뜻의 'Nest' 앞에 '최고' 또는 '가장 행복한'이라는 뜻의 'Best'를 붙여 '베네스트(Benest)'라 개명하였다. 그리고 이 이름을 삼성그룹 소유 회원제 골프장에 함께 적용한다. 가평베네스트, 안양베네스트, 동래베네스트, 안성베네스트라는 이름이 붙게 된 것인데 2013년에 '안양'은 원래 이름이던 '안양컨트리클럽'으로 되돌아갔고 가평, 동래, 안성 3개 골프장은 베네스트 브랜드를 달고 있다.

"황제 회원권 골프장"

'가평베네스트 골프클럽'은 회원권 거래 가격이 한때 18억 원을 넘겨서 '황제 회원권 골프장'이라 불리기도 했다. 지금도 이곳이 한국 으뜸의 명문 회원제 골프장이라는 데 이견을 다는 사람은 거의 없다.

가평 깊은 산중에 있음에도 이런 가치를 지켜오는 까닭은 복합적이다. 회원 수가 적다는 희소성, 삼성그룹이 주는 믿음, '삼성 서비스'의 수준과 품격, 가평베네스트GC 정회원에게 안양CC 주중 이용자격을 부여하는 점 등을 들 수 있겠지만, 무엇보다 코스 자체의 완성도가 빚어내는 강한 매력이 그런 장점들을 뒷받침한다.

잭 니클라우스 설계 '헤리티지 코스'

이 골프장 '파인코스'와 '메이플코스'는 잭 니클라우스가 손수 설계한 것이다.

잭 니클라우스는 미국 PGA투어에서 73회 우승(메이저 18승 포함)을 비롯해서 세계 규모 골프 대회에서 생애 117회 우승한 '살아있는 골프 전설'이다. 흔히 아놀드 파머, 게리 플레이어, 잭 니클라우스를 동시대를 주름잡은 전설적 '3총사 골퍼'라 부르는데, 인기는 아놀드 파머가 더 많았을지 모르나 골프 선수로서 이룬 업적으로는 잭 니클라우스가 '20세기의 가장 위대한 골퍼'로 꼽힌다. 그는 선수 생활 은퇴 후에는 골프 코스 설계에서 뚜렷한 업적을 남기고 있다. 골프선수로서 수많은 명코스를 섭렵한 경험을 살려, 그는 자기만의 철학과 취향이 분명한 골프 코스를 설계해 온다. 지금까지 45개 나라에서 415개 넘는 코스가 그의 이름으로 설계되었다.

잭 니클라우스 이름을 단 골프 코스라 해서 모두 잭 니클라우스가 설계한 것은 아니다. (앞의 '휘닉스CC'편과 뒤에 나오는 '잭니클라우스GC'편 참조)

잭 니클라우스 브랜드를 단 골프장이 우리나라에도 여럿 있는데, 잭 니클라우스가 손수 설계한 것은 이 가평베네스트와 인천의 '잭니클라우스GC', '베어즈베스트청라GC', 평창의 '휘닉스CC'의 네 곳

골프장 명칭	가평베네스트골프클럽 GAPYEONG BENEST Golf Club
한 줄 소개	삼성이 자랑하는 잭니클라우스 헤리티지 코스
개장 연도	2004년 정식 개장(2000년 일부 개장)
규모, 제원	27홀 파 108, 전체길이 10,521yds(9,620m) 메이플코스 3,192m, 파인코스 3,251m 버치코스 3,178m
골프장 구분	회원제 골프장
위치	경기도 가평군 상면 둔덕말길 232
코스 설계자	잭 니클라우스
소유 기업	삼성물산㈜
잔디 종류	안양중지(Zoysiagrass / 페어웨이) 야지 (Zoysiagrass /러프, 헤비러프) 켄터키블루그래스(티잉구역, 에이프런) 크리핑 벤트그래스 SR1020(그린)
벙커	메이플49개, 파인30개, 버치54개 (주문진 규사)
티오프 간격	7분
관리 특징	고객 플레이 중심 관리, 최고 수준 그린키퍼
캐디, 카트	4백 1캐디, 승용전동카트(5인승)

이다. (이들을 '잭니클라우스 시그니처코스'라 부르다가 잭 니클라우스가 설계 현역에서 은퇴한 뒤로 '잭니클라우스 헤리티지코스'라 바꿔 부른다)

'헤리티지코스'가 니클라우스 디자인팀이 설계한 것보다 좋은 코스라 단정할 수는 없다. 이 골프장 버치코스는 니클라우스 디자인팀이 잭 니클라우스의 지휘로 설계 마감한 것이다. 파인코스와 메이플코스에 반영된 잭 니클라우스의 설계 철학과 의도를 확장 발전시켜 27홀 골프장으로 마무리한 완성작이 버치코스라고 나는 생각한다.

한국의 산중 지형을 니클라우스 관점으로 해석

잭 니클라우스는 1999년 개장한 '휘닉스CC'의 설계 작업을 통해 이미 한국의 산중 지형에 대한 경험과 이해를 쌓고 있었던 듯하다.

골프가 스코틀랜드의 거친 바닷가의 버려진 땅에서 시작된 이래, 골프장은 되도록이면 쓸모없는 황무지에 만들어져 왔다. 가용할 땅이 좁고 산이 많은 한국과 일본에서는 골프장이 주로 산기슭에 조성되어 왔는데, 일본보다 국토가 더 좁은 우리나라는 골프장 들일 만한 땅이 훨씬 귀한 형편이라서 골프장 설계가들은 산중 지형을 어떻게 활용해서 코스를 앉힐 것인가를 더 많이 고민해왔다.

1980년대까지만 해도 산허리를 뭉텅뭉텅 잘라내 계단식 코스를 내는 것이 당연하게 여겨졌으나, 1988년 로버트 트렌트존스 주니어가 설계한 용평CC가 개장하고 1993년 우정힐스CC(페리오 다이 설계)가 문을 열면서 서구적인 코스 설계가 도입되기 시작하였다.

그리고 잭 니클라우스는 평창의 휘닉스CC와 이 가평베네스트GC를 연이어 설계하면서, 한국 산중지형 자연 흐름을 살리면서도 훌륭한 코스가 만들어질 수 있음을 웅변하듯 보여주었다.

잭 니클라우스가 평창의 휘닉스CC 작업에서 한국 산중 지형 코스 설계의 묘리를 터득하면서 가평의 산중에 펼쳐낸 작품이 가평베네스트GC라 하겠다.

장엄한 풍광과 섬세한 조형

코스 자체의 섬세한 기술적 변별성도 이해해야 하지만, 자연 지형을 잘 살려낸 풍광과 조형의
아름다움도 살펴보아야 이 골프장을 온전히 즐길 수 있다.

구름 위에 떠 있는 골프 코스

가평은 광주산맥의 한 줄기에 자리잡고 있으며 오랜 침식으로 기복이 느릿한 노년기 지형
특성이 잘 드러나는 곳이다. 개주산(675m)의 완만한 산기슭에, 파인코스가 가장 높게 자
리하고(370m~430m) 메이플코스가 중간 높이(350m~380m), 버치코스가 가장 낮은 곳
(290m~360m)에 앉았다. 산자락에 낸 코스이면서도 3개 코스 대부분의 홀에서, 티샷이 떨어
질 자리는 드넓고 시야는 거칠 것 없이 트여있다.

개주산은 알을 품듯 이 골프장을 보듬어 안고 동쪽으로 열려있다. 버치코스가 있는 동쪽의 전
망이 시원하게 트여 있어서, 남쪽 서리산의 웅장한 등줄기를 우백호 삼아 먼 동쪽 청우산, 대금
산으로 이어지는 산맥의 첩첩능선을 보는 풍광이 장쾌하다. 이 방향으로는 지형적으로 안개가
자주 끼는데 안개는 이 골프 코스까지 올라오지 못하고 산 아래에 짙은 구름으로 깔리니 골프
코스는 운해 위에 떠 있게 된다. 그 장엄한 구름바다 아래가 현리 읍내이다.

남성적 기세와 여성적 관능미

서쪽 가까이엔 주금산, 북쪽 머리맡에는 운악산이 병풍을 두르고 있다. 주변의 산이란 산은 모두 근경과 원경으로 끌어 앉힌 것이다. 인간의 놀이 길에 산과 구름의 기운을 오방(五方)으로 펼쳐 놓은 것이니 27홀 내내 그 기운을 받으며 라운드하게 된다.

이 골프 코스에는 광활함과 정교함이 공존한다.
3개 코스 가운데 파인코스와 메이플코스가 먼저 문을 열었다. 이 두 개 코스의 연결이 가평 산간의 남성적 기운을 뿜어내는 완결성을 갖고 있었는데, 나중에 여성적인 관능미가 넘치는 버치코스가 덧들어서면서 신화적 상상력과 음양 조화가 빚어내는 현묘함이 꿈틀거리게 되었다.

요염하고 유장한 버치코스

버치코스는 유장한 듯 풍염하다. 멀리 칼봉산(909.5m)에서 대금산(705.8m)과 청우산(617.7m)으로 이어지는 동쪽의 장려한 산맥을 바라보며 내닫기 시작하다가 북쪽의 운악산(934.7m) 봉우리들을 바라보고 돌아서서, 남쪽 서리산(832m)의 공룡 같은 움직임을 왼편에서 느끼며 서쪽 먼 곳의 주금산 쪽으로 날아오르며 마무리된다.
이렇듯 가깝고 먼 산들이 만들어내는 남성적 풍광의 중간 어림에 여성미 넘치는 호수를 크게 만들어 하늘까지 담아놓았다.

그러니 눈은 호사를 누리고 홀을 공략하기는 까다롭다. 3개 코스 중에서 일반 골퍼들이 가장 어려워하는 코스이다(코스레이팅 자료를 보면 평균 '이븐 파'를 치는 '스크래치 골퍼'들에게도 그런 편이다)
버치코스는 파4 홀 3개, 파3 홀 3개, 파5 홀 3개의 파36으로 조성되었다. 우리나라에서 이런 3, 3, 3 구조는 흔치 않은데 파인코스와 메이플코스가 각각 일반적인 구성(파4 홀 5개, 파3 홀 2개, 파5 홀 2개)의 파36으로 조성되었기에 번외 코스로서 특색을 주어 시도한 것으로 보인다.

현묘한 기운의 파인코스

파인코스에서는 무언가 신령한 기운이 느껴진다. 가장 높은 산중턱에 있으며 이곳 산중 지형으로 빚어낼 수 있는 다양한 조형 경관을 차례로 보여준다. 남쪽 건너편 서리산 전체가 다가오는 듯한 풍광, 바람 부는 언덕에서 먼 산맥과 운해를 바라보는 장관, 하늘로 오르는 계단을 딛

버치코스 3번 파4 홀(위), 파인코스 5번 파4 홀(가운데), 메이플코스 1번 파5 홀(아래)

듯 그린을 향해 걸어 오르는 모험감, 그리고 웅장한 바위와 기묘한 나무숲을 보는 것 들이다. 나는 이 파인코스에서 우리나라 산중코스에서 드물게 발현되는 현묘함을 느낀다. 5번 홀 벼락 맞은 소나무는 동티 맞은 장승을 닮았고 7번 홀 그린은 하늘을 향한 제단을 떠올리게 한다. 가장 높은 곳에 위치한 8번 홀 그린 뒤 숲에 숨어서 지켜보는 왕버들나무는 산신령 같은 느낌을 주며, 9번 홀 그린을 향할 때 마주보는 서리산은 가까이 갈수록 살아 움직이는 듯하다.

메이플코스, 중용의 아름다움

메이플코스는 광활하고 조화롭다. 비교적 짧은 파 5홀로 시작하여 완만한 산기슭을 타넘으며 넓고 평화롭게 펼쳐지는 한편, 진행 방향이 동서남북으로 종횡무진한 가운데 의도적으로 절벽의 끝자락까지 배치한 홀들을 하나하나 공략하다 보면, 이 골프장을 둘러싼 모든 주변 풍광을 눈에 담게 된다.

상대적으로 점수가 잘 나오기도 하니 이 코스를 좋아하는 골퍼들이 많다고 한다. 버치코스와 파인코스의 개성이 두드러진 반면, 메이플코스에서는 그 두 코스의 특징을 어우른 중용의 미덕이 느껴진다.

이 코스에서는 특히 계절마다 변화하는 자연 풍치가 두드러진다. 3번 홀 티잉 구역 주변 꽃사과나무, 철쭉, 단풍나무, 5번 홀 분홍 꽃이 피는 모과나무...... 봄에는 새순과 꽃잎이 웅성거리고 가을에는 형형색색의 단풍이 물들어 연두, 연노랑, 분홍, 빨강 등의 스펙트럼으로 펼쳐지는 조화가 눈을 홀린다. 자연림에 보완 식재한 교목과 관목의 배치가 안양CC와는 또 다른 느낌의 자연을 빚어내는 조경으로 '삼성 골프장'답다.

코스의 변별성

호방하게 치되, 정교하게 마무리해야 하는 코스

가평베네스트는 풍광이 빼어날 뿐더러, 골퍼의 실력을 가려내는 변별성이 높은 코스로 평가되어 온다.

티잉 구역에서 보이는 페어웨이는 드넓어 호방하게 티샷 할 수 있지만, 아이언을 잡고 그린을 향해야 할 자리에서는 깊이 생각하고 상상력을 끌어올려야 한다. 페어웨이가 넓고 평탄한 편이지만 티샷한 볼이 페어웨이의 어느 쪽에 놓이는지에 따라 그린 공략 방법이 달라지며 벙커와

해저드가 정교한 시각 비율로 도발적인 위치에 있어서 플레이에 관여한다.

또한 그린으로 갈수록 변화가 증폭되면서 난도가 높아진다. 그린은 작고 변화가 많다. 반면에 그린콤플렉스가 크고 다채로운 변화를 갖고 있어서 그린 주변에서 다양하고 창조적인 플레이를 펼치는 맛이 있다.

전체적으로 평평한 가운데 오르막과 내리막이 고루 안배되어 있고 왼쪽과 오른쪽으로 휘는 홀들 비율이 비슷하게 균형을 이룬다.

전략 없는 플레이에 벌을 주는 코스

잭 니클라우스는 선수 생활을 하던 당시에는 장타자에 들었지만 코스 설계에 있어서는 장타보다는 정교한 샷을 하는 이에게 유리하게 만드는 것을 선호한 편이라 한다. 그가 디자인한 코스는 전략 없는 플레이에 어떻게든 벌을 주는 것으로 정평이 나 있다. 자기 실력을 넘어 만용을 부리는 골퍼에게는 더블파에 가까운 응징을, 겸손한 보기 플레이이어에게는 보기를 선물하는 한편, 좋은 샷에는 보상을 주는 것이다.

잭 니클라우스의 설계 원칙

그는 이 골프장 정식 개장을 앞둔 2003년 '잭니클로스 골프코리아'를 통해서 자신의 코스 디자인 원칙을 밝힌 바 있다. 그것을 인용하여 적는다.

첫째, 레이아웃은 힘을 시험하기 위해 플레이 하는 골퍼들보다는 현명하게 플레이 하는 골퍼들을 위한 것이다. 골프는 힘보다는 정확도를 가늠하는 게임이기 때문이다.

둘째, 나는 최대한 자연을 훼손하지 않으려고 한다. 골프 코스는 지형에 맞게 디자인되어야 하며 나는 내 아이디어를 강제로 짜 맞추려고 하지 않는다.

셋째, 골프 코스는 시각적인 즐거움도 제공해야 한다. 나는 골퍼들이 코스의 아름다움을 즐기면서 플레이 하는 것을 원한다. 그것은 골프경험 중에 중요한 부분이기 때문이다.

쉬운 코스에서 플레이 하는 것은 가끔은 재미있을 수도 있지만 훌륭한 코스에서의 멋진 경험은 맛볼 수 없다. 그렇다고 해서 골프 코스를 디자인할 때에 일부러 어렵게 만들려고 하진 않는다. 단지 백티에서 자신의 능력을 시험하고자 하는 플레이어들을 위해서도 디자인하고 싶을 뿐이다. 초보자나 애버리지 플레이어들도 자신에게 맞는 티에서 도전을 즐길 수 있는 코스를 만들려고 애쓴다.

- 동아일보 2003. 10. 06 보도 기사에서 발췌 인용

코스 랭킹 등에서의 평가

국내에서 골프장 랭킹 선정이 처음 시작되던 이천 년대 중반부터 가평베네스트는 꾸준히 상위권 순위에 이름을 올려왔다. 2007년 골프다이제스트 코리아 선정 '대한민국베스트코스 15'에서는 대략 6~7위권인 은메달코스에 선정되었고, 2009년 서울경제골프매거진이 선정한 '한국 10대코스'에서는 4위에 올랐다. '골프다이제스트 2019~2020 대한민국50대코스'에서는 27위에 선정되었다.

가평베네스트가 이러한 평가에서 상위권에 드는 것은 오랫동안 당연하게 여겨져 왔다. 그렇기에 요즘 들어서는 오히려 순위 평가 행사에 대한 마케팅 활동을 덜 하는 것 아닌가 하는 생각도 든다. 어쨌든 이들 순위에 관계없이 가평베네스트가 한국을 대표할 만큼 아름다운 산중코스이자 으뜸가는 명문 골프장이라는데 동의하지 않은 이는 거의 없겠다.

이곳만큼 골프 코스의 가치와 자연의 아름다움이 어우러진 곳을 찾기 어렵다.

인상적인 홀과 이야기들

버치코스 1번 홀의 운해와 바람

버치코스 1번 홀을 아침에 플레이 하면 그린 너머 탁 트인 전망 아래 펼쳐진 운해를 만나게 될 수 있다. 바람 부는 날 플레이 한다면 뒷바람이 더 멀리 공을 보내주기 쉽다. 첫 홀을 기분 좋게 시작하는 넓은 페어웨이와 광활하게 트인 전망이 일품이다. 이곳 지형 경관의 장쾌한 특징을 첫 홀부터 인상적으로 보여주면서, "여기가 바로 가평베네스트다!" 라고 말하는 듯하다.

버치코스 3, 4번 홀, 연못과 '황진이'의 감응

버치코스 3번 홀은 가평베네스트의 '시그니처 홀'이랄 수 있다. 핸디캡 2번 411미터(레귤러티 364미터)의 쉽지 않은 홀인데, 페어웨이가 넓지만 그 오른쪽 연못은 페어웨이보다 더 넓다. 꽤 긴 홀이기에 티샷에 힘이 들어가기 쉬운 만큼, 슬라이스 구질이 나와 연못으로 공을 빠뜨리기 십상이다. 공이 빠질 만한 자리에 기다란 세이빙 벙커를 만들어 놓았으며, 벙커가 끝나는 지점에 예사롭지 않은 자태의 소나무 한 그루가 있다. 교태로운 곡선으로 뻗은 가지를 연못 쪽으로 드리운 모습이 미녀가 머리를 감는 듯 우아하다 하여 '황진이'라 이름 붙은 나무다.

이 홀은 그린 앞을 작은 가드 벙커가 막고 있으며 그린 모양도 쉽지 않아서 정교한 어프로치 샷이 필요하다.

4번 홀은 이 연못을 끼고 오른쪽으로 도는 짧은 파4 홀인데 티샷을 잘 보내면 짧은 어프로치가 남아 버디에 도전할 수 있다. 다만 그린 굴곡이 크고 많으므로 정확한 어프로치 샷이 필요하다. 2017년 '이수그룹 KLPGA챔피언십' 마지막 라운드에서 뒤지고 있던 장수연 프로가 '원 온(on in one)' 한 후 이글 퍼트를 성공하여 역전의 발판을 마련한 홀이다.

버치 6번 홀, 운악산과 백자작나무에 홀리면……

6번 파4 홀은 운악산을 보는 핸디캡 1번 홀이다. 운악산은 포천 베어크리크GC에서 가장 가깝게 보이는데, 이곳에서는 그 반대편 모습을 보게 되어 또 다른 느낌이다. 페어웨이 왼편으로 백자작나무 숲이 소곤거리는 듯하다. 운악산 원경과 자작나무 숲의 근경, 하늘을 담은 연못이 함께 자아내는 아름다움은 형언키 어렵다. 특히 단풍 들 때 6번과 7번 홀의 백자작나무는 이곳이 왜 '버치코스'인지 설명하고도 남는다.

버치코스 6번 파4 홀(위), 버치코스 3번 파4 홀 호수와 황진이 나무(아래)

아름다운 반면 티샷과 어프로치 샷이 다 정확해야 하는 홀이라서 '악소리 나는 홀'로도 불린다.

흥미진진한 메이플 1,2번 홀

메이플코스는 흥미진진하게 시작한다. 1번 홀은 '투 온(on in two)'도 가능한 짧은 파5 홀이어서 장타자라면 페어웨이 오른쪽 최단거리를 향하는 티샷을 해볼 만한데 오른쪽 카트도로 바깥은 오비 지역이다. 짧은 파5 홀들이 대개 그렇듯이 그린은 세로로 길고 언듈레이션이 심해서 도전을 유도하지만 쉽게 정복되지는 않는 모습이다.

2번 홀은 오른쪽으로 휘는 314미터 '도그렉(dog leg)' 형태의 짧은(레귤러티 256m) 오르막 파4 홀이다. 페어웨이 오른쪽에 보이는 큰 벙커를 넘기면 아주 짧은 어프로치 샷을 남기게 되지만 그 벙커에 빠지면 턱이 높아 그린 공략이 쉽지 않으니 자기 티샷 비거리에 따라 방향을 선택해야 한다. (이 홀은 페어웨이 오른편 경사면에 황화 코스모스가 필 때 더 아름답다.)

티샷 능력과 전략의 운용에 따라 확연히 다른 결과가 빚어지는, 샷 밸류 높은 홀들이다.

메이플코스 2번 파4홀. 오른쪽 경사면의 황화 코스모스(왼쪽), 파인코스 5번 홀그린 옆 촛대나무(오른쪽)

유장한 메이플코스 4번 홀

4번 파4 홀은 436미터(레귤러티 388미터)로 길고 어렵지만 아름답다. 길기 때문에 어려운 것인데 페어웨이 왼편의 버치코스와 그 너머의 운해를 감상할 수 있는 홀이다. 운해 너머로는 먼 산맥의 겹능선이 펼쳐진다. 긴 홀을 걸어가며 유장한 전망을 즐기라는 설계 의도인데, 페어웨이 왼편 중간에 심은 소나무들이 그 장관을 다소 가린다. 이 소나무들을 이곳에 심은 깊은 뜻이 있는지는 모르겠으나, 다른 곳으로 옮기면 더 아름다운 홀이 될 것이라 상상한다.

파인코스 5번 홀의 벼락맞은 촛대나무

파인코스는 높은 곳에 위치해 있고 페어웨이와 그린은 절벽의 끝자락까지 닿아있다. 5번 홀 그린사이드 벙커 주변의 소나무는 벼락을 맞아 부러진 단면이 뾰족이 드러난 채로 마치 피뢰침 모양으로 서 있다. 누군가의 죄업을 대속(代贖)한 것일까. 드라마 속 한 장면처럼 인상적인 모습이다. 이것을 촛대나무라고 부르던데 더 풍부한 이야기를 담은 이름이 있지 않을까 싶다.

파인코스 7번 홀, 하늘제단

207미터(레귤러티 163미터) 길이의 이 홀은 파3 가운데 가장 길다. 벼랑 끝에 위태롭게 서 있는 모습인데 안개 낀 날 운해가 깔릴 때는 그린 너머로 하늘 밖에 보이지 않는다. 그린으로 걸어 올라갈 때는 하늘로 난 길을 걷는 듯하다. 다만 이 홀 그린 주변의 몇 그루 소나무들 없이 막막한 하늘과 마주친다면 어떨까 상상해본다. 자연과 거침없이 부딪는 골프의 원시적인 느낌을 소나무들이 다소 순화시키고 있는 듯하다. 이렇게 부드러운 느낌을 좋아하는 이들도 많겠으나 외로운 승부사가 대자연과 건곤일척으로 마주하는 느낌이 더 어울리는 홀 아닐까 생각한다.

파인코스 8번 홀의 산신령 같은 왕버들

어느 가을 파인코스 8번 홀 페어웨이에서 홀을 향해 아이언샷을 하고 걸어갈 때, 그린 너머 맞은편에 누군가 바라보고 있는 것 같았다. 쳐다보니 아무도 없는 숲이었다.

좀 더 느낌을 끌어올려 바라보니 숲속에 있는 나무 한 그루가 선명하게 눈에 들어왔다. 왕버들 나무인 듯했다. 무성한 숲 가운데 기묘하게도 산신령 같은 느낌으로 서 있는 나무였다. 캐디에게 '저 나무가 무슨 나무예요' 하고 물어보니 모른다 했다. '사 년 동안 이 골프장에서 일했는데 그런 거 물어보는 사람은 처음'이라며 이상하다는 눈으로 봤다. 그러면서 '매년 이곳 어림에서 제사를 지내기는 하는데 저 나무 아래에서 하는 것 같다'고 했다. 알고 보니 파인코스 8번 홀 자리가 이 골프장에서 가장 높은 곳이었다.

그날 아침 나는 어떤 이에게 터무니없는 실수를 했었다. 나는 그 나무에 실수를 털어놓아 위로받고 싶었다. 파인코스 8번 홀 그린 뒤의 왕버들나무는 내 기억에서 일생 동안 기묘하게 신령스러울 것이다.

9번 홀 움직이는 서리산

페어웨이가 가장 넓으며, 546미터(레귤러티 483미터)로 가장 긴 파5 홀이다. 길이가 긴데다 그린 앞에 가드벙커, 그린 왼편과 뒷면에 보이지 않는 벙커들이 있어서 그린 주변까지 어려운 핸디캡 1번 홀이다. 남쪽 방향으로 진행하며 서리산 전체의 웅장한 모습을 한눈에 마주보면서 플레이 하게 된다. 파인코스 2번 파5 홀이 이글을 노려볼 수 있을 만큼 짧은 데 비해 이 9번 홀은 투 온이 어렵게 되어 있다. 이러한 패턴은 잭 니클라우스가 즐겨 구사하는 설계상의 배치이다. 그린 쪽으로 걸어갈수록 맞은편 서리산의 모습이 살아 움직이는 거대 공룡처럼 생동하며 다가온다. 절묘한 풍광 배치의 마지막 홀이다.

관리, 지원시설

코스 관리의 원칙

가평베네스트는 '물 관리'를 잘하는 골프장으로 잘 알려져 있다. 심한 가뭄이 들었던 2017년 이 골프장은 자체 저수지에 담아두었던 관리용수를 인근 지역 농민들에게 농업용수로 공급하기도 했다. 또한 비가 유난히 많이 내릴 때 치러졌던 2005년 KPGA '삼성베네스트오픈' 대회

파인코스 8번 파4 홀 그린 뒤 숲의 왕버들나무(위), 파인코스 9번 파4 홀(아래)

에서 폭우가 쏟아진 직후에도 곧바로 그린이 마르는 배수 능력을 보여주어 선수와 갤러리들이
두루 찬탄한 바 있다.

그린키퍼는 16명이며 식물 생리, 농약, 비료, 토양에 대한 지식과 실무 경력이 깊은 전문가들로
구성되었음을 자랑한다. 그린 면적이 평균 600평방미터 정도로 좁은 편인데, 언듈레이션 변화
가 커서 핀을 꼽는 위치 선택 폭이 넓지 않다. 당연히 섬세하게 관리해야 하며 다른 골프장에 비
해 1.5배 이상 정성이 들어간다고 한다.

페어웨이 잔디는 안양중지, 러프는 들잔지(야지)이며 그린은 크리핑 벤트그래스를 식재했다.
이 골프장이 자랑하는 코스 관리의 원칙은, 좋은 품질의 코스를 제공하는 것뿐 아니라 골퍼가
플레이 하는 중 관리 작업 때문에 불편함이 없도록 플레이 중에 필수작업조차 최소화하면서도
최상의 코스 컨디션을 유지한다는 것이다. 20여 년 동안 그 원칙을 이어오고 있다.
(그러므로 이 정도 골프장에서 플레이하는 골퍼라면, 벙커샷을 한 뒤에, 반드시 직접 벙커 정
리를 해야 하는 것이다.)

클럽하우스의 추억

클럽하우스는 전체 코스의 중간 지점 해발 365미터에 위치하고 있으며 매 코스 1번 홀이 클럽하우스 주변에서 시작하고 9번 홀에서 클럽하우스로 돌아오도록 배치되었다. 일반 레크리에이션 골퍼들이 플레이하기에 흐름이 원활하고, 토너먼트를 치를 때도 시작과 끝을 구성하기 적합한 배치다.

클럽하우스는 붉은 색 점토 벽돌로 쌓고 검은 기와로 낮은 지붕을 올려 단아해 보인다. 주변의 산세를 거스르지 않는 자연친화적인 느낌을 주는데 '자연 속의 건축'을 지향했던 미국의 전설적인 건축가 프랭크 로이드 라이트(Frank Lloyd Wright)의 건축 철학을 본받아 지은 것이라 한다.

2015년 초가을, 이 골프장에서 열린 골프모임에 참석하여 클럽하우스에서 열린 저녁 연회를 즐긴 적이 있다. 2층의 대형 '베네스트룸' 연회장에서 재즈 아티스트들이 연주하고 있었고 나는 오르되브르가 마련된 테라스에서 동료들과 이야기를 나눴다. 아래층 넓은 뜰에는 코스모스가 지천으로 피어있고 어디선가 솔향기 가득한 바람이 불어왔다. 서리산과 주금산 사이로 석양이 붉게 물드는데 동쪽 하늘엔 벌써 달이 떠올라 있었다.
그때 흐른 음악이 '플라이 미 투 더 문(Fly me to the moon)' 이었다.

그 순간을 평생 잊지 못할 것이다.

'영혼 깃든 골프'

"골프는 가슴으로 쳐야 한다"던 선배의 '가슴'을 나는 헤아리지 못한다.
골프가 인생과 같다느니 영혼이 있는 운동이니 하는 이야기들도 많이 하더라만 어느 종목의 운동에 인생과 영혼 따위가 없겠는가. 붙잡아 계량할 수 없는 인생이나 영혼을 말할수록 골프는 허깨비 짓 같은 놀이가 될 뿐이다.

그러나 그 선배가 '가슴'을 이야기하던 7번 홀에 서면, 그린과 맞닿은 하늘과 그 너머 먼 산맥을 바라보며 가슴 깊은 숨을 쉬어 보게 된다.

그러면서 라운드 동반자에게, 짐짓 이렇게 호언했던 것이다.

"이 장엄한 코스에서 비겁하게 영혼 없이 치는 이와는 후일을 기약하지 않겠다."

사진은 골프장에서 제공한 것을 주로 사용하였으며 일부는 글쓴이가 찍은 것입니다.

BIRCH HILL
GOLF CLUB

용평 숲속 자작나무 언덕의 이야기 - **버치힐 골프클럽**

버치힐 골프클럽
용평 숲속 자작나무 언덕의 이야기

'강원도'라고 하면, 나는 아직도
대관령을 넘어 강릉 바다로 내려가는 아흔아홉 굽이 길이 생각난다.
이십세기 후반에 젊음을 보낸 서울내기들에게 대관령은 샹그릴라로 가는 언덕 같은 곳이었다.
그 대관령을 굽어보는 발왕산 자락에 1975년 '용평'이 문을 열었다.

우리나라 최초의 스키장일 뿐 아니라 리조트 단지의 시작이었다.

80년대를 넘어 90년대에도 용평은 동경의 '핫 플레이스'이자 꿈같은 해방구였다.

지금은 '드래곤밸리호텔'이라 부르는 '주화호텔' 로비의 페치카 앞에 겨울 밤마다 모여들어 몸과 마음을 녹이던 청춘들은 어디에서 어떻게 늙어가고 있을까.

용평이라는 전설과 버치힐

한국 레저스포츠의 출생지 - 용평

용평을 빼고 우리나라 스포츠 레저를 말할 수 없다.

지금은 흔히 쓰는 '사계절 종합 휴양지'라는 말은 용평에서 처음 들여왔고, 숙박형 레저 스포츠 문화도 이곳에서 비롯된 것이다. 평창 동계올림픽 또한 용평이 씨앗이요 뿌리였다.

용평리조트는 우리나라 스포츠 레저의 눈높이를 단번에 몇 계단 올려놓았다. 당시 용평의 주인이던 쌍용그룹 김석원 회장의 안목과 의욕이 그러했던 듯하다. '국내 경쟁 단지에 견주어 최고 수준'이 아니라 '세계 일류 휴양지에 손색없는 수준'의 시설을 목표로 꿈꾸고 일구어 냈다. 당시 김회장은 입버릇처럼 '세계 일류'를 말했다 한다.

우리나라에서 처음으로 도전적인 서구형 골프 코스를 만든 곳도 용평이었다.

1983년 김석원 회장은 단지 내에 골프장 개발을 지시하고, 우리나라에서 처음으로 미국인 코스 설계가를 불러들였다. 로널드 프림(Ronald W. Fream)이 설계한 '용평나인'(개장 당시 이름은 '용병퍼블릭') 코스가 1985년 문을 열었다. 뒤 이어 로버트 트렌트 존스 주니어(Robert Trent Jones Jr.)가 디자인한 '용평골프클럽'이 1988년 문 열었다.

한국 골프장 역사를 바꾸다

용평나인은 지금도 휴양지 퍼블릭 코스의 수작(秀作)으로 손꼽히며, 용평골프클럽은 우리나라 골프 코스 역사를 바꾼 기념비적 골프장으로 기록된다.

우리나라 최초의 양잔디 식재 코스, 최초의 '원 그린' 도입 코스인 동시에, 도전적인 서구형 설계의 첫 정규 골프 코스였던 것이다. 우리나라 골프장에서 승용카트를 도입한 것도, 남자 캐디를 고용한 것도 용평GC가 처음이었다.

그 이후 페리 오 다이(Perry O. Dye)가 설계한 '우정힐스(1993)'를 비롯한 많은 골프장들이 서양 설계가들의 손을 거쳐 국내 곳곳에서 문을 열었고, 국내 설계가들도 이에 영감을 얻어 전략과 도전을 중시하는 현대적인 코스들을 빚어내기에 이른다. 용평 이후 한국 골프장 역사의 흐름이 바뀌었다 해도 틀리지 않다.

클럽 명칭	버치힐골프클럽 Birch Hill Golf Club
클럽 한 줄 설명	용평 자작나무 언덕의 대자연 코스
개장 연도	2003년
규모, 제원	18홀 파 72 최대길이 7,000야드(6,400미터)
클럽 구분	회원제
위치	강원도 평창군 대관령면 올림픽로 715
설계자	로널드프림(Ronald W. Fream
회사 / 모기업	㈜용평리조트 / 통일그룹
잔디 종류	페어웨이 / 켄터키블루그래스 + 라이그래스 러프, 헤비러프 / 패스큐 에이프런 / 켄터기블루그래스 + 라이그래스 그린 / 슈퍼도미넌트 티잉 구역 / 펜이글
부대시설	연습장 / 거리 250미터, 12타석(좌타2석) 용평리조트 종합 스포츠 레저 단지
휴무일	월 2회, 화요일(7,8월 휴장 없음)
티오프 간격	7분
캐디, 카트	4백 1캐디, 승용전동카트(5인승)

이렇듯, 용평GC가 역사적 의미를 품은 곳이긴 하지만, 이번 이야기는 버치힐GC를 중심으로 쓰려 한다.

버치힐GC는 용평리조트가 무르익어 꽃피던 2003년에 문을 열었다. 당시로부터 이십년 전 '용평나인'을 설계했던 로널드 프림이 코스 설계를 맡았다. 프림은 그 사이에 제주의 '클럽나인브릿지'와 용인의 '아시아나CC', 순천의 '파인힐스' 코스를 설계하면서 한국 산악지형에 대한 이해가 더욱 깊어져 있었다.

'한국의골프장이야기' 시리즈를 써오면서 용평GC 이야기를 해달라는 말을 많은 이들로부터 들었다. 그 가운데는 용평GC에서 '머리 올린' 남자도 있고 용평GC에서 처음으로 자작나무 숲을 보고 매료된 추억을 간직한 여자도 있었다. 대개는 구력이 깊은 이들이었다.

나도 용평GC를 좋아한다. '산마루'와 '강나루'라는 코스 이름은 얼마나 사랑스러운가(개장 당시에는 마운틴코스, 레이크코스였다). 산장 같은 클럽하우스와 그윽한 코스에는 여전히 낭만적인 매력이 넘친다. 하지만 이 코스는 다음에 기회가 닿으면 이야기하련다.

감자밭과 소나무 숲이던 자리

버치힐GC는 발왕산(1,458m)과 고루포기산(1,238m)에 둘러싸여 있다.
해발 778미터 기준 높이에 조성되었는데 이 높이에서 사람의 생체리듬이 가장 활발해진다는 이야기도 있다.
이 골프장이 들어선 자리는 7할이 감자밭이고 3할이 소나무 숲이었다 한다.
대관령 정상에서 발원하여 이 소나무 숲과 용평GC 사이로 흐르는 송천(松川)의 물은, 요즘 유명해진 '안반데기 마을' 옆 도암댐에 머물다가 정선 아우라지로 흘리 이윽고 한강에 이른다.

송천 물을 먹던 감자밭은 골프 코스가 되고 소나무 숲은 그대로 코스를 둘러싸고 있다. 산 중턱의 자연 지형을 거의 살리면서 다이내믹한 코스를 만들어낸 것이 놀랍고 고맙다. 다른 이가 설계했다면 아마 봉우리 몇 개는 쳐냈을지도 모르겠다.
모두가 그런 것은 아니겠지만, 서양 설계자들은 흙을 깎아내고 쌓는 절토(切土)와 성토(盛土)의 개념을 거의 머리에 두지 않는 듯하다. 자연의 결대로 길을 내는 그들의 스타일은 "점수가 잘 나오는 코스가 좋은 코스"라 여기는 골퍼들을 이따금 당혹스럽게 하지만, 세계에서 보기 드문 개성을 지닌 산중 코스를 가끔 빚어내기도 한다.

한국 산중의 자연미와 이국 풍치

로널드 프림은 이 자리에 처음 와서 보고 "높은 산과 깊은 계곡, 울창한 삼림과 적당한 초지, 그 앞에 흐르는 시냇물과 이루는 다양한 능선의 비탈들이 어울린 긴장감"을 느꼈다며, "그래서 있는 그대로를 살렸다"고 설계 개념을 밝혔다.

그는 오랫동안 우리나라 땅을 돌아다니면서 수많은 풍경 사진을 찍었다 한다. 평범한 능선에서부터 절묘한 바위에 이르기까지 숱한 사진을 찍고 그 모양들의 특징을 코스 조형의 모티프로 반영하였다. 당시 김석원 회장 지휘 아래 용평GC와 버치힐GC 공사를 총괄한 이상재 박사(전 건국대 골프산업과정 교수)의 말에 따르면, 프림은 의뢰인과 공사 책임자에게 홀마다의 조형을 설명할 때 그 사진들을 견본으로 제시하며 이해시켰다 한다.

골프장 이름은 영어 버치힐(Birch Hill)이고 설계자도 미국인이지만, 한국의 산중 지형을 살리고 한국 산천의 특징을 조형미의 원천으로 활용하여 완성한 것이다.

그런데도 '대관령 고원에서 느끼는 이국적 풍치'라 평하는 이들이 많다.

'검증된 균형'의 골프장

이 골프장은 국내 골프 코스 랭킹 선정 기관들의 평가 등에서 두드러진 성적을 거두고 있지는 않다.

2015년 소비자만족 10대 골프장(스포츠동아), 2017년 아시아베스트17 골프리조트(골프다이제스트), 2019~2020 대한민국50대코스(골프다이제스트)에 선정된 정도이다.

나는 이에 대해 "두드러진 성적을 거두고 있지 못하다" 보다는 "거두고 있지 않다"가 적당한 표현이라고 생각한다. 골프장 스스로 코스 랭킹 같은 것에 신경을 별로 쓰지 않는 듯하다는 뜻이다.

'선정 기관'들의 소박한 평가에도 불구하고, 코스의 품질과 제반 시설, 관리, 풍광 등을 하나하나 뜯어보면 이 골프장만큼 온전한 평가를 받아야 할 곳은 드물다.

1번 홀 옆의 넓고 긴 연습장은 이 골프장이 단순히 리조트 단지의 구색용 시설이 아님을 방증하며, 플레이 시작부터 경험하게 되는 높은 '샷 밸류'는 토너먼트를 능히 치를 수 있는 수준의 코스임을 말해준다.

실제로 이 코스에서는 2015년부터 한국여자프로골프(KLPGA)투어 정규대회인 '맥콜·용평리

코스 곳곳에 자작나무 군락이 조성되어 있다(위). 버치코스 1번 파5 홀 티잉 구역(아래)

조트오픈 with SBS Golf'가 열리고 있으며, 2004년에는 용평버치힐컵 한일남자 프로골프대회를 치르기도 했다. 최고 프로 선수들의 많은 라운드를 통하여 변별력과 난이도의 균형이 검증된 코스인 것이다.

또한 이보다 뛰어난 배후 리조트 및 지원 시설을 갖춘 곳은 국내에 드물거나 없다.
쌍용그룹이 와해되고 통일그룹이 주인이 된 뒤로, 용평은 화려하던 옛 시절의 겉치장을 많이 걷어냈다.
지금은 단지 전체에서 과거에 비해 단순하고 검박한 분위기가 느껴진다. 그러나 기능적으로는 온전하고 단정하다. 이것이 오히려 지속 가능한 장점이랄 수도 있겠다.

버치코스 8번 파3 홀. 소나무 숲을 보존하면서 낸 홀

코스의 특징

버치힐의 18홀은 한국 산악의 고원 지형을 거의 그대로 보존하며 골프의 플레이어빌리티(Playability)와 아름다움을 살려냈다는 점에서 한국 골프장 역사에서도 의미 깊은 코스일 것이다.
아름다운 산중 골프장들이 많이 있지만 이곳에 서면 본디 지형이 가진 그대로의 결이 강하게 꿈틀거림을 느낀다. 로널드 프림은 우리나라 산중의 자연미를 이해하고 사랑했던 것 같다.

버치힐은 비슷한 시기에 설계작업이 진행된 순천의 '파인힐스'와 함께, 그가 한국에 남긴 마지막 작품이다.

풍광 - 나무와 언덕이 주인
나는 용평에서 자작나무(Birch)를 처음 보았다. 진녹색 숲에서 희게 빛나는 나무줄기들이 창백한 미녀의 종아리처럼 고귀해 보여서 설레던 내 젊은 가슴의 울림을 기억한다.

백두산에 아름드리 자작나무들이 많은데, 용평 계곡과 발왕산 등성이에도 큰 자작나무들이 자생한다고 한다. 이들에게서 날아간 씨앗이 떨어져 자란 유목(幼木)들을 옮겨 심고 무리지어 키운 것이 용평 일대의 자작나무 숲 언덕(버치힐)이다.

나무가 이 코스 땅의 본디 주인이다. 발왕산 정상 부근에는 "살아서 천년 죽어서 천년을 간다"는 주목(朱木) 군락지가 있고 중턱엔 가문비나무들이 무리지어 자라며, 울창한 소나무 숲이 이어져 내려와 백자작나무들과 강한 대비를 이루며 서로 두드러진다.
가을이면 이들 숲에 맞닿은 활엽수림과 건너편 산들이 단풍으로 불타오르면서, 켄터키블루그래스 진녹색 양잔디와 어울려 장관을 이룬다.
코스에는 큰 연못도 있고 벙커도 많지만 나무 숲과 언덕 지형 자체가 핸디캡 요소로 배치되어 있는 것이 특징이다. 숲을 건너가고 휘돌아가며 그 사이 그윽한 고원으로 치고 나가는 자연 속 코스이다.

힐코스 5번 파4 홀 세컨샷 지점

구성 - 토너먼트형

휴양지 골프코스들은 대개 편안하게 첫 홀 플레이를 시작해서 마지막 홀을 쉽게 끝나도록 구
성하기 마련이다. 그러나 버치힐은 첫 홀 티샷부터 공략지점을 선택해야 하고 마지막 홀에서는
승부가 뒤집힐 수도 있는 토너먼트 형 구성이다.

코스의 전체 길이는 7,000야드로 길지 않지만 오르막 내리막, 좌우 도그렉 배치 등으로 다양
한 샷 능력을 골고루 테스트한다.

힐코스의 흐름 - 초반부터 정교하게

힐코스(아웃) - 버치코스(인)으로 플레이 하는 것이 토너먼트 순서인데, 1번 홀 옆에 있는 연습
장에서 몸을 풀고 시작하는 게 옳다. 컨디션을 끌어올려 놓지 않으면 초반에 자칫 실점할 수 있
기 때문이다.

1번 홀은 짧지만(챔피언 티 329m) 전방의 벙커를 넘겨 티샷할 것인가 안전하게 페어웨이 가운
데로 갈 것인가 분명하게 선택해야 하고, 몸이 채 풀리기 전에 만나는 2번 파3 내리막 홀의 난
이도는 중간 정도이지만 실수가 나오기 쉬우며, 3번 좌 도그렉 파5 블라인드 홀에서는 오르막

언덕의 좁은 목표점으로 티샷을 멀리 쳐야 하는 부담을 느끼게 된다. 또한 그 다음 홀은 긴 오르막(426m, 레귤러티 379m)의 '핸디캡 1번' 파4 홀이다.

집중력과 정교함을 시험하는 홀들을 초반부터 배치한 것이다.

이어지는 파4, 파5 홀들도 모두 티샷부터 자신의 비거리 능력과 구질, 전략에 따라 공략 지점을 선택해야 하는 '생각하는 홀'들이며, 6번 짧은 파3 홀도 가로 방향 그린의 변화가 크므로 클럽과 구질을 분명히 선택해야 한다.

힐코스에서는 플레이어의 성향과 능력에 따라 모험과 전략 사이에서 뚜렷이 다른 결과가 나올 수 있는 것이다. '힐코스'라는 이름을 새기며 '생각하는 골프'를 해야 한다.

버치코스의 흐름 - 숲의 정령을 만나는 모험

버치코스는 장려하다. 클럽하우스에서 나오면 1번 내리막 파5 홀의 드넓은 페어웨이가 날아가는 양탄자처럼 펼쳐진다. 2번 파4 홀 내리막 티샷은 발왕산 하늘을 담은 길다란 호수와 넓은 페어웨이 위를 비행한다.

3번 홀의 늙은 느릅나무와 호수가 어울려 빚는 음률은 금방이라도 숲의 정령을 불러낼 듯하다.

6번 홀 페어웨이에서는 발왕산(1,458m)이 거느린 일곱 개의 봉우리들을 파노라마 화면처럼 관람하며 걷는다.

8번 홀 긴 파3 홀 그린은 소나무 숲에 둘러싸인 신화 속 주인공의 휴식처 같은 느낌이다.

9번 파5 홀은 세 번의 샷 모두 잘 맞아야 하기에 마지막 승부처로 짜릿하다.

버치코스는 영웅적인 모험을 떠났다가 숲과 물의 정령들을 만나고 귀환하는 로망의 구성 같다.

버치코스 9번 파5 홀 그린. 블라인드 형 오르막 홀이며 페어웨이 굴곡이 심하다.

도그렉, 언듈레이션, 블라인드 홀의 의미

이 골프장에는 도그렉 홀, 블라인드 홀이 적지 않다. 우리나라 골프장들은 산을 반듯하게 깎아서 페어웨이를 똑바로 낸 것이 흔했기에, 이런 홀들이 이어지는 것을 낯설어 하는 이도 많다.

설계자인 로널드 프림은 자연 그대로의 숲과 지형을 이용한 장애물을 다양하게 구성함으로써 난도와 샷 밸류를 조정하는 것이 한국 산중에 어울린다고 생각한 듯하다. 그가 버치힐과 비슷한 시기에 설계한 산중 코스인 순천의 파인힐스(2004년 개장)에는 블라인드 홀이 거의 없는데, 그곳에서는 우리나라 1세대 설계가 장정원 선생이 개발 초기에 이미 만들어 놓은 루트 플랜 위에 재설계했다는 점이 이곳과 다르다.

버치힐은 감자밭과 소나무 숲이던 본디 모습을 그대로 활용해서, 자연의 아름다움과 영웅적인 로망을 변주하는 그의 설계 철학을 충분히 반영한 것이라 본다.

페어웨이와 그린의 역동적인 언듈레이션 또한 이곳의 산중지형에 잘 어울린다. 이러한 상하좌우의 변주 속에 다양한 기술(페이드, 드로우, 스핀)샷들을 구사하도록 계획되었음을 깨닫고 플레이할 필요가 있다.

버치코스 1번 파5 홀(위) 도그렉 형 힐코스 9번 파4 홀(아래)

인상적인 곳들

버치힐에서 가장 먼저 만나게 되는 것은 클럽하우스에서 버치코스 1번 홀을 내려다보는 영웅적인 조망일 것이나 보는 사람마다 느낌이 다를 것이기에 설명하지 않는다. 잘 찍은 사진도 그 감흥을 다 담지 못하는 듯하다.

250미터 연습장
우리나라 골프장 가운데 이 정도 연습장을 갖춘 곳은 많지 않다. 토너먼트를 치를 만한 기본 여건을 갖춘 골프장이라는 뜻도 되겠다. 앞에서 적은 대로 시작부터 집중력이 필요한 코스이니 반드시 연습하고 플레이할 것을 권한다. 12타석 250미터 규모의 옥외 연습장이다.

자연 그대로 - 힐코스 3번 파5 홀
페어웨이가 경사가 큰 오르막 언덕 위에 있고 낙하 지점이 좁아 실수하기 쉽기에 일반 골퍼들이 어려워하는 홀이다. 탄도 높은 장타를 구사하는 것이 유리한데 오르막 티샷이라 올려 치려다 실수하기 쉽다. 자연 지형을 그대로 살려 만들었음을 보여주는 특징적인 홀이다. 이 홀을 좋아하는 사람은 드물지만 기능적으로도 티샷 정확성과 비거리 변별력이 높다.

버치코스 2번 홀 하늘 담은 호수와 전나무
버치힐에서 가장 아름다운 홀로 꼽힌다. 긴 페어웨이를 따라 오른 쪽에 거울 같은 호수가 하늘을 비추고, 호숫가에 커다란 전나무 두 그루가 신비로운 모습으로 서 있었는데, 2019년 태풍 링링에 왼쪽 한 그루가 쓰러져 지금은 한 그루만 외롭게 남아있다.
페어웨이 왼쪽은 자작나무 숲이다. 길고 까다로운 핸디캡 2번 홀이기에 좋은 스코어가 잘 나오지 않지만 누구나 가장 선명하게 기억하는 시그니처 홀이다.

버치코스 4번 홀 연리목
연리목(連理木)이란 뿌리가 서로 다른 두 그루의 나무가 하나의 몸으로 합쳐 자라난 것이다. 연리지(連理枝)는 가지가 연결된 것이고 연리목은 나무 몸체(줄기)가 연결된 것을 말한다. 남녀의 지순한 사랑에 비유하여 사랑나무라 불리기도 한다. 버치코스 4번 홀에서 이 희귀한 나무를 볼 겨를이 있다면 꽤 여유로운 경륜의 골퍼이겠다.

(위로부터 시계 방향으로) 버치코스 2번 파4 홀, 힐코스 3번 파5 홀, 250미터 드라이빙레인지, 버치코스 4번 홀 연리목

버치코스 3번 파3 홀. 티잉구역 옆 느릅나무

버치코스 3번 홀 느릅나무와 두꺼비

이 홀 티잉 구역 옆의 수백 년 묵은 느릅나무를 느끼지 못했다면 공을 쳤을 뿐 골프를 즐긴 것은 아닐 수 있다. 그린 오른편의 흰색 벙커와 푸른 연못, 그리고 신령스러운 느릅나무가 어우러져 숲의 정령이 어디선가 걸어와 말을 걸어올 듯한 홀이다. 이 근처에서 두꺼비가 자주 발견된다 하여 상서로운 홀이라 전해진다.

버치코스 3번 홀의 두꺼비 석상과 안내문

관리와 지원

양잔디 최적 기후

이 골프장에는 한지형 양잔디 품종이 식재되었다. 페어웨이와 에이프런에는 켄터키블루그래스와 라이그래스가 혼합파종되었으며 러프는 패스큐 품종, 그린

은 슈퍼도미넌트가 식재되었다. 한지형 잔디는 추운 지방이 고향이라 우리나라 내륙지방의 한여름 열대야를 견디기 힘든데 이곳은 해발 700미터 이상의 고원지대라 한국 골프장들 가운데 한지형 잔디 관리에 가장 적합한 지역이다.

양잔디는 국산 중지 잔디보다 짧게 깎을 수 있어서 상대적으로 깨끗한 볼 타격이 가능하다. 이 골프장의 페어웨이 잔디는 평소에 19mm정도 길이로, 대회 때는 13mm 정도로 더 짧게 깎는다. 그린 스피드는 평소에 스팀미터 계측 기준 2.8미터, 대회 때는 3.5미터로 관리된다.

발왕산과 지원시설

발왕산(1,458m)은 우리나라에서 12번째로 높은 산이며 정상에는 "살아서 천년, 죽어서 천년을 간다"는 주목이 대규모 군락으로 서식하고 있다. 정상까지 케이블카가 운행하며 인공시설로 건설한 높이 35미터 길이 64미터 규모의 '발왕산 기(氣) 스카이워크'가 유명해졌다. 하늘 위에 뜬 느낌으로 동해바다 일출과 서쪽 산맥 너머 일몰을 경험할 수 있는 시설이다. 정상에서 스키를 타고 내려오는 '레인보우슬로프'가 또한 유명하다.

용평 리조트 단지를 일일이 설명할 필요는 없겠다. 45홀의 골프 코스를 비롯하여 관광호텔, 여러 등급의 콘도, 유스호스텔 등 대규모의 숙박시설과 종합 스포츠 레저시설이 완비된 곳이며, 다양한 종목의 세계적인 스포츠 대회를 치를 수 있는 조건이 입증된 곳이다.
지금은 통일그룹이 소유하고 운영한다.

영원한 푸름

클럽하우스 앞에서 내려다보는 장쾌한 풍경과 버치코스 호숫가 전나무는 이따금 꿈속에서 나를 찾아온다. 버치코스 3번 홀 수백 살 느릅나무 또한 무언가 말을 하고 있는 듯하다.

90년대 어느 해 유월, 나는 용평에서 한 달 남짓 지냈었다. 글쓰기와 기획에 전념하라는 임무를 준 업무 의뢰인은 나를 이곳에 '구금'하였다.
"대관령에서도 잘 터지는 애니콜"이라는 핸드폰 광고가 나오던 시절이었으므로 나는 486DX 노트북으로 작업해서 천리안에 접속해 전송하며 일했다.
지내다 보니 호텔 로비에서 나와 비슷한 처지의 사람들을 만나기도 했다. 사진가, 작가들이었는데 그들과 횡계 읍내에서 술을 마시고 밤에는 칠흑처럼 깜깜한 도암댐 호수에 가서 별을 보기도 했다.
그 순간이 별처럼 빛나는 청춘인 것도 모르는 채로.

그때에 견주어 지금의 용평은 훨씬 커졌다. 알펜시아 리조트 단지와 올림픽촌까지 생겼으니 비교가 되지 않는다.
나의 청춘이 기억 속에서는 언제나 푸르고 고운 것처럼 이곳도 영원히 푸르기를 바라며 글을 쓴다.

용평GC, 용평나인, 버치힐GC 조성 당시 시공 책임을 맡았던 이상재 박사의 조언에 감사드립니다.
사진은 용평리조트에서 제공한 것을 주로 사용했으며, 글쓴이가 찍은 것도 있습니다.

버치코스 3번 파3 홀(위), 버치코스 2번 파4 홀(아래)

PINE HILLS
GOLF & HOTEL

남도의 은은한 보석 - **파인힐스 골프앤호텔**

파인힐스 골프앤호텔
남도의 은은한 보석

순천에 오면 나는 바람에도 취한다.

호남 고속도로 주암 나들목에서 주암호 벚꽃 길을 따라 송광사에 들렀다가 벌교에 가거나, 승주 나들목에서 나와 선암사를 보고 낙안읍성에 짐을 풀기도 했다. 내겐 스승 같던 선배가 순천에 계셨다.

고향은 아니지만 내겐 고향 뒷산 같은 느낌을 주는 산이 조계산(884m)이다.

우리나라에서 가장 유명한 승려이던 법정 스님은 조계산 서쪽 송광사 불일암에서 수행했으며, 소설 '태백산맥'을 쓴 소설가 조정래 선생은 이 산 동쪽 선암사에서 태어났다.

팔백년 고찰 송광사는 조계종의 삼보 사찰 가운데 하나인 승보 사찰이고, 천오백 년 역사의 선암사는 한국 태고종의 총본산이자 '유네스코 세계유산'이다.

이 산 서쪽 주암호의 물은 보성강과 섬진강을 거쳐 광양, 여수, 남해로 흘러가고, 동쪽 상사호의 물은 순천만 습지로 스며든다.

여기서 조금 먼 '여수의 돈 자랑'은 몰라도 '벌교의 주먹 자랑', '순천의 인물 자랑'은 '조계산 기운 덕'이라고, 나의 스승이자 선배는 자주 말했다. 그는 살아생전 자신이 벌교의 주먹이며 순천의 인물이라 자부했고, 조계산을 자기 동네 뒷산이라 자랑했다. 그와 나는 낙안에서 새꼬막 무침을 놓고 마시고, 벌교에서 참꼬막 회를 안주로 마셨다.

"조계산 그늘에서는 어디서나 내 이름대고 마셔!"라고 그는 큰소리쳤었다.

그늘집에서 '승주막걸리'를 마시며 조계산 바람 같은 그를, 남도의 풍류남아를 떠올린다.

남도 고수들이 모이는 곳

호남의 명산 기슭

파인힐스골프앤호텔은 전라남도 순천 조계산(884m)의 광주 방향 기슭에 있다. 등계산(648m) 자락이지만 이는 조계산이 품은 봉우리이다. 송광사와 주암호의 지척이다.

조계산에는 소나무가 많아서 본디 산 이름이 송광(松廣)이었다 한다. 소나무 언덕이라는 뜻의 파인힐스(Pine Hills)도 지언스레 붙은 이름이다.

골프장에서 바라보이는 아미산(587m)에는 아미사라는 절이 있었다 한다. 고려 후기에 조계종을 창시한 지눌 스님이 이 절과 송광사를 왕래하는 길에 일곱 개의 흙다리(토성칠교)를 놓았으며, 이후 백성들 사이에서 "토성칠교를 건너면 극락왕생한다"는 전설이 전해진다. 골프장 안에 그 다리 터가 있다.

로널드 프림의 '마지막 작품'

골프만 하고 오기에는 이야기가 지나치게 많은 곳이지만 골프 코스만 돌더라도 사연이 넘치는 곳이다. 2004년 미국 출신 골프 코스 디자이너 로널드 프림(Ronald W. Fream)의 설계로 문을 열었다. 로널드 프림은 서양 출신 디자이너로는 우리나라에서 처음으로 골프 코스를 설계한 이다. 1983년 '용평 퍼블릭' 9홀을 설계했으며 1993년에 문을 연 용인의 '아시아나CC' 36홀, 2001년 제주의 '클럽나인브릿지'와 2003년 문을 연 용평 '버치힐GC'를 설계했다. 파인힐스 코스 설계는 버치힐과 거의 같은 시기에 진행한 작업으로, 이 두 골프장은 로널드 프림이 한국에서 설계한 마지막 작품들이다.

당시 로널드 프림은 클럽나인브릿지 작업에서 데이비드 데일(David Dale)을 수석 디자이너로 영입하여 공동 작업한 뒤 자신의 설계회사를 인계하는 과정이었는데, 파인힐스 작업에서는 로널드 프림이 설계한 위에 데이비드 데일이 조형 설계 및 시공 감리를 맡았다고 한다.

골프장 명칭	파인힐스 골프앤호텔 Pine Hills Golf & Hotel
골프장 한 줄 설명	남도 조계산 기슭의 삼보(三寶) 골프장
개장 연도	2004년
규모, 제원	27홀 파 108 (PINE, LAKE, HILLS 3코스) 파인코스 3,209m(3,494yds) 레이크코스 3,131m(3,421yds) 힐스코스 3,095m(3,386yds)
골프장 구분	대중제 골프장 (2012년 대중제 전환)
위치	전라남도 순천시 주암면 송광사길 99
설계자	로널드프림(Ronald W. Fream) 데이비드 데일(조형설계)
회사 / 모기업	주식회사 보성
잔디 종류	페어웨이, 러프 / 장성중지 에이프런 / 켄터기블루그래스 그린 / 벤트그래스(펜링스) 티잉 구역 / 켄터키블루그래스
벙커	총 89개 / 파인35개, 레이크 31개, 힐스23개
관리 특징	자연형 골프장 조성
부대시설	골프호텔 36실(2인실 27개, 4인실 9개)
티오프 간격	8분, 7분 교차
캐디, 카트	4백 1캐디, 승용전동카트(5인승)

프림이 설계하고 데일이 조형하다

나는 이 골프장을 라운드 하면서 궁금했다. 로널드 프림이 산중에 설계한 골프장 치고는 27홀 전체에서 블라인드 홀이 매우 드물었던 것이다.

자연의 땅 모양을 그대로 살리는 것을 신앙처럼 여기기 때문인지, 서양 디자이너가 한국 산중에 설계한 코스에는 블라인드 홀이 많은 편이다. (같은 시기에 로널드 프림이 설계한 버치힐에는 블라인드 홀이 상당히 많다.)

알고 보니 이 골프장은 국내 1세대 설계가인 장정원 선생이 초기 설계 했던 것을 로널드 프림이 이어받아 마무리했다 한다. 장정원의 루트 플랜을 로널드 프림이 검토하여 재설계하고, 데이비드 데일이 조형을 마무리한 것이라 보면 되겠다.

파인코스 9번 파5 홀(위), 파인힐스 골프앤호텔 전경(아래)

힐스코스 2번 파5 홀(위), 레이크코스 3번 파3 홀(아래)

그런 까닭에서인지, 거의 모든 홀의 티잉 구역에서 그린을 보며 넓은 페어웨이를 공략할 수 있어서 우리나라 골퍼들이 낯익어 할 만하다.

이 코스 자리가 구릉의 변화가 많은 산중이었으므로, 장정원의 기본 설계안이 없었다면 로널드 프림은 아마도 블라인드 홀을 섞어 예측 불가한 변화를 시도했을 것 같다.

탁 트이고, 상상력 넘치는 디자인

로널드 프림은 몇 개 홀에서 '투 그린' 설치를 제안했다한다(당시 시공 관리자로 일했던 김우영 씨가 프림이 제안했던 도면을 갈무리해 갖고 있었다). 다른 서양 설계가들이 투 그린을 염두에 두지 않는 것과는 달리, 그는 이미 아시아나CC(1991년 개장)에서 난도 높은 투 그린을 성공적으로 빚어낸 바 있다.

하지만 의뢰인(보성건설)이 선택한 것은 '전 홀 원 그린'이었다. 파인힐스CC는 보성건설이 건설하고 보유한 첫 골프장이었는데, 서양의 유명 설계자로부터 (당시로선 무난하고 관리 편이성이 좋은 것으로 인식되던) 투 그린을 제안 받았을 때 운영 편의와 코스 자체의 완결성 사이에서 고민했을 듯하다. 당시 보성건설에서 골프장 조성 책임자로 일했던 서형종 씨에 따르면 실무진과 전문가들

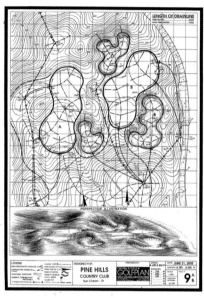

로널드 프림 제안 투 그린 설계도면 / 김우영 님 제공

의 토론을 듣던 이기승 회장이 "세계적인 표준인 '원 그린'으로 결정"했다고 한다.

이러한 과정의 결과로, 골퍼들 대다수가 좋아하는 '탁 트인' 코스가 되었다. 티잉 구역에서 그린이 잘 보이고 넓고 쭉 뻗은 페어웨이로 편안하게 티샷할 수 있다.

반면에 로널드 프림의 설계답게 낙하지점의 언듈레이션이 크고 다양하며, 그린 주변의 변수가 많아서 어프로치 샷 난도가 높은 편이다. 그린 가까이 다가설수록 생각하며 쳐야 하는 것이다. 로널드 프림은 넉넉한 면적의 상상력 넘치는 그린을 만들었고, 티샷한 공이 페어웨이에 떨어졌다 해도 어느 방향에 공이 놓였느냐에 따라 어프로치의 공략 기술이 선명히 다르게 요구되는 입체적 난이도의 코스를 구현했다.

광주 전남 일대에서 '아마추어 고수'로 알려진 고규석 씨는 "남도 지역에서 '공 좀 친다'는 분들이 이곳에서 실력을 겨룬다."고 귀띔했다.

회원제에서 퍼블릭으로
호남지방 골프장으로는 드물게 '억대 회원권 분양' 시대를 열어 회원제(회원제 18홀, 대중제 9홀)로 운영하던 파인힐스는, 골프 시장의 변화에 맞추어 625억원의 입회금을 회원들에게 전액 반환하고 2012년 대중제 골프장으로 전환했다.

이 골프장은 골프다이제스트 코리아의 대한민국 베스트코스 평가에서 2011년부터 2014년까지 30위권에 선정된 바 있다. 그 뒤의 '랭킹 선정 실적'이 없는 것은 의아한 일이다. 지방 거점 기업이 운영하는 내륙 지역 골프장이 상위랭킹에 든 예가 극히 드물긴 하지만, 이 골프장 코스와 관리 및 시설의 품질은 '국내 상위권 순위' 자격에 차고 넘쳐 보인다.

모기업인 보성건설이 2010년 해남 바닷가 언덕에 문을 연 '파인비치골프링크스'가 개장 이후 늘 상위 순위에 선정되고 있는 것을 보면, 코스 랭킹 등 대외적인 평가는 파인비치가 대표하여 담당하고, 파인힐스는 실속 있게 운영하는 것을 회사의 방침으로 삼은 것 아닌가 싶다.

코스의 특성

파인코스 9홀, 레이크코스 9홀, 힐스코스 9홀로 이루어진 27홀이 대부분 남북방향으로 진행하는 배치이므로 이른 아침과 늦은 오후의 플레이에서도 골퍼의 시야가 햇빛의 방해를 받지 않는 반면, 잔디는 충분한 햇빛을 받는다.

조계산 전체에 빽빽한 적송의 향기에 감싸여서, 북쪽 먼 곳의 아미산과 감응하며 라운드 하는 남성적인 코스로 알려진다. 코스 전장이 긴 편은 아니지만 오르막과 내리막의 배분, 페어웨이와 그린의 입체적인 언듈레이션으로 균형을 맞춘 난이도를 구성하였다.

모험적이고 웅대한 파인코스

나 혼자만의 감흥이겠으나 특히 파인코스에서는 강한 송진향의 드라이진(Dry Gin) 풍미 같은 것을 느끼기도 했다. 첫 홀부터 용솟음치는 기세의 오르막으로 치고 올라가 맨 꼭대기 역동적인 6번 홀에서 고난도의 도전을 시도하고 나서, 코스 전체를 굽어보는 호연지기의 풍광을 즐긴다. 거친 모험을 마치고 아름다운 호수와 클럽하우스를 보며 9번 파5 홀을 마무리하는 구성은 수컷 향기 물씬 나는 드라마 같다.

세 개 코스 중에서 가장 길고 오르막이 많으며 변화가 많은 구성이라 전략적인 인내심과 기술의 정교함이 필요하다.

수컷 느낌 코스라 해서 힘으로만 밀어붙이는 것은 미련하다. 로널드 프림이 설계한 코스에서는, 다음 샷을 하기 좋은 위치에 공을 정확히 가져다 놓으면 반드시 어프로치 샷을 그린 위에 세우기 쉽게 문이 열려있다.

산과 호수를 끌어안는 레이크코스

레이크코스는 오르막 내리막이 덜하고 티잉 구역에서 그린까지가 탁 트여 가까워 보여서 도전욕을 부르는 홀들이 이어진다.

맞은편 주암면 너머의 작은 옥녀산과 큰 아미산(587m)이 가까워 보였다 멀어졌다 하며 간섭하는 가운데 자주 만나게 되는 호수가 마음을 흔들기도 하니, 이 코스에는 아름답고 유혹적인 홀들이 많다. 그만큼 샷 밸류도 높다. 특히 티잉 구역에서 그린까지 페어웨이 오른편을 따라 호수가 이어진 6번 홀에선 골퍼의 마음은 매혹과 도전 사이에서 위태롭다.

레이크코스가 여성적이라는 설명과 감상이 많이 보이던데, 관능적인 비너스보다는 사냥하는 처녀신 아르테미스 이미지의 여성 느낌이다. 마지막 9번 파4 홀 페어웨이 왼쪽의 강렬한 퇴적암 바위 위에 맨발로 서서, 그린 앞 실개천을 넘기는 티샷을 해 보라고 그녀가 지켜보는 듯하다.

남도의 정원 같은 힐스코스

힐스코스는 파인코스와 레이크코스를 온화하게 결합해 놓은 모습이다. 가장 낮은 지대에 자리하며 조경에 공들인 홀들이 있다. 길이가 짧은 대신 아기자기한 변화를 준 홀들이 이어진다. 파5 홀 두 개가 다 인상적인데, 2번 파5 홀은 특히 예쁘다. 그린 주변과 그 다음 파3홀로 이어지

파인코스 전경(위), 레이크코스 6번 파4 홀(가운데), 힐스코스 4번 파4 홀(아래)

는 자리의 호수가 파인힐스 전체를 적시는 샘터처럼 정감이 넘친다. 6번 파5 홀은 그린이 대나무 숲 뒤에 숨어있다. 도요지 공방이던 부지를 매입하지 못해 우회하는 홀로 만들었다는데 울창한 대숲 안에 지금도 집이 있다. 골프장 입장에서는 아쉬운 부분이겠으나 방문자의 기억에는 인상 깊게 남는 홀이다.

힐스코스는 사냥하듯 공략하면 변화막측하게 방어하고, 어루만지듯 다가서면 마음을 여는 홀들의 구성이니, 사랑스러운 마음으로 플레이하기를 권하고 싶다. 그게 어디 쉬울까마는.

인상적인 것들

파인 6번 - 설계자가 공들여 난도 높인 홀

설계자는 이 홀에 가장 애정을 갖고 공을 들였다 한다. 난도가 파인코스에서 가장 높다. 419미터(레귤러 티 373미터)로 길며 오른쪽으로 휘는 블라인드 홀인데, 티샷이 떨어지는 페어웨이가 개미허리처럼 좁아 티샷 부담이 크다. 티샷이 페어웨이 가운데 보이는 나무 오른쪽으로 가면 낭떠러지로 굴러 오비지역에 빠지기 쉽지만, 일부러 짧게 티샷하면 어프로치 샷이 너무 길게 남는다. 게다가 그린 놓인 방향이 페어웨이 진행방향과 어긋나고 몇 단으로 굴곡져 있어서, 클럽 선택과 그린 공략이 정교해야 한다. 티샷부터 어프로치까지 탄도와 구질을 적절하게 구사하는 기술을 시험하는 홀이다.

자연지형을 살려 페어웨이 부분의 공사비를 줄이면서 역발상의 설계 기교로 특징적인 홀을 만들었다.

레이크코스 5번 파5 홀

레이크코스 5번 - 투온 하려면 해봐.

핸디캡이 가장 높은 어려운 홀은 코스의 6번쯤에 자리 잡는 경우가 많다. 또한 파5 홀은 고수에게는 쉽기 마련이다. 그런데 레이크코스 5번 파5 홀은 이 코스 핸디캡 1번으로 어려운 승부처이다. 561미터(레귤러 티 490m)오르막인데다 왼쪽으로 크게 휘어지는 '역C자' 형이라 프로선수들도 투온(on in two) 하기 어렵다. 일반 골퍼들의 경우에는 세 번 다 정확하게 맞춰야 하며,

파인코스 6번 파4 홀(위), 레이크코스 5번 파5 홀 티잉구역(아래)

파앤슈어(Far & Sure, 정확하게 멀리) 능력을 시험하는 긴 홀이다.

레이크코스 6번 - 관능적인 매혹
이 홀 티잉 구역에 서면 페어웨이보다 호수가 몇 배 커 보인다. 티잉 구역 바로 앞에서 페어웨이 오른편을 따라 그린 앞까지 커다란 호수가 이어져 있으며, 페어웨이 낙하지점 부근 오른쪽 끝에는 잘 생긴 소나무가 한 그루 서 있다. 그 나무 바로 왼쪽으로 쳐야 그린 공략이 쉬워지는데 나무를 의식하다 보면 호수에 공을 빠뜨리기 쉽다.
파인힐스에서 가장 관능적이고 서늘한 매력이 있는 홀이다. 소나무 방향보다 많이 왼쪽을 겨냥해서 안전하게 치고 나면 인생이 허무하게 느껴질 것 같은 매혹이다.

레이크코스 9번 - 아름다운 대단원
파인힐스의 '시그니처 홀'이라 한다. 멀리 석양을 받은 클럽하우스 아래 흰색 벙커로 둘러싸인 그린이 있고, 그 가까이에는 실개천이 흐른다. 페어웨이 오른쪽은 커다란 연못이고 왼쪽에는 웅장한 너럭바위가 노출되어 있다. 설계와 조경으로 할 수 있는 요소들을 모두 넣은 구성이다. 앞에서 말한 대로, 맨발의 처녀신이 페어웨이 왼쪽 편마암 너럭바위에 서서 '도전하라' 하고 있는 것을 느끼든 말든, 아름다운 홀이다.

힐스코스 2번 - 파인힐스 연못 정원
아담하고 사랑스러운 파5 홀이다. 그린 앞의 호수는 골프장 전체를 적시는 샘(泉) 같아 보인다. 이 홀 그린 뒤 언덕 사면에 'PINE HILLS' 로고가 새겨져 있는 것을 보면 이곳 주변을 골프장의 상징 정원처럼 가꾸고 있는 듯하다. 호수를 끼고 이어지는 파3 홀까지 고운 모습이다. 여자 골퍼들이 매우 좋아할 듯하다.

파인코스 9번 홀 그린 밤 풍경
이 홀은 플레이할 때도 아름답지만, 밤에 보는 모습은 꿈속 같다. 파인힐스 골프텔에서 바로 보이기 때문에 그린 주변에 야간 조명을 해 놓은 듯한데, 방에서 보는 모습도 나와서 보는 모습도 인상적이었다. 그린 앞에 심은 낙락장송들이 불빛에 빛나는 모습이 기억에 남는다. 찾아보니 이른 봄밤 차가운 날씨에 찍은 사진밖에 없기에 싣지 못했다.

(위로부터 시계 방향으로) 레이크코스 9번 파4 홀 그린에서 돌아본 모습. 레이크코스 6번 파4 홀. 힐스코스 2번 파5 홀. 클럽하우스 레스토랑 저녁 정식 상차림

레이크코스 9번 홀에서 본 클럽하우스(위), 파인힐스 호텔 로비(아래)

깔끔함과 엄정함

골프장 경영의 지향점을 물었더니 명료한 답변이 왔다. '클럽 5대 실천과제'라는 제목으로 이렇게 적혀 있었다.

< 깨끗한 코스, 시원한 진행, 정갈한 음식, 다정한 직원, 행복한 고객 >

머리가 숙여지는 내용이다. 거창한 무엇이 더 필요할 것인가. 2004년 개장한 코스이니 세월이 꽤 흘렀는데 코스 관리는 물론 클럽하우스 등 부대시설과 그 운영이 엄정하다. 2012년에 퍼블릭 골프장으로 전환했는데도 품질을 잃지 않는 것을 높이 쳐줄 만 하다.

'클럽 5대 실천 과제' 액자

36실 '특급' 골프텔
골프텔은 2인실 27개, 4인실 9개, 레스토랑, 연회장 등이 준비되어 있다. 객실은 침대 형, 온돌형 등 5가지 유형이다. 시설은 특급 호텔 부럽지 않다. 이곳에 숙박한 뒤 오전에 송광사에 갔다가 오후에 라운드 하고, 다음날 오전에 라운드 한 뒤 오후에 선암사와 낙안읍성을 둘러보니 크게 흡족하였다.

클럽하우스의 남도음식
광주 사는 이에게 파인힐스 인근 맛집을 물으니 "그냥 클럽하우스에서 먹으라"는 답을 들었다. 알고 보니 이곳 음식이 순천 시내 어느 곳 못지않다고 알려져 있었다. 모두 먹어본 것은 아니니 한두 가지 메뉴를 정해서 말하기 어려우나, 내가 순천, 여수, 보성을 다니며 이제껏 먹어보았던 '남도음식' 그 어느 것에 견주어도 깔끔한 맛이었다. 모양과 인심의 푸근함에서 '역시! 남도로구나' 할만하다.

"코스, 음식, 인심의 삼보클럽"이라고 일행 중 한 사람이 치켜세웠다.
이 맛과 푸근함 변치 않기를!

남도의 그리움

조계산 송광사는 조계종의 삼보 사찰 중 '승보사찰'로서, 예로부터 큰 스님을 많이 내어 한국 불교의 승맥을 잇는 절이라 한다. (팔만대장경을 모신 해인사는 법보사찰, 부처님의 진신사리를 모신 통도사는 불보사찰)
사찰 입구에서부터 전각과 나무 한 그루에서도 정순한 균형미가 느껴진다.
이 골프장 반대편 기슭의 선암사는 한국 태고종의 총본산으로 대처를 허락하는 절이다. 그래서인지 사찰 전체에 어딘가 모를 섬세함이 깃들어 있으며 우리나라에서 가장 아름다운 절집으로 꼽힌다. 들어가는 길 계류를 건너는 승선교(昇仙橋)는 내가 갈 때마다 일부러 오래 밟아보는 다리다.

파인힐스를 가리켜 남성적인 코스라고들 흔히 말하는데, 조계산에 송광사와 선암사의 다른 기운과 아름다움이 깃들어 있듯이 이 골프장이 품은 매력도 엄정한 듯 섬세하고 입체적이다.

홍어삼합에 '승주막걸리'를 마시며 조계산 바람 같은 나의 스승이자 선배, 남도의 풍류남아를 떠올린다. 내 기억 속의 그는 언제나 불의에 저항하던 남자였으며 판소리에 눈물 흘리던 섬세한 아이였다.
그와 남도가 나는 늘 그립다.

사진은 파인힐스에서 제공한 것을 주로 사용했으며 글쓴이가 찍은 것도 있습니다.

TEDDY VALLEY GOLF & RESORT

곶자왈 숲속 꿈꾸는 성채 - **테디밸리 골프앤리조트**

테디밸리 골프앤리조트
곶자왈 숲속 꿈꾸는 성채(城砦)

제주에 골프하러 가려는 친구가 테디밸리가 어떤 골프장이냐고 내게 물었다.
'사랑스러운 곳'이라 대답하자 '얼마나 좋은 데냐', '어느 골프장 비슷하냐' 하기에,
"다른 어느 곳과 비교하기 어렵다"고 답했다.
"비슷한 곳이 없다"고.

테디밸리 골프앤리조트는 서귀포 산방산과 가장 가까운 골프장이다.
한라산의 경사가 바다를 만나며 평활해지는 기슭, 바다 내음이 바람에 묻어 밀려오는 해발 190
미터 지점의 고요한 숲속에 있다.

이 숲을 제주 말로 '곶자왈'이라 한다.

'곶'은 제주 말로 숲을 뜻하며, '자왈'은 돌(자갈)을 말한다. 수만 년 전 화산활동으로 분출하여 울퉁불퉁하게 굳은 현무암과 자갈들 위에 덩굴이 자라고, 가시 덩굴과 자갈로 사람의 발길을 막은 숲은 나무를 키워 다시 그 넝쿨을 죽인다. 나무는 사람들에게 베이거나 죽고 다시 덩굴이 살아나며 돌과 나무와 덩굴이 마구 뒤섞여 어수선한 숲이 된다. 이렇게 오랜 세월 동안 제멋대로 뒤엉키며 인간과 공존해온 숲이 곶자왈이다. 제주도에는 곶자왈 지대가 다섯 군데 있으며, 요즘 들어 이들을 '제주의 허파'라 부르기도 한다. 테디밸리 골프장을 감싸고 있는 것은 서귀포 '안덕 곶자왈'의 주변부이다.

제주에만 있는 이 곶자왈을 쓸모없는 땅으로 여기던 때가 있었다. 특히 테디밸리가 들어선 자리는 오랫동안 채석장으로 파헤쳐져 숲의 모습이 사라진 곳이었다.
깨진 돌무더기만 앙상하게 나뒹구는 폐채석장의 버려진 땅을, 1990년대 말 한 사내가 발견하고 조용히 꿈꾸기 시작한다.
그는 '테디베어'로 크게 성공한 사업가였다.

곶자왈 속 '곰의 궁전'

'테디밸리'로 이름 지은 사연
테디베어는 '곰 인형'이다. 1902년 미국의 테오도르 루즈벨트(Theodore Roosevelt) 대통령은 미시시피 주의 어느 숲에서 사냥을 하다가 새끼 곰을 놓아준 적이 있었는데, 이 사실이 기자들에 의해 보도되고 신문 만평에도 소개되어 미담으로 퍼졌다.
당시 뉴욕의 한 상인이 이 얘기를 바탕으로 곰 인형을 만들어 '테디의 곰(Teddy's Bear)'이라 이름 붙이고는 자기 가게에 전시했다. '테디'는 루즈벨트의 애칭이었다.

이 인형이 유명해지면서 '테디베어'는 곰 인형을 뜻하는 이름으로 퍼져갔고, 이어서 많은 인형완구 회사들이 경쟁적으로 다양한 디자인과 스토리의 테디베어를 만들었다.
그 뒤 100여년 세월이 흐르면서, 테디베어는 단순한 곰 인형이 아니라 세계 어린이들이 끌어안고 잠드는 영혼의 친구, 성인들의 수집품, 상류층의 예술품으로 발전하여 수억 원 값의 '명품 테디베어'까지 나오기에 이른다.

그리고 세상에서 가장 다양하고 많은 테디베어를 만들어 세계 시장에 공급하는 이가 이 테디밸리 골프리조트를 만든 김정수 회장이었다.

그는 2001년 서귀포 중문에 '테디베어뮤지엄'을 열어 자신의 '테디베어 왕국'을 선보인 뒤, 이어서 이 채석장 자리에 골프장을 만들기 시작했다.

그는 이곳 인근에 '핀크스 골프리조트'를 연 재일동포 김홍주 회장에게 영감을 받았다고 한다.
핀크스는 미국의 저명한 설계가 테오도르 로빈슨의 코스 설계와 재일동포 건축가 이타미 준의 클럽하우스 및 호텔 설계로 1999년에 문을 열었으며, 2003년 골프다이제스트 선정 국내 골프 코스 랭킹 1위, 2005년에는 미국 제외 세계 100대 코스에 든 골프장이었다.

테디밸리 호텔 로비에 전시된 테디베어 인형 가족

김정수 회장은 핀크스 회원이 되어 김홍주 회장을 자주 만나 이야기 나누었고, 핀크스와는 느낌의 결이 다른 최고 골프장을 만들겠다고 다짐한다.

깐깐한 의뢰인과 집요한 설계가

그는 여러 해 동안 세계의 많은 명문 골프장들을 둘러보고 세계적인 설계가들과 접촉했다. 그리고 한국 땅에 만드는 골프장은 한국인이 설계해야 하겠다고 생각한다.

조사와 답사 끝에 원로 설계가 김학영 선생을 만났을 때 김회장은, "1년 반 동안 나와 함께 세계 유명 골프장들을 돌아다니며 살펴본 뒤 설계합시다"라고 설계 의뢰 조건을 붙였다.
이를 맞받아 김학영은 "설계가 일단 확정되면 처음 계획한 그대로 수정 없이 완성되게 보장해 주시오"라는 수락 조건을 내걸었다.

김학영은 프로골퍼 출신 설계가로, 일본에서 선수생활을 하면서 골프설계를 배우고 실무 경험을 쌓았다. 안양CC 설립에 관여하며 삼성(당시 제일모직)의 일원으로 일찍이 세계 유명 코스들을 둘러보고 돌아와, 포천의 일동레이크GC와 양산의 에이원CC, 안산의 제일CC 등을 설계

테디코스 9번 파4 홀 그린 앞 실개천을 건너는 목교 주변(위), 곶자왈 숲속 모습(아래)

한 '한국 골프 설계의 1세대 거장'이다.

그는 "의뢰인과 충분히 동행하고 토론하며 의견을 들어 설계에 반영하겠으니 내가 설계했다는 이름을 걸고 책임지게 해 달라. 나는 땅을 파는 순간부터 완공될 때까지 현장에서 상주하겠다."고 했다.

의뢰인과 설계자는 이렇게 합의된 약속을 지키며 골프장을 완공했다.

두 사람은 처음부터 끝까지 깐깐하고 집요하였다.

테디밸리 골프 코스 설계자 김학영

제주의 자연을 되살리는 작업

테디밸리 골프장은 제주의 자연을 강한 개성으로 살렸으면서도, 어느 영화 속 남국의 휴양지를 옮겨 놓은 듯한 비현실적 이국 풍치를 연출해낸다. 제주의 구릉과 곶자왈의 유현한 매력을, 세계 유명 코스들의 특징적 장점들과 연결하고 재해석하여 빚어낸 것이다.

우선, 이 골프장은 "자연을 되살린다"는 과업에 중점을 두었다.

스코틀랜드 해안의 황무지에서 골프가 비롯된 이래, 골프장은 버려진 땅에 만드는 것이 기본으로 여겨져 왔지만 우리나라 골프장들은 대개 산과 숲을 깎아내며 만들어왔다.

테디밸리는 오랜 기간 채석장으로 파헤쳐진 상처 위에 흙을 돋우어 본래의 흐름을 살리고 숲을 복원하는 '치유의 공법'으로 조성되었다.

채석장 부지는 18홀 코스를 내기에 충분한 면적이었으나 채석장에 붙은 곶자왈을 건드리지 않고 18홀을 내기 어려웠으므로, 주변에 개간된 경작지를 추가로 사들여 골프코스에 포함시키고, 곶자왈 자리는 원형대로 보존하기도 했다.

곶자왈을 보호하고 되살리기 위해 미국에서 유명한 환경 복원 전문가를 초빙하여 작업하였다.

골프장 부지의 곶자왈을 살려내는 데 그치지 않고 한라산에서 바다로 흐르는 생태계 전반을 연결하기 위해서 코스 사이에 '에코브릿지'와 '에코터널'을 만들어 넣기도 했다.

나무로 만든 다리를 곶자왈 위로 지나가게 함으로써 그 밑으로 동식물의 이동을 통한 생태 흐름이 이어지도록 정성을 들였다.

화폭 같은 호수와 넉넉한 물

그렇게 자연 흐름을 형성한 위에 물길을 잇고 호수가 그려내는 화폭을 펼쳐 넣었다.

제주에는 물이 귀하다. 강수량이 많아도 땅 밑의 현무암반 층은 물을 가두지 못한다. 골프장 잔디는 물을 먹고 자라는 것이며 제주 골프장들은 사시사철 푸른색을 유지하기 위해 더 많은 물이 필요하기 마련이기에, 골프장들의 수자원은 늘 부족하다.

빗물을 받아 자급할 수 있도록 설계된 이 골프장의 물길은, 거의 모든 홀들을 실개천으로 휘감아 돈다. 그 물은 콘트라베이스 몸매처럼 우아한 곡선의 호수에서 하늘을 머금다가, 폭포와 스프링클러로 분출되며 골프장 전체를 적신다.

이 흐름이 담아내는 물은 외부로 방출되지 않고 순환하며, 두 달 동안 비가 오지 않아도 골프장의 식물들이 충분히 섭취할 수 있는 양이라 한다.

이 물을 먹고 자라는 잔디는 사철 곱고 푸르기에 한 가지 품종인 것 같지만, 여름에는 버뮤다종, 겨울에는 라이그래스 종이 임무교대하며 자라고 있는 것이다. 이는 테디밸리가 우리나라 최초로 도입하여 성공한 잔디 관리 방법이다.

골프장 명칭	테디밸리골프앤리조트 **Teddy Valley Golf&Resort**
골프장 한 줄 설명	제주 곶자왈 숲 속 아름다운 친환경 골프장
개장 연도	2007년
규모, 제원	18홀 파 72 최대길이 7,259야드(6,638미터)
골프장 구분	회원제
위치	제주특별자치도 서귀포시 안덕면 한창로 365
설계자	김학영
회사 / 모기업	테디밸리골프앤리조트 / ㈜JSNF
잔디 종류	페어웨이 / 버뮤다그래스 + 라이그래스 러프 / 라이그래스 + 버뮤다그래스 헤비러프 / 버뮤다그래스 에이프런 / 버뮤다그래스 + 라이그래스 그린 / 벤트그래스(품종 : T1) 티잉 구역 / 버뮤다그래스 + 라이그래스
부대시설	연습장 / 거리 250야드, 12타석 테디밸리호텔(70실)
벙커	69개(주문진 백사)
라이트	후반 9홀에 설치
휴무일	없음
티오프 간격	7분
캐디, 카트	4백 1캐디, 승용전동카트(5인승)

오거스타 내셔널과 똑같은 잔디

우리나라 골프장 잔디는 대부분 중지(中芝)이다. 한국의 들판에서 자생하는 것들 중 잎 폭이 비교적 좁고 직립성이 강한 잔디를 고른 품종인데, 따뜻한 날씨에서만 자라며 추워지면 생장을 멈추고 누렇게 변한다.

이와는 달리 제주도 골프장들은 대부분 켄터키블루그래스나 벤트그래스 류의 양잔디를 써서 사철 푸른색을 유지한다. 이들은 추운 지방이 고향인 '한지형' 품종이라 여름에는 쉽게 타 죽고 잡초가 쉽게 번지며 습기에도 약하다. 자칫하면 코스 상태가 나빠지기 십상인 것이다.

김정수 회장이 원한 잔디 품질은 서양 명문 코스와 같은 수준의 '사철 내내 최고 상태'였다.

김학영 설계가는 마스터스 대회를 여는 미국 조지아 주 오거스타 내셔널 골프장의 사례를 연구했다. 오거스타 기후가 제주도와 유사한데 버뮤다 품종을 쓰는 것을 보고 집요하게 탐구한 끝에, 겨울이 오기 전에 라이그래스 품종을 덧파종(Over Seeding)하는 방법을 알아낸다.

버뮤다 잔디는 더울 때 강한 '난지형' 품종이고 골프장에 사용하는 잔디 중에서 물을 가장 적게 먹는다. 반면에 라이그래스는 추위에 강한 '한지형'이므로 두 품종이 번갈아 제 역할을 하면 사계절 모두 푸르고 건강한 잔디 품질을 유지할 수 있는 것이다.

골프장 위치의 수년 간 날씨 데이터를 분석한 미국의 잔디 전문가들은 버뮤다와 라이그래스가

밸리코스 12번 파3 홀 그린에서 돌아본 모습(위), 테디코스 5번 파3 홀(아래)

아무런 문제없이 생육될 것으로 판단하였다. 두 품종의 잔디를 들여와 여러 실험 과정을 거쳐 실제로 파종해 본 결과, 이 두 잔디는 이곳 기후와 토양에서 잘 자람은 물론 서로 엉김이나 싸움이 없이 깔끔하게 임무 교대를 이루었다.

이 방법의 성공으로 테디밸리는, 제주는 물론 한국 전체에서 잔디 관리를 가장 치밀하게 하는 골프장으로 정평을 누리게 된다.

지금도 "잔디는 오거스타 내셔널과 같다"고 자부하고 있다.

'한국 10대 골프장'의 완성도

테디밸리 골프앤리조트는 2019년 골프매거진 선정 '대한민국 10대 골프장'에 올랐다. 2018년에는 '한국 10대 플래티넘 골프장(회원제 클럽 중)'에도 선정되었다. 이때 평가기준을 충족하는 골프장이 10개를 채우지 못해 8곳만 선정되었는데, 테디밸리 말고는 모두 재벌그룹에 속한 클럽들이었다.

중소기업이 회원제 명문클럽을 가꾸어 내기는 쉽지 않으며, 제주도에서 명문 클럽을 운영하기

티디코스 9번 홀 그린 쪽에서 본 곶자왈 숲길 부근(7, 8, 9번 홀 일대). 곶자왈 너머 산방산이 보인다.

는 더욱 어렵다. 한때 최고 명문으로 꼽히던 핀크스도 경영난 끝에 대기업(SK)그룹에 인수된 바 있다. 그런 가운데 테디밸리는 선명한 개성을 지켜온다. 평균 고도 190미터의 숲 안쪽이라 제주도 내에서 안개와 비바람의 영향을 덜 받는 기후 입지도 큰 몫을 할 것이다. 무엇보다 코스의 완성도와 꼼꼼한 관리, 그리고 클럽 문화의 개성을 인정받는 것이라 이해한다.

코스의 특징

동양 귀부인과 서양 낭만 귀족의 이미지
이 골프장을 이루는 땅의 성격은 경작지였던 곳, 곶자왈, 채석장이던 곳의 세 지역으로 나뉜다. 설계가 김학영은 이 성격들을 한라산과 산방산이 보이는 제주 풍광 아래 유연하게 배치하면서, 휴양지 코스의 평화로움과 챔피언십 코스의 변별성으로 융합하였다.

전반 테디코스(Teddy Course)는 제주의 풍광을 온화하게 담아내며, 높지 않은 난도로 평화롭게 시작한다. 동백기름으로 곱게 빗은 쪽 찐 머리 귀부인을 만나는 느낌이랄까...... 중반에 접어들며 곶자왈 숲길에서 한라산과 조우한다.

후반 밸리코스(Valley Course)는 우아한 이국 풍광에서 골퍼의 플레이를 섬세하게 변별하여 받아낸다. 나는 흰 페도라를 쓰고 남국의 휴양지에 선 젊은 날의 윈저공(Duke of Windsor)을 문득 떠올렸다. (그는 사랑을 위해 왕위를 버린 1930년대의 낭만주의자이자, 역사상 최고의 우아한 멋쟁이로 통하는 영국 왕족이었는데, 한때 나는 패션 마케터로서 그의 기록을 수집하고 스타일을 탐구하여 유행을 만들기도 했다.)

이 코스의 13, 15번 홀은 그의 예민한 모습이 연상될 만큼 우아하고 이국적 낭만이 가득하며, 플레이 면에서도 변별력이 두드러진다.

사실을 냉정하게 쓰고자 하지만, 이렇듯 감상적인 상상 이미지를 먼저 표현하고 싶어지는 골프 코스이다.

모든 홀 티잉 구역에서 그린이 보인다.

모든 홀의 티잉 구역에서 그린과 핀이 보이도록 설계되었다. 18홀 모두를 그렇게 만드는 것이 쉬울 것 같지만 매우 어렵다. 골프장은 플레이어의 공격을 방어하면서 골퍼의 실력을 가늠하는 종합적인 시험지 같은 것이기 때문이다. 학업 성취도가 높은 이들의 실력을 가늠하고 변별하려면 수준 높은 문제를 내야 하는 것과 같은 이치다. 정해진 답을 고르는 객관식보다는 문제를 풀어내는 방법과 창의성에 대한 점수를 매길 수 있는 주관식 시험지가 좋은 골프 코스에 가깝다. 티잉 구역에서 핀이 보이면 티잉 구역에서부터 머릿속에 전략을 세우고 공략하기 쉬우며, 플레이어가 자기 판단과 책임 하에 경기를 할 수 있는 공정성도 커진다. 잭니클라우스 또한 이런 배치를 선호하는데, 선수 출신 설계가들이 좋아하는 설계 방법 중 하나 아닌가 싶다.

공략 방법이 다양하게 마련된 홀들이 많은 것도 특징이다. 예를 들어 4번(테디코스) 파5 홀은 페어웨이 왼쪽을 길게 따라가다 중간을 가로막는 호수가 사람마다 다른 티샷과 세컨샷을 선택하게 유도하고, 13번(밸리코스) 파5 홀은 페어웨이가 충분히 넓기에 좌우 어느 방향을 선택하느냐에 따라 다른 세컨샷 공략법이 생성된다. 사람마다 자기 능력과 두뇌, 취향에 따라 다른 공략 방법을 택할 것이다.

테디코스 9번 파4 홀(위), 밸리코스 12번 파3 홀 그린 주변의 야자수(아래)

테디코스 6번 파5 홀 너머 보이는 한라산.

외유내강 - 쉬운 듯 예민하다.

이 골프장은 페어웨이가 전반적으로 넓고 장애 요소들도 많지 않아 보인다. 페어웨이가 평활한 듯하고 그린도 솟은 모양(Elevated Green)이 아니며 언듈레이션이 심하지 않게 느껴진다. 그래서 만만한 코스로 여기고 덤벼들기 쉬운데 막상 플레이를 해 보면 균형 잡힌 난도가 변주되고 있음을 알게 된다. 오히려 평소 점수보다 평균 다섯 타 이상 더 친다는 것이 골프장 측의 설명이다.

그것은 이 코스의 설계가 외유내강의 은근한 난도를 품고 있기 때문이다. 욕심을 부리지 않고 플레이 하면 평소보다 나은 스코어를 얻을 수 있지만 얕보고 공격하면 실수가 나올 수 있는 코스라는 것이다. 그린 콤플렉스의 위험하지 않은 방향으로 보내면 그린을 놓치더라도 편안하게 점수를 지킬 수 있는 반면 그 반대편 방향은 반드시 어려움을 품고 있는 구성이다. 코스를 이해하고 치지 않으면 좋은 점수를 내기 어렵다. 이것은 일동레이크GC 등 김학영 설계의 다른 코스에서도 볼 수 있는 특징이다.

곳자왈을 지나가는 테디코스 7번 파4 홀

인상적인 홀과 상징적 이야기들

6번 홀, 곳자왈 숲길에서 보는 한라산

4번 홀부터 9번 홀까지는 곳자왈을 지나가는 숲길이다. 6번 파5 홀 페어웨이에서는 맑은 날이면 한라산을 마주하며 걷게 된다. 그 웅대한 모습을 마주하는 감흥이 사람의 성향과 그릇에 따라 다를 것이다. 곳자왈을 가로수처럼 거느리고 나가는 직선형 홀이라 길어 보이지 않지만 그린에 다가설수록 오르막이고 그린 앞 뒤의 벙커가 위협적이다. 욕심을 버리고 공략하면 좋은 점수를 낼 수 있고 무리하면 페어웨이 양쪽의 곳자왈이 공을 삼키거나, 그린 플레이에서 실점하기 쉽다. /번 파4 홀 또한 곳자왈 사이로 페어웨이가 지나간다.

이 구간은 플레이 하기에 가장 예민한 곳이기도 하고, "본디 숲이 주인이니 조용히 피해서 가라"는 길로 설계된 것 같다.

(위부터 시계 방향으로) 밸리코스 13번 홀. 안전을 위해 잔디 접합면을 곡면으로 처리한 콘크리트 카드도로, 테디밸리호텔, 채석장이던 자리의 밸리코스 12번 홀

12번 홀, 채석장의 흔적과 남국의 야자수

12번 홀부터는 남국의 풍광이 펼쳐진다. 12번 파3 홀 티잉 구역부터 그린까지의 오른쪽에 병풍처럼 서 있는 바위벽은 제주에서 드문 퇴적암반인데 이곳에 있던 채석장의 흔적이기도 하다. 그린 뒤에는 야자수가 늘어서 남쪽 이국의 풍취를 빚어낸다. 후반 밸리코스는 채석장이었던 자리의 환경을 복원하면서 난대식물인 야자수 300여 그루를 심어 따뜻한 분위기를 조성했다 한다. 그 너머에 산방산이 우뚝 서 있다.

13번 홀, 산방산과 하늘을 담은 호수

13번 파5 홀은 테디밸리의 시그니처 홀인 동시에 서귀포 일대 골프장들을 대표해서 산방산을 가장 가까이에서 끌어안는 상징 홀이라 봐도 될 듯하다.

티잉구역에서 페어웨이 왼쪽을 따라 그린 근처까지 이어지는 크고 평화로운 호수는 이국적인 느낌을 넘어 신화적이다. 시간을 거슬러 하늘과 산방산을 담은 이야기 속으로 초대하는 것 같다고 할까.

이 홀에서는 특히 두 번째 샷을 조심해야 한다. 그린을 향해 도전하거나 되도록 그린 가까이 보내려고 호수에 가까운 왼쪽으로 치려는 이가 많은데 호수나 벙커에 빠뜨리기 십상이다. 평화로움이 위태로움을 부르는 것이다.

국내 최초 콘크리트 카트 도로

이 골프장 카트도로는 아스팔트가 아니라 콘크리트로 시공한 것이다. 아스팔트는 쉽게 파손이 되고 정밀한 시공이 어려워 카트 사고의 위험성이 높다. 당시만 해도 카트도로를 일정 강도로 콘크리트 시공할 수 있는 업체가 국내에 없었기에 미국 전문 업체를 초빙하여 공사했다 한다. 김학영 설계가와 김정수 회장이 그만큼 집요하게 하나하나의 디테일을 완성했다는 이야기다. 테디밸리에서 최초로 도입한 콘크리트 카트도로가 지금은 보편화되어가고 있다.

부티크 호텔과 클럽하우스

클럽하우스 건너편에 70실 규모의 부티크 형 호텔이 있다. 한국 최고 수준 인테리어 건축 회사가 작업한 것으로 절제감 있는 자연 친화 디자인을 따르고 있다. 클럽하우스 또한 돌과 나무, 물 등의 자연 소재를 기본으로 담백하게 지었다. 해마다 연말이면 이 호텔과 클럽하우스에 회원들이 모여서 클래식 음악회 등의 문화 행사를 치른다고 한다.

클럽하우스 로비에서 피아노를 치는 연미복 차림의 테디 베어는 이곳 모회사가 만든 고가의 로봇이다.

사철 곱고 푸른 잔디의 비결

제주도 내 다른 골프장 잔디 관리 책임자와 대화할 때 우연히 테디밸리에 대해 물어보니 "그곳 회장님이 워낙 깐깐하셔서 잔디 관리 눈높이가 상당히 높아요."라고 하였다. "버뮤다 잔디 선택하시길 정말 잘 한 거 같아요"라고도 했다.

9월 중순이 되면 이 골프장은 이틀 동안 휴장하며 라이그래스 씨앗을 페어웨이와 러프, 그린 칼라 부분에 파종한다. 3주 쯤 지나면서 라이그래스와 버뮤다그래스가 공존하다가 겨울 내내 라이그래스가 성하여 푸름을 유지하게 된다. 마스터스 대회가 열리는 오거스타내셔널 골프클럽과 같은 똑같은 방법으로 관리하여 사철 내내 좋은 잔디 상태를 유지한다. 페어웨이는 보통 때 13밀리미터 높이로 깎다가 대회를 치를 때는 11밀리미터로 짧게 깎는다.

특별한 19번 홀

18홀이 끝난 뒤에 한 홀을 더 플레이 할 수 있다. 팀당 1만 원을 기부하면 플레이 할 수 있는 파3 도너스 홀(Donor's Hole)이다. 의미를 넘어 홀 자체로 매우 아름답다. 호수 건너 물결치는 듯한 그린을 향해 숏 아이언 샷을 하는 홀이며, 플레이어가 기부한 만큼의 금액을 골프장 측에서 더하여 매년 제주도 안의 교육, 의료, 불우이웃 지원 기관에 전달한다고 한다.

뜻도 가상하지만 안 치면 후회할 만큼 우아한 파3 홀이다.

19번 파3 도너스 홀(Donor's Hole)

꿈과 현실의 만남

김정수 회장과 김학영 설계가를 각각 따로 만나 이야기 들었다. 김회장은 설계자를 잘 만나서 좋은 골프장이 만들어졌다고 말하고, 설계가는 회장이 좋은 환경을 제공해 주어 많은 일을 할 수 있었다고 했다.
두 사람의 눈빛과 목소리에 아직도 꿈이 촉촉이 묻어있는 듯했다.

사족(蛇足)으로 나만의 느낌을 말하자면, 나는 이 골프장에서 어른들의 동화 같은 한 영화를 떠올린다.
팀 버튼 감독이 2003년에 만든 '빅 피쉬'라는 영화다. 이완 맥그리거가 주인공으로 나왔다. 모험을 떠나 거인과 늑대 인간 등을 만나고 돌아오는 환상 같은 이야기가 뫼비우스의 띠처럼 현실로 이어지는 세계를 그렸다.

테디베어 곰 인형을 보아서인가. 동화 같은 테디밸리 궁전 때문인가. 아직도 촉촉이 꿈꾸는 노년의 회장과 설계가 때문인가......
영화처럼 꿈(환상)이 현실과 만나는 세계가, 없다고 단정할 수 없다.

. . . .

(이 글의 초안을 내 사회관계망 계정에 올렸더니 어느 분이 "테디밸리 참 좋죠. 호떡도 맛있구요."라는 댓글을 달아주셨다. 알아보니 호두가 잔뜩 들어있는 호떡이라 개장할 때부터 인기가 높았다 한다. 그것도 모르고 썼으니 이 골프장을 턱없이 모르는 글이겠다. 호떡을 생각하니 더욱 동화 속 같은 느낌이 군침처럼 솟는다.)

사진은 주로 테디밸리 골프앤리조트에서 제공한 것을 사용했으며 일부는 글쓴이가 찍은 것입니다.

BLUE ONE SANGJU
GOLF RESORT

낭만의 골프낙원 - **블루원상주 골프리조트**

블루원상주 골프리조트
낭만의 골프낙원

영혼이 있는지는 모르지만, 영감(靈感)을 느끼는 때는 있다.
골프를 하면서 인생의 깨달음을 얻은 듯 싶던 순간도 있었고,
영감이 스쳐가는 듯한 골프코스를 더러 만나기도 했다.

텔레비전 골프채널에서 방영되는 '고교동창골프대회'를 볼 때마다 아쉽다.
대회 장소인 '블루원상주' 골프장의 모습을 방송 화면에서 온전히 볼 수 없기 때문이다.
방송 프로그램은 경기의 승부를 중심으로 연출하기 때문에 골프장을 제대로 보여주지 않지만,
이 골프장은 우리나라 산중 골프장이 품어내는 영감 어린 매력이 가득한 곳이다.

골프장의 '족보'와 사연

백화산 기슭의 '기(氣) 센' 자리

'블루원상주 골프리조트'는 경북 상주의 백화산(933m) 북동쪽 기슭에 있다. 이 산은 경북 상주와 충북 영동군 황간면을 가르며, 남한 땅의 한가운데 솟아 있다.

수만 년 동안 땅 속에 잠자고 있던 공룡이 문득 일어나 기지개를 켜는 듯한 모습으로, 백화산은 골프장 바로 옆에 치솟아 오른다. 이 산이 머금었던 물이 깊은 계곡을 타고 골프장 한쪽으로 흘러들어 동코스 2번 홀에 머물다가, 또 한 쪽으로는 서코스 3번 홀 연못을 돌아 금강 줄기로 흘러간다.

그믐날 밤 바라보면 백화산 등줄기는 은하수 등뼈에 이어져 하늘 길로 날아오를 듯하다.

이런 기세의 산자락에 골프장을 만든다는 것은 설레는 한편 조심스러운 일이다. 비 온 뒤 가파른 계곡으로 쏟아져 내리는 물은 가늠하기 어려워서, 코스 설계자와 시공사는 물길을 잡아내는데 가장 고심했다고 한다. 넓은 페어웨이를 이따금 막아 가로지르는 깊은 계곡들은 숲과 생태의 길이며, 큰 비 온 뒤 거침없이 불어나는 물을 받아내는 길이기도 하다.

그 길은 또한 골퍼의 길을 강렬한 인상으로 가로막는 자연 장애물이다.

'오렌지'라는 이름으로 꿈꾼 골프 이상향

이 골프장이 처음 문을 열고 얼마 되지 않아서 전국의 골프 고수들 사이에서는 "상주 오렌지에 가봐야 한다. 정말 어렵고 아름답고 재미있다"는 말이 떠돌았다.

'오렌지'는 이 골프장이 2008년 처음 문을 열었을 때의 이름이다. 우리나라에서 골프장 건설공사를 가장 많이 한 '오렌지엔지니어링'이라는 전문 회사가 스스로의 이름을 내걸고 이 골프장을 지었다. '화산CC', '남촌CC', '마이다스밸리GC', '몽베르CC', '스카이72' 등 수많은 골프장 설계와 시공을 맡아 완성했던 이 회사는 자신들의 개발 경험과 기술을 다 쏟아 부어 '골프의 이상향'을 만들고자 했던 듯하다. 이 골프장 곳곳에서 그 꿈과 야심이 보인다.

오렌지엔지니어링 회사를 함께 이끌었던 두 명의 대표가 회사를 분할하면서 한 사람은 이곳 상주 백화산 자락에 '오렌지' 골프장을 지었고, 또 한 사람은 홍천의 깊은 산 속에 '산요수' 라는 골프장을 일구었다 한다.

두 곳 모두 '골프의 무릉도원'이라는 말이 어울릴 만한 야심작들이지만, '산요수'는 코오롱 그룹에 인수되어 '라비에벨 올드코스'가 되었고 '오렌지'는 2010년 태영그룹에 인수되어 '블루원상주'가 되었다.

한국 산중 지형 코스 개발 경험이 집대성된 골프장

이 골프장은 처음 문을 연 뒤로 지금까지 여러 기관들의 '코스 랭킹 평가'에서 호평 받아 왔다. 2011년 '골프다이제스트' 선정 '한국 베스트 탑15 코스'에 선정되었고, '골프매거진'이 2년마다 발표하는 '한국 10대 퍼블릭코스'로 2018년까지 5회 연속 선정되었으며, YTN 선정 대한민국 10대 골프장에도 단골로 들어간다. 2016년과 2018년 '골프트래블' 선정 '아시아 100대 코스'에 들기도 했으며, '골프다이제스트' 한국판이 2019년 발표한 대한민국 50대 코스에서는 39위에 자리했다. 또한 2019년 '골프매거진' 선정 '대한민국 10대 코스'에 들었고, 동코스 2번 홀은 '한국에서 가장 아름다운 파4 홀' 중 하나로 선정되었다.

이렇게 평가된 순위들이 이 골프장의 의미와 가치를 온전하게 반영하는 것인지 판단할 능력이 내겐 없지만. 이 블루원상주 골프장이 1990년대부터 각성되기 시작한 '한국 산중 지형 골프장 개발에 대한 한국 기술진 고유의 노하우'가 집대성된 의미 깊은 사례라고 생각한다.

설계와 시공의 '족보'

골프는 본디 버려진 땅에서 시작되었다 한다. 바닷가 황무지 언덕에 바닷바람이 파도치는 듯한 언듈레이션의 '링크스' 지형을 만들고, 그 땅의 소금기와 모래를 이겨내고 풀이 자라나며, 토끼가 풀을 뜯어 먹은 자리가 그린이 되고 양떼가 다니던 길은 페어웨이가 되었다 한다. 동물들이 파헤친 벙커는 양치기들이 폭풍우를 피하는 구덩이였다 한다.

그런 모습을 골프 코스의 원형으로 보는 서양의 설계가들은 '자연에 얹어 길을 낼 뿐'이라는 설계철학을 금과옥조로 지키는 듯하다. 그러한 자연 존중의 원칙 때문인지 우리나라의 산중 지형에 서양 코스 디자이너들이 설계한 코스들에는 블라인드 홀과 오르내림 경사가 많은 곳이 흔하다.

그런 반면에 1990년대 초반까지 우리나라에 지어진 골프코스들은 일본식 코스 설계의 영향을 받은 것이 대부분이었다. 평탄한 페어웨이를 조성하는 토목공사에 중점을 두어 산을 뭉텅뭉텅 깎아내 계단식으로 만들거나 아예 분지 모양으로 밀어내고 조성한 코스가 많았다.

1980년대 말에서 1990년대 초에 서양 설계가들이 우리나라 코스 설계에 참여하기 시작하면

서, 자연지형을 이용하여 도전성과 전략성을 살려낸 코스들이 도입되기 시작한다. 그리고 곧 국내 설계가들도 세계적인 추세를 받아들여 서구적인 개념의 골프코스들을 빚어내기에 이른다.

이러한 움직임을 국내 설계가들이 보여준 초기 사례 가운데 돋보이는 역작으로 '화산CC'를 꼽는 것에 나는 동의한다. 고 임상하(1930~2002) 선생이 설계하여 1996년 문을 연 화산CC는 우리나라 산중 지형의 특성을 살리면서도 '원래의 자연인 듯 아름다운 인공의 조화'를 꾀하였으며, 샷 밸류와 난도가 높은 도전적인 코스로 빚어져 지금도 명품 설계 코스로 손꼽히고 있다. 그와 비슷한 시기에 문을 연 일동레이크GC와 함께, '원 그린' 코스를 도입하고 전파한 기념비적 모델로 평가되기도 한다.

그 화산CC의 시공을 맡은 회사가 '오렌지엔지니어링'이었고, 당시 임상하의 수제자이자 화산CC 설계 실무 및 시공 현장 감리 책임자였던 이가 권동영 씨였다 한다. 그리고 권동영 씨가 후일 오렌지엔지니어링에 합류하면서 몽베르CC, 마이다스밸리 등 대표적인 산중코스 설계를 맡아 하게 되었으며, 이 블루원상주 골프장의 전신인 '오렌지'를 설계하게 된다.

서코스 9번 파4 홀

'블루원상주'가 되기까지

오렌지엔지니어링은 수많은 코스를 시공하면서, 설계와 시공이 현장 중심으로 결합되는 한국 지형 코스 개발 모델을 나름대로 진화시켰던 것으로 보인다.

우리나라에서 골프장을 개발할 수 있는 땅은 대부분이 산기슭이나 중턱이다. 해외 설계가들이 이런 지형에서도 '자연 지형 절대 존중'의 원칙을 지키는 것과는 달리, 오렌지엔지니어링은 때로 과감한 성토와 절토 토목공사를 통해 자연의 원래 모습과 인공의 조형이 구분되지 않을 만큼 자연스러운 흐름의 코스 형태를 만들어내기도 해왔다.

이 회사가 많은 시공경험을 통해 쌓았던 노하우와 스스로 창조하고과 했던 골프장 모델에 대한 열망이 용광로처럼 끓어올라 분출된 작품이 이 골프장이었던 듯하다. 한국 산중 지형에 대한 경험과 이해가 완숙지경에 이른 권동영 씨의 설계 역량과 오렌지엔지니어링의 창조적 시공 능력이 어우려져 입체화된 작품이라 하겠다.

골프로 해가 뜨고 동반자들의 모임으로 해가 지는…… 그런 가운데 골프라는 경기가 가진 서구적 정취와 한국 산중의 수려한 풍치가 어우러진 낭만적인 장원(莊園)을 꿈꾸었을 것이다. 18홀의 모험심 가득한 코스와 동화 같은 별장 숙소를 갖춘 이 골프 리조트는, 2008년 야심차게 문을 열어 많은 골퍼들 마음을 설레게 한다.

그리고 2010년 SBS방송의 모기업인 태영그룹에 인수된다. 개발 당시 회원제로 허가받았다가 2008년 퍼블릭 코스로 문을 열었고, 골프장 부속 콘도미니엄 회원을 모집하는 방식으로 영업하다가 대기업에 매각된 것이다.

윤세영 명예회장, SBS골프, 고교동창골프대회

태영그룹은 2010년 당시에 이미 용인에 27홀의 태영CC와 경주에 27홀의 디아너스CC를 운영하고 있었다. 이 골프장을 인수하면서 72홀의 코스를 보유한 레저기업으로의 면모를 갖추게 되었고, 2012년에는 '블루원' 브랜드로 레저사업을 통합하여 운영하게 된다.

태영그룹과 윤세영 명예회장, 그리고 SBS 방송은 한국 골프 역사에서 중요한 역할을 해온다. 골프 문화가 형성되지 않았던 1992년 SBS 텔레비전 정규 프로그램으로 '금요골프'를 편성하였으며 1999년 골프 방송 전문 채널인 'SBS골프'를 개국하여 오늘에 이른다.

1992년부터 10년 동안 '남녀프로골프최강전' 열었고 이 대회를 통해 최경주, 박세리, 양용은 선수를 비롯한 많은 선수들이 성장하였다.

블루원배 한국주니어골프 선수권대회. 뒷줄 왼쪽 5번째, 윤세영 명예회장

2000년대 들어서도 'SBS코리안투어', '한국여자오픈', 'LPGA SBS오픈', '태영배' 등 많은 대회를 개최하거나 후원했고, 윤세영 명예회장 스스로 8년 동안 대한골프협회장으로 재임하면서 프레지던츠컵 대회를 아시아 최초로 유치하는 등의 족적을 남겼다.

'블루원배 한국주니어골프선수권대회'를 해마다 열어 골프 꿈나무들을 키우는 일에 앞장서고 있기도 하다. 윤 명예회장은 골프를 단순한 스포츠가 아니라 성장 가능성이 큰 산업으로 판단한 듯하다. 경제 성장이 무르익어가는 시기에 골프의 대중화를 예측하고 투자했던 것이다.

'블루원상주'가 되면서 이 골프장은 SBS골프 채널에서 방송하는 '고교동창골프대회'의 '대회

코스'가 되어 널리 알려진다. 우리나라 골퍼 중에 이곳에서 라운드 해보지 못한 사람은 많아도, 이 골프장을 보지 못한 사람은 거의 없다고 하겠다.

코스의 특징

골프장 명칭	블루원상주 골프리조트 BlueOne Sangju Golf Resort
클럽 한 줄 설명	남한 땅 중앙 백화산중의 낭만적 골프 낙원
개장 연도	2008년
규모, 제원	18홀 파 72 최대길이 7,367야드(6,737미터)
클럽 구분	내중세 퍼블릭 (회원제 콘도미니엄 운영)
위치	경상북도 상주시 모서면 화현3길 127
설계, 시공	오렌지엔지니어링 (설계책임자 / 권동영)
소유 회사	㈜블루원
잔디 종류	장성 중지(페어웨이) 벤트그라스 CY-2 (그린) 켄터키블루그라스(러프, 티잉구역, 에이프런)
벙커	76개 (주문진 규사)
티오프 간격	7분
캐디, 카트	팀당 1캐디, 5인승 승용카트
숙박 시설	단독별장형 15실, 타워형 37실
드라이빙레인지	300야드 천연잔디 연습장

편안한 듯 까다로운 문제지 같은 코스

1천 미터 가까운 높이로 가파르게 솟은 백화산 기슭, 해발 310미터 지역에 위치한 골프장이지만 코스에 들어서면 넓은 평지 같은 느낌을 받게 된다. 페어웨이는 넓어서 폭이 80~100미터나 되고 코스에서 가장 높은 곳과 낮은 곳의 고저차기 35미터로 평탄하다.

첫 인상에서 전형적인 휴양지 코스의 편안함이 흐른다. 하지만 리조트를 낀 휴양형 코스들이 일반적으로 난도가 낮게 설계되는 것과는 달리, 이 골프코스는 골퍼의 실력을 처음부터 끝까지 테스트하는 종합시험의 문제지 같다.

티샷을 마음껏 날릴 수 있는 장쾌함은 이 코스의 큰 매력 가운데 하나다. 산악형 코스이면서도 페어웨이가 넓고 7,367야드의 넉넉한 전장을 갖춘 코스이므로 티샷의 시야는 대부분 넓게 열려있고 티잉 구역에서 코스의 형태를 파악하며 공략하기 좋은 구성이다. 백화산의 남성적인 기운이 플레이의 호방함으로 연결되는 느낌이랄까.

그런 가운데 장타 능력에서부터 기술샷과 그린 플레이의 상상력을 골고루 발휘해야 하는 코스이기도 하다.

서코스가 남성적이라는 이유

우선 서코스에는 플레이어의 장타 능력이 중요한 홀이 이어진다. 공을 멀리 친 플레이어에게 더 유리한 샷 가치를 두드러지게 부여하는 홀들이 많아서 남성적인 코스라 평가된다. 자연지형의 특성을 반영하여 이렇게 구성한 듯하다.

1천 미터 가까운 높이의 백화산에서 가파르게 흘러내려오는 계곡물을 장마철에도 받아내고 흘려내 보내려면 일반적인 배수관로 설치로는 불가능했다고 한다. 설계자 권동영 씨는 "백화산이 크고 가팔라서 큰 비가 올 때는 자연 계곡이 그대로 물길이 되는 방법으로만 코스의 구성이 가능하다고 판단했다"고 말한다. 그러다 보니 깊고 넓은 자연 계곡이 코스 중간 중간을 가로질러 지나가도록 해야 하고 그 큰 골짜기를 넘겨서 볼을 쳐야 하는 홀들이 생기게 되었다는 것이다.

특히 서코스에 이런 홀들이 이어진다. 2번 파5 홀, 4번 파4 홀, 5번 파5 홀이 그렇다. 이 홀들은 페어웨이가 넓고 거리는 길게 구성하여 장쾌한 샷으로 질러 나가는 매력을 살려냈다.

설계자들은 흔히 '똑바로 치는 코스'를 구성하기 싫어한다. 그런데 이 몇 개 홀들은 의도적으로 이렇게 설계된 듯하다. 이 홀들은 비거리를 내는 능력에 따라 공략 방법이 전혀 달라질 수 있다. 또한 미스샷이 나왔을 때의 판단과 선택 등 경기 운영 능력도 시험받게 된다. 다음 샷이 길게 남거나 불편한 위치에 공이 놓여 있으면 계곡을 건너 쳐야 할 것인지 전략적으로 '레이업'할 것인지를 결정해야 하는 순간이 필연적으로 찾아오게 된다.

특히 깊은 계곡을 두 번씩 건너 쳐야 하는 4번 파4 홀과 5번 파5 홀은 장타를 유도한다. 장타 능력은 갑자기 생기는 것이 아니므로 자기 비거리를 정확히 낼 수 있는 정타를 연달아 쳐야 실수 없이 계곡을 넘겨 유리하게 공략할 수 있는데 그게 생각처럼 되는 일은 아니다. SBS골프채널에서 방송되는 '고교동창골프대회'에 나와 터무니없는 실수를 저지르곤 하는 출연자들은 거의 모두가 '70대 초반 타수'를 평균으로 치는 실력자들이다. 플레이어의 장타 및 정타 능력과 심리 상태, 전략 운용에 따라 많은 변수가 발생하게 되는 홀 구성인 것이다.

아름답고 샷 밸류 높은 동코스

동코스 2번 홀과 3번 홀이 품고 있는 연못과 벙커들은 산중에 물을 기둔 코스 조성의 본보기 같은 모습이다. 동화 속 장면처럼 아름다우며, 도전적인 플레이어들을 유혹한다.

2번 홀은 페어웨이 오른쪽의 연못에 되도록 가깝게 티샷을 쳐 놓아야 그린 공략을 가장 편하게 할 수 있으며, 3번 파5 홀은 페어웨이 오른 쪽 연못 가까운 곳의 '캐리 벙커'를 넘기는 티샷에 성공했을 때 가장 유리한 다음 샷을 할 수 있다.

이런 것을 '샷 밸류(Shot Value)'라 한다. 좁은 의미로 말하면, 잘 친 샷이 더 유리한 다음 샷을 보장하는 것을 '샷밸류 높다'고 한다. 이 연못 주변의 2, 3, 4번 홀 모두 샷 밸류가 높은 홀들이다. 예쁜 연못과 벙커들이 도전을 유혹하고 도전 성공에 대한 보상과 실수에 대한 위협을 동시에 제공하는 샷 밸류 요소로 작용하는 것이다. (넓은 의미에서 샷 밸류는 14개 클럽의 가치가 드러나는 것, 코스의 공정성 까지를 포함하기도 한다. 이에 대해서는 이미 몇 차례 적은 바 있으며, 앞으로 더 나올 것이다.)

백화산 계곡을 흘러 내려온 맑은 물은 이 연못에 머물며 하늘을 비추어 담아내다가 금강으로 흘러간다.

이 연못엔 멸종 위기 동물인 수달이 살고 있다 하며, 4번 홀까지 연못을 바라보는 널찍한 분지의 홀 구성이 이어진다. 원래 이곳에 있던 얕은 봉우리들을 없애고 골짜기들을 메워 너른 분지

와 연못을 만든 듯하다.

하늘에서 백화산에 잠시 놀러 내려온 어린 선녀들의 나들이 터가 있다면 이렇지 않을까 싶은 모습인데 고교동창골프대회에서 늙어가는 남자들이 소년으로 돌아가 공놀이하며 소리치는 자리가 된 것이다.

동코스는 홀마다 알콩달콩한 이야기들이 재잘거리는 듯 살갑지만 공략이 쉽지는 않다. 도전에 대한 보상을 주는가 하면 무모함에 대한 응징이 숨어있고, 핀에 다가갈수록 공략 방법을 예민하게 생각해야 하는 홀들이 이어진다. 승부가 뒤집힐 수 있는 구성의 마지막 홀까지, 샷 밸류가 높고 기술적인 정교함을 테스트하는 홀들이 이어진다.

샷 메이킹 능력을 골고루 테스트

이 코스에서 자신의 핸디캡에 맞는 티잉 구역을 선택하여 플레이한다면 한 라운드에서 14개의 모든 클럽을 사용하게 될 것이다. 그리고 자신의 골프 기량에서 무엇이 부족한지 알게 되기 쉽

서코스 3번 파4 홀

다. 장타와 정타의 능력, 띄우고 세우는 능력, 긴 채와 짧은 채를 골고루 다루는 능력, 휘어 치는 능력, 전략을 세워 플레이 하고 실수에 대응하는 능력, 그린 주변에서 상상력 있게 플레이하는 능력 등을 골고루 시험하며, 부족한 부분이 핸디캡으로 드러난다.

골짜기를 두 번 씩 건너 쳐야 하는 홀이 이어지는 서코스에서는 길고 높게 띄워 치는 능력이 많이 필요한 편이다. 동코스에서는 '드로우(왼쪽으로 살짝 휘어지는) 샷'과 '페이드(오른쪽으로 살짝 휘어지는) 샷'을 구사하는 기술과 상상력을 발휘하는 플레이가 더 많이 필요하다. 양쪽 코스 모두 그린들이 기술적인 어프로치 샷을 전제로 한 타원 형태와 경사로 이루어져 있기에 '샷 메이킹' 능력이 있는 고수들일수록 재미있게 플레이할 듯하다.

그린은 매우 넓고 언듈레이션이 많아서 입체적 상상력과 공간 감각을 시험한다. 그린을 크게 만드는 주된 목적은 핀을 꽂는 위치를 여러곳 확보하기 위함이다. 골퍼들이 자주 밟는 자리의 잔디는 쉬 상하기 때문에 컵 위치를 여러곳에 돌아가며 변경해주어야 하는데, 핀 위치의 다양

성 확보는 며칠 동안 치러지는 토너먼트 경기 진행을 위해서도 필요하다. 관리 기술이 발전함에 따라 요즘에는 그린을 오히려 작게 만들고 그린 주변 플레이 공간을 입체적으로 구성하는 설계 경향을 볼 수 있다. 이곳은 휴양지 코스의 특성을 감안하여 그린 적중률을 높이려 한 측면도 있으리라 짐작한다.

특징있는 홀, 인상적인 것들

코스의 스토리 흐름은 백화산 지형의 영향을 강하게 받으므로 일반적 홀 전개와는 다른 편이다. 서코스는 초반에 계곡을 길게 건너치는 파4, 파5 홀들이 휘몰아치고 동코스는 호수를 중심으로 초반부터 강한 선율이 흐르는 느낌이다. 파3 홀들은 중간 난도로 후반에 배치되어 있다.
서코스는 백화산에 인사하듯 겸손하고 정확하게 치라 하고, 동코스는 소년 소녀로 돌아가 천진스럽게 들판을 뛰놀아 보라는 것 같다. 그런 가운데 인상적인 것들 몇 가지를 들어 본다.

서코스 2번 파5 홀 그린 주변 벼락 맞은 왕버들 교목

서코스 2번 홀 비감한 고사목

이 코스를 다녀간 많은 골퍼들이 서코스 2번 홀 그린 옆에서 벼락 맞아 고사목이 되어가는 왕
버드나무를 기억한다. 코스를 만들 당시에는 푸른 잎이 무성한 아름드리 교목이어서 이 나무를
보존하기 위해 그린과 그 주변의 설계를 변경하였다 하는데 그린 옆에 홀로 남은 까닭에 오히
려 벼락을 맞고 죽어가는 셈이다. 고사목인 모습 또한 인상적이어서 이 골프장을 다녀간 골퍼
들 사이에서 과거의 화려함과 현재의 비감한 풍모가 함께 이야기된다.

서코스 3번 홀 미루나무와 4번 홀 코끼리바위

3번 홀 그린 옆의 미루나무는 기억에 아련한 동심을 되살려 낸다. 티샷 위치에서 보는 호수는
백화산에서 흘러내리는 강한 기세를 부드럽게 받아내고 있으며 호수 가장자리를 따라 비치벙
커가 긴 곡선으로 놓여 있다. 장타자일수록 왼쪽으로 쳐서 그린 가까이 보낼 수 있는 홀이다.
그 벙커를 넘기는 티샷을 하고 세컨 샷 위치에서 보면, 그린 왼쪽에 잘 생긴 미루나무가 홀을

지키는 정령처럼 서 있다. 미루나무는 미국에서 들어온 버드나무라는 뜻의 미류(美柳)에서 비롯된 이름이라는데, 내가 어릴 적엔 들녘 곳곳에 서있었다. 그 많던 미루나무들을 지금은 골프장에 가서야 이따금 보게 된다.

가장 어려운 4번 홀 그린 뒤에 있는 바위를 '코끼리 바위'라 하여 코스 명물이라고 부르기도 한다. 내 생각에는 그린 뒤에 무성한 나무들이 없었다면 바위의 존재감도 두드러지면서 그 너머 웅장한 산세가 한눈에 들어와 더욱 극적인 아름다움이 느껴질 듯하다.

예민한 눈에만 보이는 '논둑길'

이 미루나무를 지나 4번 홀로 올라가는 길에서 보통의 카트 길과 다른 느낌을 받았다면, 감수성을 잃지 않은 사람이다.

이 길 옆에는 작은 다랭이논이 몇 계단을 이루며 살아 있다. 카트 길을 지나며 논둑길을 가는 셈이다. 코스 설계자 권동영 씨는 이렇게 회상한다.

서코스 4번 파4홀(왼쪽), 서코스 3번파 4홀(오른쪽)

"서코스 3번 홀을 마치고 4번 홀로 올라가는 이동로를 계획하면서 지형도를 살펴보니 원래 산기슭에 있던 논(畓)들을 그대로 살리면서 목가적인 분위기의 카트 길을 낼 수도 있을 것처럼 보였습니다. 그래서 설레는 마음으로 현장을 둘러보니 기존의 농로를 활용하면 정감 있는 카트 길을 낼 수 있겠다 싶어 기분이 좋아졌습니다. 농로를 따라 다음 홀인 4번 홀 티잉 그라운드 자리로 가보니 주변에 감나무 여러 그루들이 있었고, 이것들이 잘 보존되도록 티잉 그라운드와 카트로의 위치를 정밀하게 시공하면 3번 홀을 마치고 4번 홀로 이동할 때 경관흐름 (sequence)을 기대 이상으로 아름답게 만들 수 있겠다는 생각이 들어 큰 선물을 받은 것처럼 기뻤던 기억이 있습니다."

"이름 지어 주고 가세요"

서코스 9번 파4 홀 페어웨이 중간에 서 있는 커다란 왕버들나무 또한 골퍼들의 기억에 남는다. 나는 페어웨이 중간에 버티고 선 나무들을 일본풍이라 여겨 좋아하지 않아왔다. (필요 없는 장애물이거나 게임의 공정성을 해치는 경우가 많다) 그런데 이 나무는 예외로 봐야겠다.

이 나무를 넘기는 장타를 치면 그린을 공략하기가 쉬워진다. 이 왕버들은 이 홀 플레이에 많은 영향을 주면서 마지막 홀의 특징과 품격을 살리고 있는 듯 보인다. 마치 백화산의 기운이 그대로 땅을 뚫고 뻗어 나온 듯 강렬한 모습이다. 그 모습이 바라보는 방향에 따라서 확연히 다르다. 나는 원래 이 자리에 있던 나무를 보존한 것이라고 믿었는데 알고 보니 다른 곳에 있던 것을

서코스 9번 파4 홀 페어웨이의 왕버들(왼쪽), 동코스 7 번 파3 홀 그린 뒤의 '유한양행 나무'(오른쪽)

옮겨 심은 것이라 한다. 이 자리에서 수많은 공을 맞았겠지만, 골퍼에게는 특별한 추억을 주는 나무다. 내가 이 나무를 여러 각도에서 유심히 보면서 이것저것 물어보니 캐디가 이런 거 물어보는 사람 처음이라며 "오신 김에 이름 지어주고 가세요." 했다. 이곳 홈페이지에선 '나무요정' 같다고 표현하고 있던데 공력과 공덕이 높은 누군가 인연이 닿는 이름을 지어주기 바란다.

동코스 3번 파5 홀, 2번 파4 홀, 빌라 전경

동코스 2, 3, 4번 홀의 완성도

동코스 2번 홀 연못과 마주보는 자리의 커다란 바위는 자연 그대로의 모습인 듯하지만 연못과의 미학적 상응관계를 감안하여 모양을 다듬은 것이라 한다. 4번 홀 페어웨이에서 그린 쪽으로 가다보면 2번 홀의 연못과 바위, 그리고 그 너머 별장형 리조트의 모습이 관광 엽서의 사진처럼 이국적으로 보인다. 이곳에 다녀간 골퍼들이 저마다 사진으로 간직하는 모습이다.

이 풍경 때문에 4번 홀을 기억하는 이들이 많지만 이 홀은 샷 밸류가 높고 티샷 능력과 아이언 샷의 기술을 효과적으로 시험한다. 페어웨이 왼쪽을 따라가는 벙커와 홀 가운데 놓은 타겟 벙커, 그리고 솟은 그린(Elevated Green)의 형태 등이 골피의 육제직 능력과 기술석 능력, 공간 감각 등을 입체적으로 가늠하는 홀이다.

나무들의 넋두리

'유한양행 나무'라고도 불리는 동코스 7번 홀의 수양버들은 이 홀의 비스듬한 모습을 균형 잡아 준다. 가로로 길고 오른쪽으로 내리막인 땅콩 모양의 그린은 페이드샷을 쳐서 공을 세우라고 유도하는 모습인데 이 나무가 없었다면 '기능은 있지만 멋은 없는 홀'이 되었을 것이다.

그린 뒤쪽에 완만한 둔덕을 쌓았다면 시각적인 안정감이 더 좋았을 것 같다는 생각도 들지만, 뭔가 위태로운 듯한 지금 모습에도 전체 홀 구성에서 독특한 리듬을 주는 매력이 있다.

예전에 내가 이 코스에 다녀오고 생각나는 대로 쓴 메모를 보니 이렇게 적혀 있었다.

"이 코스에서 단 한 그루 나무와도 감응하지 않은 이와는 나눌 말이 없다. 미루나무, 능수버들과 벼락맞은 왕버들의 원통함과 넋두리를 듣지 않을 수 있는가"

다시 떠올려 봐도 그렇게 생각한다.

잔디, 조경, 시설 등

자연을 그대로 살린 조경

우리나라 골프장에는 흔히 크고 귀한 소나무들이 많다. "좋은 소나무가 많아야 명문클럽"이라 여기는 선입관이 예전부터 있었던 듯하다.

그것은 아마도 우리나라 골프장에 큰 영향을 끼친 '안양CC' 조경에서 비롯된 것 아닌가 싶다. 그런 반면에 이 코스는 천연의 수림을 거의 그대로 보전하면서 특징 있는 나무들을 보존하여 세우고 옮겨 심은 것으로 조경을 거의 다한 듯하다. 참나무와 백일홍, 버드나무 등을 살리고 자리를 옮기는 한 편, 왕벚나무, 느티나무, 이팝나무 배롱나무 등 교목들과 낭아초와 조팝나무 같은 꽃나무들을 보완해 심었다. 그럼에도 철따라 꽃이 피고 가을엔 단풍이 꿈길처럼 물든다. 억새와 수크령(커다란 강아지풀 같은 여러해살이 풀)이 이곳저곳에서 운치 있게 일렁이기도 한다. 코스 옆으로 솟아오른 백화산이 이따금 웅대한 모습으로 등장하는가 하면, 건너편의 가깝고 먼 산들은 평화로운 겹겹의 능선을 그리며 구름처럼 펼쳐진다.

늘 일정 수준을 지키는 고급 퍼블릭 코스

정규 대회는 아니지만 골프채널에서 방영되는 고교동창골프대회가 지속적으로 열리는 곳인 만큼 잔디 상태가 고르고 잘 정돈되는 편이다. 잔디 상태는 날씨에 따라 언제든 달라질 수 있으나 우리나라 기후에 가장 잘 견디는 '중지'를 사용하였기에 관리상의 변수가 적은 편이다. 중지

동코스 2번 파4 홀(위), 동코스3번 파5 홀(아래)

는 양잔디보다 잎 면이 넓지만 우리나라 들녘에 야생하는 들잔디(야지)보다는 가늘어 '중간 넓이 잎의 잔디'라는 뜻이다. 안양CC에서 선별하여 개량한 종을 '안양중지'라고 하며, 장성중지는 안양중지와 비슷하되 장성 지방에서 나는 중지 특성을 가진 잔디를 말한다. 우리나라 골프장들이 가장 많이 쓰는 잔디가 이 '장성중지'라 한다. 날이 추워지면 생장을 멈추고 누렇게 변하지만 한여름 기후를 잘 견디기에 관리하기에 편하다.

페어웨이 잔디는 평소에 22mm 길이로 깎아주며, 그린 스피드는 스팀프미터 계측 기준으로 2.6~2.9미터로 관리한다고 한다. 퍼블릭 골프장으로서는 적당히 높은 수준이라 본다..

알프스 산장 스타일의 빌라

자연 특성을 살린 벌칙 구역들

이 코스에는 오비 구역이 홀마다 있지만 페어웨이가 넓은 편이라 크게 위협적으로 느껴지지는 않는다. 그 반면에 페어웨이 중간을 가로지르는 깊고 넓은 계곡과 일곱 군데 위치한 크고 작은 호수들은 플레이에서 많은 변수를 만들어 낸다. 이 벌칙 구역들은 건너치고 넘겨 치고 피해 쳐야 하는 샷 밸류 요소들이거나, 물의 흐름을 돕는 자연 수로들이어서 의미 없이 놓인 것은 거의 없다.

벙커는 76개로 적지 않은 편이다. 비치벙커, 타겟벙커, 클러스터벙커, 세이빙벙커, 가드벙커 등 기능별 벙커들이 골고루 있어서 적극적으로 플레이에 개입하며, 모양도 다양하고 아름다워 설계와 시공의 역량을 드러내놓고 자랑하는 듯하다.

그런 한편 생각해 보면, 골프장에 당연히 있는 것으로 여겨지는 모래 벙커는 스코틀랜드 해안의 모래언덕에 동물들이 파놓은 자국에서 비롯된 것이다. 자연적인 모래 구덩이가 있을 리 없는 우리나라 산중 골프코스에서는 모래 벙커보다는 산중 지형의 본래 특성에 맞는 트러블 요소들을 도입하는 것이 좀 더 자연 친화적이고 창의적인 것 아닌가 하는 생각도 해 본다. 이를테면 이 코스가 자연 골짜기를 그대로 받아들여 만든 벌칙 구역 같은 요소들 말이다. (이곳의 수려한 벙커들을 보면서 나 혼자 하는 생각이다)

알프스 산장 스타일의 리조트

이곳 클럽하우스와 리조트 건축 양식이 '알파인 스타일'이라고 소개되는데, 그것은 알프스 산중 지역의 집 모양을 말하는 것으로 안다. 눈이 많은 지역이라 지붕을 뾰족하게 만들고 덧창문을 내는 모양이 그 스타일의 특징으로, 아마도 이 산중 골프장에 알프스 산 별장 모습이 잘 어울린다고 생각했던 듯하다.

라운드를 마치고 숙소에 들어가면 벽난로 장식 앞에 통기나가 놓여 있다. 숙소 앞마당에서는 바비큐 파티를 할 수 있는 전망 좋은 정원이 있고 골프장에 주문하면 바비큐 재료와 식기를 차려준다. 몇 가족 또는 몇 팀이 함께 묵으며 골프하기에 알맞은 시설이다.

이 숙소의 창으로 동코스 2번 홀 호수가 보인다. 별이 쏟아져 내리는 깊은 밤에 나와 볼만 하다.

토너먼트 코스도 부러워 할 연습장

클럽하우스 앞에 설치된 연습장은 골프의 이상향을 지으려 했던 열망이 잘 드러나는 시설이다. 전장 300야드 18타석, 망이 설치되지 않은 켄터키블루그래스 푸른 잔디로 마음껏 칠 수 있는 드라이빙 레인지이다. 볼 자판기에서 바구니에 볼을 받아 사용한다.

우리나라 정규 프로골프대회를 치르는 골프장 가운데는 연습장이 없는 곳도 많으며, 메이저 대

회를 치르는 곳들도 10여 타석 정도 갖춘 곳들이 대부분이다. 그에
견주면 매우 훌륭한 시설이다. 이 연습장을 충분히 활용해서 준비해
야 코스 공략을 제대로 할 수 있겠다.

'백화(白華)'의 길들

나는 서코스를 '구름길', 동코스는 '호수길'이라고 기억한다.
이 골프장에서는 여러 갈래의 길이 느껴진다.
백화산 줄기는 하늘 길로 날아오르는 듯하고 계곡을 타고 내려오는
물길은 가늠하기 어렵다.

산이 날아 움직이는 기질이니 바람 길은 호방하다. 사람이 낸 페어
웨이 놀이 길은 하늘의 구름길을 거울에 비쳐 담아놓은 것 같다.
어느 홀에서는 구름을 타고 걷는 듯한 느낌도 든다.

사람의 상상과 의지는 수만 년 자연의 법칙을 혼돈으로 착각하게 할
만큼 매끄러운 아름다움을 빚어내기도 하니
작은 봉우리를 지워 깊은 골을 메우며 물을 가두고 흘려 자연의 숨
길을 새로 내면서, 사람의 놀이 길을 닦은 것이다.

골프선수가 공략하는 길, 주말 골퍼의 더딘 걸음 길까지……
이 골프장에는 '백화'라는 산 이름처럼 흐드러진 길들이 펼쳐진다.

이 고운 길에서 공만 좇다 온다면 지나친 낭비다.

사진은 주로 블루원상주 골프장에서 제공한 것을 사용했으며 일부는 글쓴이가 찍은 것입니다.

HAESLEY NINE BRIDGES

'세계 명문'을 향하는 클럽 - 해슬리나인브릿지

해슬리나인브릿지
'세계 명문'을 향하는 클럽

골프에서, '명문 코스'와 '명문 클럽'은 다르다.

'명문(名門)'이란 큰 업적을 이룬 인물을 많이 낸 뿌리 깊은 가문이나 학교 등을 이르되,
스포츠에서는 우승을 많이 하는 등의 뚜렷한 실적을 낸 구단 등속을 뜻한다.
골프장 가운데서는
첫째, 이름난 토너먼트 등을 개최하여 변별성이 검증되고 특출한 우승자들을 꾸준히 배출하는
등 골프 문화 발전에 기여도가 높은 골프 코스를 '명문'이라 하며,
둘째, 사회에서 명망이 높고 영향력이 큰 사람들이 회원으로 모여서 커뮤니티를 이루고 파급력
있는 문화를 지속적으로 만들어가는 클럽을 또한 '명문'이라 한다.
셋째, 위의 첫째, 둘째 조건을 함께 충족하는 곳은 두말할 나위 없는 명문이다.

첫째의 '명문 코스'를 대표하는 곳으로 미국의 유명한 퍼블릭 코스인 '페블비치골프링크스'를 들 수 있겠고

둘째의 '명문 클럽'으로 우리나라에선 전통적으로 '안양CC'를 높이 쳐왔다.

셋째의 조건을 충족하는 곳의 세계 정점에는 마스터스 토너먼트가 열리는 오거스타내셔널 골프클럽이 있다.

우리나라에서 예를 들자면 '나인브릿지' 등이 있겠다.

세상의 거의 모든 고급 회원제 골프클럽들이 가장 닮고 싶어 하는 '명문 위의 명문'은 단연 '오거스타내셔널 골프클럽'이다.

'나인브릿지'는 오거스타내셔널 같은 '세계 초일류 명문'이 되기 위해 꾸준히 갈고 다듬어 온 한국의 명문 골프클럽이다.

세계 명문을 향한 꿈

명문의 모델 - '오거스타내셔널'

미국의 골프 성인(聖人) 보비존스와 금융 자본가 클리퍼드 로버츠가 공동 창립한 오거스타내셔널 골프클럽(Augusta National Golf Club)은 골프 코스 설계의 아버지라 불리는 알리스터 맥킨지의 설계로 1933년 미국 남부 조지아 주 오거스타에 문을 열었다.

약 300명의 세계적 거부나 정치인, 유명 인사들이 이 클럽의 회원이며, 회원 가입은 회원의 추천과 엄격한 심사를 거쳐서만 가능하다고 알려져 있다.

세계의 수많은 회원제 골프장들이 이러한 폐쇄성을 본받아 한 지역을 대표하는 명문 클럽이 되었거나 명문 클럽임을 자처했다. 하지만 오거스타내셔널('더 내셔널'이라고도 한다)의 절반만큼의 영향력을 가진 클럽도 아직은 없다.

골프 코스 자체로만 치면 이보다 높은 평가를 받는 골프장이 없지 않다. 하지만 이곳에서는 세상에서 가장 인기 높은 골프대회인 '마스터스 토너먼트'가 열린다.

마스터스는 말 그대로 '마스터(명인)'들 끼리만 겨루는 대회다. 오거스타내셔널 골프클럽은 매년 자신들의 기준으로 선발한 '세상에서 골프를 가장 잘하는 최고 명인'들을 100여 명만 초대하여 대회를 치른다. 1934년 '오거스타 내셔널 인비테이션 토너먼트'를 개최하기 시작하여

1938년 '마스터스 토너먼트'로 이름을 바꾼 이래 매년 4월 둘째 주에 열고 있다. (2020년에는 코로나 전염병 탓으로 11월 12일 개최)

미국 프로골프 투어(PGA Tour)에는 4개의 메이저 대회가 있고 마스터스도 그 중 하나에 들지만, 오거스타내셔널 측에서는 마스터스 대회가 PGA 투어의 일부가 아니라 스스로 '골프 세계의 중심에 있는 오직 하나의 토너먼트'라고 여긴다.
대회 진행에 관한 거의 모든 사항을 오거스타내셔널 측이 결정하며, 세계의 골프 선수들은 마스터스에 출전하는 것을 가장 명예롭게 여긴다 한다.

오랫동안 보수적인 백인 유력 남성들만의 클럽이라는 우월감을 감추지 않아온 클럽이지만 (2012년 흑인 여성 콘돌리자 라이스 전 미국 국무부 장관에 이어 몇 명의 백인 여자가 회원이 됨으로써 이 불문율의 일부는 깨졌다) 세상의 골프 관련 미디어들과 기관, 단체, 업체들은 이러한 차별성을 머리 숙여 숭배하고 그에 편승해 왔다.
더하여 타이거 우즈 같은 불세출의 골프 스타들이 이 토너먼트의 출전과 우승에 집착하면서, 마스터스와 오거스타내셔널 골프클럽에 대한 골퍼들의 숭배와 경외감은 점점 신화적으로 부풀려졌다. 세계 골프 문화의 중심에서, 세계 골프의 흐름을 결정하는 클럽이 된 것이다.

'세계 명문'을 향한 '나인브릿지' 브랜드
CJ그룹'은 2001년 제주에 '클럽나인브릿지(The Club at Nine Bridges)'를 열며 골프장 사업과 나인브릿지 브랜드를 출범하였다, 2009년에는 여주에 해슬리나인브릿지(Haesley Nine Bridges) 클럽을 문 열었다.
제주의 클럽나인브릿지는 문을 연 이후 지금까지 '한국 최고 골프장' 자리에서 내려온 적이 없다. 최근의 골프 코스 랭킹 선정 기관들의 평가에서 클럽나인브릿지의 이름이 더러 보이지 않는 이유는 스스로 사양했기 때문이라 한다. 그간의 거듭된 평가를 통해 가치가 충분히 입증되었으므로 국내에서 랭킹을 다투는 게 더 이상 의미가 없으니, "열외 시켜 달라"고 선언한 것으로 안다.

CJ그룹은 주도면밀하게, 그리고 꾸준히 '나인브릿지' 브랜드를 가꾸어 왔다.
골프장 사업을 구상할 때부터 나인브릿지 소유주의 눈은 세계의 정점을 보고 있었던 듯하다.

우선, 2002년부터 4년 동안 클럽나인브릿지에서 LPGA CJ나인브릿지클래식 대회를 열어 '나인브릿지' 브랜드를 세계에 선보였다. 이때 박세리, 안시현, 박지은, 이지영 선수가 우승하였으며, 이후 이 대회는 KEB하나은행챔피언십이라는 이름으로 영종도 스카이72골프장에서 2018년 17회까지 열렸다. 이 대회 우승자에게 LPGA투어 선수 자격이 주어지는 특전은 한국 여자 프로 골프가 세계의 정상에 오르는 지름길 역할을 했다.

그 길은 나인브릿지가 처음 연 것이다.

'세계 100대 코스' 선정과 PGA TOUR 대회 개최

2002년부터는, 월드클럽챔피언십(WCC)을 신설하여 세계의 명문 클럽들과 어깨를 나란히 하기 시작했다. 미국 '골프매거진'에서 선정한 '세계 100대 코스'에 드는 클럽의 챔피언들을 제주의 클럽나인브릿지에 초대하여 팀 매치 대회를 열었다.

세계 최고 골프 코스로 꼽히는 미국 파인밸리를 비롯한 명문 클럽 챔피언들이 공식적으로 참가했으며, 이 대회에 골프매거진의 세계 100대 코스 패널들을 지속적으로 초청하여 골프장을 세계 무대에 알렸다.

이러한 입체적 노력의 과정에서 클럽나인브릿지는 '세계 100대 코스'로 평가되는 명품의 반열에 오른다.

2017년부터 PGA TOUR대회 <더CJ컵앳나인브릿지>를 개최하고 있는 것은 그간의 성과를 바탕으로 나인브릿지를 세계 최고 등급의 골프장으로 한 단계 더 도약시키려는 승부수인 듯하다. 여자 프로 골프가 인기 높은 것은 우리나라와 일본 등의 사정일 뿐이다. 남자 프로 골프의 정점인 PGA 투어는 세계 골프 시장에서 LPGA 투어보다 몇 단계 이상 인기가 높고 규모 또한 열 배 이상 크다. 따라서 PGA 투어 대회를 치르는 데는 많은 돈이 든다. 매번 열 때마다 수백억 원이 들어가는데 그만한 투자는 아무리 큰 회사라도 뚜렷한 장기적 목표와 달성 계획 없이는 계속하기 어려운 것이다.

모회사인 CJ의 글로벌 마케팅 차원 홍보 투자이기도 하겠으나 '나인브릿지'의 브랜드를 세계의 정상으로 끌어올림으로써 얻을 문화적 사업 가치를 계량한 과업일 것이라 생각한다.

해슬리 나인브릿지의 도전

해 솟는 마을에 터를 잡다.

해슬리나인브릿지의 '해슬리'는 '해가 솟는 마을- 陽·昇·里'의 줄임말이라 한다.

서울에서 가까운 여주시. 조선시대에 세종대왕 영릉에서 왕가의 명당을 찾기 위해 날린 연이 착지한 자리라는 '연라리'에 있다. 북쪽 멀리에서 양평 용문산의 양명한 기운이 남한강을 넘어와 닿는 곳이며, 여주평야에서 부드럽게 융기한 낮은 구릉들이 바람을 막아주는 분지이다.

해가 많이 드는 남향받이 땅이다. 제주의 웅대한 한라산 600미터 중산간에 있는 클럽나인브릿지와는 다른 느낌의 빛 고운 자리다.

이런 포근한 자리의 자연 지형을 거의 그대로 살려 골프 코스를 앉혔다.

이 터에 골프장을 앉히기로 했을 때, CJ그룹 CEO는 오랫동안 세계의 최고 골프장들에서 인상적인 홀들을 경험하며 받은 영감과 특징들을 담아 18홀 전체를 직접 스케치했다고 한다.

이 스케치는 코스 디자이너인 데이비드 데일(David M. Dale)에게 전해졌고, 많은 의견 교환 끝

에 현실의 코스로 만들어졌다. 의뢰인의 꿈과 코스 설계자의 전문성이 결합하여 실제 지형에서 가능한 수많은 시뮬레이션이 선행되었으며, 현실의 자연을 창의적으로 살려낸 모습으로 코스와 조경 시공이 이루어졌다.

한국 CEO의 세계 감각과 서양 설계자의 한국 지형 해석

해슬리나인브릿지의 골프 코스는 데이비드 데일이 한국의 지형 특성을 마스터한 뒤 내놓은 결정판 같은 작품이다. 데이비드 데일은 로널드 프림과 함께 제주 클럽나인브릿지 코스 설계를 맡아 세계 100대 코스에 들도록 가꾸어냈던 경험이 있기에 누구보다도 CJ그룹과 나인브릿지의 비전과 컨셉을 잘 이해하고 있었다. 또한 그는 제주의 클럽나인브릿지뿐 아니라 순천의 '파인힐스', 해남 '파인비치', 대부도 '아일랜드' 등의 작업에서 설계와 조형 설계를 맡았다. 그 모든 경험 노하우를 이곳에 풀어놓은 것으로 보인다.

PGA코스 2번 파5 홀 그린 부근

CJ그룹 CEO의 스케치를 바탕으로 한 설계라는 것은 더욱 흥미롭다. 아마도 CEO는 한국 땅에 세계 으뜸 코스를 만들고자 꿈꾸었을 것이다.

한 홀 한 홀의 모습이 의욕적인 가운데 자연스럽고, 선명한 특징으로 기억에 남는다. 도그렉과 블라인드 홀이 적지 않은데도 답답한 느낌 없이 흥미진진하다. 특히 해슬리 9번 홀 등 반도형이나 아일랜드 그린이 있는 몇 개 홀들은 '홀 멀미'가 나도록 아름다우며, 대부분 홀들의 심미적 완성도가 저마다 다른 모습으로 돋보인다.

세계가 주목한 조경 미학

미국의 골프다이제스트는 세계 100대 코스로 해슬리나인브릿지를 선정하는 글에 "해슬리는 아일랜드 페어웨이와 그린이 있으며 도널드 트럼프가 질투할 만한 암벽 폭포도 조성되어 있다"고 적었다.

비현실적인 아름다움을 뿜어내는 조경의 완성도는 해슬리의 인상적인 자산이다. 특히 인공 바위(Artificial Rock) 암반 조형과 폭포 조경은 '트럼프도 질투할 만큼' 창의적으로 생생하다.

시공 당시 현장에 가파른 법면을 이루고 있는 암석이 지나치게 연약하여 잘게 부서지는 현상
이 발생하였으므로, 인공 바위로 보완하면서 절리(節理) 형태의 바위 결을 표현하여 시공했다
고 한다.

코스 설계를 일관하는 상상력의 구조를 나는 이렇게 정리해 본다.
**"큰 비가 내려 개울과 폭포가 생긴 완만한 구릉과 분시에 자연의 흐름을 이용한 변별력 있는 플
레이 길을 만들고, 자연 환경과 생태를 되살리는 조형과 조경을 가미한 것"**
(이와는 다소 다르게 표현된 설명 자료를 보았으나 어딘가 딱딱하게 읽히기에 내가 '사족'을
붙여 써보았다.).

클럽하우스 - 기념비적 건축 작품
클럽하우스는 건축사에 남을 작품으로 평가된다. 일본의 친환경 건축가 반 시게루와 한국 건
축가 윤경식이 역할 분담하여 설계하였다. 반 시게루는 2014년에 '건축의 노벨상'이라 불리는
'프리츠커 상'을 받았다.

거대한 나무 형상으로 건물 전체를 지탱하는 원목 느낌의 아름다운 구조체는 가문비나무 집성목을 못을 사용하지 않고 하나하나 치밀하게 짜 맞춘 것이다.

투명한 유리 건물 안에서도 광활한 자연의 나무 아래 있는 듯한 영감을 살려내는 건축물이다. 게다가 맨 위층의 테라스에서는 실내 공간이 외부의 자연으로 확장되어 코스 조망에 연결될 뿐 아니라 수십 킬로미터 떨어진 곳의 용문산이 다가와 끌어안기는 느낌이 든다.

"해가 솟는 마을의 빛이 가득한 자연을 온전히 담아낸 것"으로 이해한다.

'온리원' 클럽 문화

세계 100대 플래티넘 클럽 인증 표식

'세계 100대 플래티넘 클럽'의 의미

해슬리나인브릿지는 클럽나인브릿지보다 한 단계 진화한 '미션'을 갖고 있는 듯하다.

제주의 클럽나인브릿지가 "최고의 서비스를 제공하는 '베스트 코스 리조트'를 지향"했다면, 여주의 해슬리나인브릿지는 "최상위 클럽 문화가 살아있는 '베스트 클럽'을 지향"한다.

클럽나인브릿지가 세계의 명코스들과의 교류와 벤치마킹을 통해 100대 코스에 드는 과정을 거쳤다면, 더 나아가 해슬리나인브릿지는 오거스타내셔널 골프클럽을 본받아 '아시아의 오거스타내셔널'이 되고자 하는 열망을 감추지 않는다.

해슬리는 이미 세계 100대 코스에 든 골프장이다. 미국의 골프다이제스트에서 발표하는 '세계 100대코스'에 2018년과 2020년 연속으로 선정되었다. 그런데 해슬리는 세계 100대 코스보다 '세계 100대 플래티넘 클럽' 상위에 든 것을 앞세운다.

'클럽 리더스 포럼(Club Leaders Forum)'이라는 기관은 2년마다 골프뿐 아니라 요트, 시티클럽을 포함한 세계의 클럽들을 (시설과 관리, 회원의 수준 등 6개 항목에서) 평가하여 세계에서

클럽하우스 내부 및 외관

가장 가치 있는 명문 클럽을 가려내고 시상한다. 해슬리나인브릿지는 2013년에 한국 최초로 선정된 이래 4회 연속 '세계 100대 플래티넘 클럽'에 들었다.

클럽의 회원

이렇듯 세계 상위의 '이너서클'에 이름을 올리려는 노력은 '아시아의 오거스타내셔널'이랄 만한 '세계적 초 명문클럽'을 향해 노력해 가는 과정의 '실적 쌓기'일 것이다. 제주의 클럽나인브릿지가 지역적인 한계 탓에 이루기 어려운 것을 서울에서 가까운 해슬리는 이룰 수 있다고 보는 것이며, 그를 위해 최상의 코스와 시설을 갖추고 '독보적인 클럽 문화'를 형성하려는 노력을 기울이는 듯하다.

해슬리는 '타겟 멤버십' 방식으로 '회원을 모셨다' 한다. 우리나라 골프장들의 회원권 대부분이 이용권과 다름없이 사고 파는 것인 반면, 해슬리나인브릿지는 각 분야의 저명인사 중에 선별된 이들을 일일이 방문해 대화하였다. 회원들 간의 유대를 감안한 연령의 분포, 영위하는 사업의 조화, 부부 구성의 배려 등을 감안하고 조절하여 회원을 고르고 영입했다.

문을 열기 오래 전부터 회원 후보자들을 제주 클럽나인브릿지 등에 초대하여 클럽 문화를 체험할 수 있는 프로그램을 자주 가졌고, 클럽 회원들이 행사할 수 있는 권리와 자격, 그에 따르는 사회적 책무 등에 대해서도 공감하는 과정을 거쳤다.

해슬리의 회원은 180명이며 회원 전용 티오프 타임을 운영하고 회원이 원할 때 언제든 라운드할 수 있다. 사업 목적의 골프를 전제로 한 '비즈니스 골프장'이 아니라 '소수 회원들의 친목과 유대를 위한 커뮤니티 클럽'으로 운영된다.

클럽하우스 등 지원 시설은 회원 간의 사교를 위한 '열린 역할' 기능과, 회원 개인의 사생활을 세심하게 보장하는 '개인 보호' 공간으로 구성되었다.

클럽하우스 동쪽에 있는 개인 휴식 공간은 '생츄어리(Sanctuary)'라 불린다. 서양 중세 시대에

회원을 위한 휴식공간 생츄어리(왼쪽), 회원 공식 행사(오른쪽)

교회 안의 신성한 보호 구역을 일컫던 이름이다. 4개 동 8개 실로 구성된 이 공간은 라운드를 위해 이동하는 동선과 식음 서비스, 자쿠지 풀 등 휴식 기능을 독립적으로 지원한다.

회원은 2인승 카트를 타고 페어웨이에 드나들 수 있으며, 회원을 위한 300야드 실외골프 연습장과 골프 아카데미가 운영된다. 유명 골프 교습가가 항상 대기하며 회원의 골프 기술 향상을 돕는다. 세타 서비스도 언제든 받을 수 있다.

'온리원(ONLYONE) 클럽'

국내 최고 등급에 드는 소수 회원 대상 멤버십 골프 클럽들은 거의 모두 대기업이 운영한다. 혹자 운영하기 어렵기 때문이다. 아직은 세계 골프 문화의 변방국이며 시장 규모도 작은 우리나라 현실에서 고급 회원제 골프장이 자체적 사업 수익과 계량 가능한 브랜드 부가가치를 만들기는 쉽지 않다. 게다가 골프장 조성 및 잔디 관리 등에 드는 비용은 매우 높은 편이다. 따라서 다른 대기업들은 최고급 클럽과 대중적인 골프장을 함께 운영하여 폐쇄적 클럽에서 발생하는 적자를 상쇄하곤 한다.

그에 견주어 CJ그룹의 골프장에 대한 시각은 단순히 골프 부문에 국한된 사업에 머무르지 않는 듯하다. '세계를 향한 CJ 문화 브랜드'의 하나로 여기는 것이라 본다.

오직 나인브릿지 이름의 최고급 회원제 클럽만을 운영하는 가운데, 해슬리는 CJ그룹의 기업 철학이라는 '온리원(ONLYONE)' 개념을 최상위 등급 개념으로 구현해 놓은 문화 공간이다.

클럽 명칭	해슬리 나인브릿지 HAESLEY NINE BRIDGES
클럽 한 줄 설명	아시아의 오거스타를 향한 '온리 원 & 베스트' 클럽
개장 연도	2009년
규모, 제원	18홀 파 72 (PGA코스, 해슬리코스) 최대길이 7,388야드(6,756미터) PGA코스 3,705야드(3,388미터) 해슬리코스 3,683야드(3,368미터)
클럽 구분	회원제
설계자	데이비드 데일(David M. Dale)
소유 회사	CJ대한통운㈜
위치	경기도 여주시 명품1로 76(연라리)
잔디 종류	벤트그래스 (페어웨이, 티잉 구역, 에이프런, 그린) 켄터키블루그래스 (러프)
벙커	주문진 백사 (97개)
오비구역	없음
티오프 간격	8분
휴장일	매주 월요일, 혹서기 및 동계 휴장
캐디, 카트	팀당 1캐디, 5인승, 2인승 승용카트

해슬리는 해외의 명문 클럽들을 본받은 '회원 대표 기구'를 운영한다. 이 기구를 통해 회원 스스로 자부심을 갖고 클럽이 가치를 상승시켜 나가도록 여러 행사를 자주 연다. 상원(上院) 개념의 회원협의회(Member's Council)를 통해 클럽 운영 전반에 대한 중요 정책이 결정되며 각 분과별 위원회(Committee)를 통해 회원들이 클럽 운영에 참여한다.

해슬리 회원에게 제공되는 회원 재킷은 한 사람마다 모두 직접 방문하여 몸의 치수를 측정하고 명품급 복식 브랜드의 장인이 만든 것이라 한다. 클럽의 공식 행사에 회원은 이 재킷을 입는다.

인상적인 것들

이 클럽 관계자에게 "어느 홀을 시그니처 홀로 꼽느냐" 물으니 "해슬리는 모든 홀이 시그니처 홀입니다"라 했다. 듣고 싶은 답은 아니었지만 일리가 있는 말이라 생각한다.

'PGA코스' 9홀과 '해슬리코스' 9홀의 18 홀에서, 시각적으로 아름답고 플레이하기는 극적인 홀들이 '강산무진도'의 유장한 화폭처럼 현묘하게 펼쳐진다. 몇 개의 홀들은 놀라우리만치 환상적이며, 나머지 모든 홀들도 특별하다.

이상향으로의 여행 - 아름다운 홀들이 어렵다.

코스는 땅 위에 조성했다기보다는 꿈속 세계를 그린 듯한 모습이다. 판타지 영화의 서사 구조를 빌어서 표현하자면, "대자연의 신성한 들과 구릉에 큰 비가 내려 바위가 드러나고 폭포가 흘러내린다. 그 들판을 가로지르고 개울을 건너, 요정과 신들이 사는 숲속의 이상향을 여행하고 돌아온다. 이 코스는 그 모험의 이야기다."라고 할 수 있지 않을까.

큰 비에 신비로운 속살을 드러낸 바위와 호수를 건너 떠나는 1막이 PGA코스라면, 요정을 만나는 숲속의 모험은 2막의 해슬리코스라고 상상한다.

거의 모든 홀의 티잉 구역에 서면 비단결 같은 페어웨이와 새하얀 벙커 무리들이 눈에 들어온다. 그러나 페어웨이는 넓고 페어웨이 벙커들은 지나치게 위협적인 자리에 있지 않으므로 티샷은 마음껏 칠 수 있다. 그 대신 러프가 일정한 기준 이상의 길이로 변별력 있게 관리된다. 그리고 그린에 가까워질수록 어려워진다. 거의 모든 그린이 크고 작은 벙커로 둘러싸여 있으며, 벙커보다 더 큰 장애 요소는 호수과 실개천들이다.

PGA코스 1번 파4 홀 그린 주변

강렬한 인상의 조경 바위와 우아한 호수로 둘러싸인 몇 개의 홀들은 현실과 꿈의 경계를 의심할 만큼 환상적이다. 이 코스에서는 아름다운 홀들이 특히 어렵다.

PGA 1번, 7번 - 인조 바위와 아일랜드 홀들

PGA코스 1번 파4 홀부터 아일랜드 그린이 신화적인 모습으로 나타나고, 그 홀 호수는 7번 파5 홀의 상징적인 바위벽과 반도 형 암반 위의 그린으로 연결된다. 바위가 나타날 때는 폭포와 다리(Bridge)가 함께 등장하여 꿈속 같은 장면을 펼쳐 보여준다.

1번 파4 홀은 짧은 편이라 정확한 웨지 샷으로 기회를 잡을 수 있는 반면, 7번 파5 홀은 세컨샷부터 예민해진다. 왼쪽의 인조바위 벽과 오른쪽 페어웨이에서 그린 앞에 이르는 호수는 위태로운 가운데 유혹적이다. 이 홀 그린 주변 왼쪽의 바위 별명이 '통곡의 벽'이라 한다. 플레이의 현실적 어려움 때문에 붙은 이름이겠지만, 그렇게 부르기에는 아까울 만큼 비현실적으로 아름답다.

이 바위들은 앞에서 말한 대로 미국 테마파크 조성에 쓰이는 기술로 빚은 인조암(Artificial Rock)이다. 시공 당시 실시설계 팀에서 일했던 설계가 백주영 씨에 따르면 이 바위 벽 안에 천

PGA코스 5번 파3 홀

연기념물 제324호인 수리부엉이가 서식하고 있어서 보호하며 시공했다고 한다. 부엉이는 지금도 생존하여 개체 수가 늘어났다고 하는데, 바위와 폭포의 장관에 눈이 팔려 그 누구도 살펴볼 겨를이 없을 것이다.

PGA 5번 파3 홀- 숲과 호수의 음률

이 홀 호수 위에 하프를 닮은 티하우스가 떠 있고 물 건너 언덕의 그린 뒤에는 백자작나무 숲이 오선지 위의 음표들처럼 노래하고 있다. 바위와 폭포가 연주하는 장엄한 교향곡을 듣는 듯한 홀들과는 달리, 마치 실내악이 연주되는 섬세한 살롱 같은 홀이다. 이 코스에 보이는 나무들은 대부분 원래 이 자리에 자생하던 것들을 옮겨 심은 것들이라 한다. 소나무와 참나무가 울창한 숲 사이사이에 느티나무, 대왕참나무, 메타세콰이어 등의 조경수들이 눈에 띄게 서 있다. 자작나무는 본디 자생하던 것들은 아니겠지만 그래서 비현실적인 아름다움을 자아낸다.

해슬리 9번 홀과 클럽하우스 조망

세컨 샷 지점에서 호수 너머 반도형 그린을 공략해야 하는 해슬리 9번 홀은 기술적으로 보면 게임의 승부를 뒤집는 극적 변수를 품고 있으며, 토너먼트 개최를 염두에 두고 보면 그린 주변 마운드가 갤러리 스타디움이 될 수 있는 기능적 구조이다. 플레이어의 시각에서 보면 아름다운 호수 위 바위 옹벽 위에 떠 있는 그린으로 공을 떨어뜨려 세워야 하는 부담감으로 아슬아슬한 홀이며, 클럽하우스에서 보면 동화 속에 들어온 듯 어여쁜 정원이다.

이 코스에서 2021년부터 PGA투어 '더CJ컵' 대회가 열린다. PGA투어 코스 점검 팀과의 협의

공기통풍장치(Subair)와 온도조절장치(Hydronics)가 설치되어 한겨울에도 얼지 않고 한여름에도 건강한 그린

를 통해 그린 언듈레이션을 대회 조건에 맞게 이미 개선했다 한다. 세계 최고 선수들이 얼마나 창의적인 방법으로 공략하여 어떤 성적을 낼지, 이 마지막 홀에서 어떤 드라마가 펼쳐질지 궁금하다.

세계 유일의 잔디 관리 시스템과 친환경 인증

클럽나인브릿지와 마찬가지로 해슬리 또한 페어웨이가 벤트그래스 잔디로 이루어져 있다.

이 잔디는 보통의 골프장에서는 그린에 쓰는 품종으로 잔디 중에서 가장 짧게 깎을 수 있어 타

격감을 좋게 하지만, 추운 지방이 고향인 '한지형 잔디'이기에 우리나라 내륙지방의 열대야를 견디기 힘들어 한다. 잔디의 열을 식히기 위해서는 바람과 물이 많이 필요한데 이 지역에 물이 부족하므로 남한강까지 11킬로미터에 이르는 취수로를 건설하여 수량을 확보했다.

그린과 티잉 구역에는 공기 통풍 장치(Subair)와 온도 조절 장치(Hydronics)가 설치되어 한여름 더운 날씨에도 그린과 페어웨이 잔디의 건강을 유지하고 한겨울에도 눈을 녹여 경기할 수

해슬리코스 9번 파4 홀

있게 해준다. 이 두 가지를 모든 홀에 설치한 코스는 전 세계에서 해슬리나인브릿지가 유일하다고 한다.

이 골프장은 2014년에 영국 GEO(Golf Environment Organization)로부터 지속 가능한 친환경 골프장 인증을 받았다. 이는 한국 최초의 일이며 2017년과 2020년에 인증이 갱신되었다. GEO는 3가지 평가 항목(자연, 자원, 커뮤니티)에서 자연 환경의 보존과 개선을 위해 준수해야 할 활동에 대해 현장 실사 확인한 뒤 인증한다. 골프의 고향인 세인트앤드류스 올드코스 또한 GEO 인증 골프장이다.

'아시아의 오거스타'를 이루려는 까닭

오거스타내셔널 같은 배타적인 클럽이 우리나라에 필요한가 하는 의문과, 오거스타내셔널 만한 위상의 골프클럽이 우리나라에서 과연 가능하겠느냐는 물음이 있을 것이다.

오거스타내셔널에서 열리는 마스터스가 얼마나 큰 물심양면의 가치를 일구어내는가를 보면 우리나라에 그런 클럽이 필요한 이유를 굳이 설명할 필요가 없겠다.

CJ그룹이 LPGA 대회, 클럽챔피언십 대회에 이어 PGA투어 대회까지 단계적으로 치러나가고 있는 것을 보면 오래 꿈꾸어 왔고 진지한 노력으로 이루어가는 것이라 여긴다.

우리나라가 그런 위상의 클럽을 가질 수 있겠느냐는 물음은 시대착오적인 자기모독일 수 있다. 골프는 미국과 일본 등에서 시장이 작아지는 스포츠이지만 한국의 골프 시장은 '전문가'를 자처하는 이들의 예상을 깨고 성장하고 있다. 엘리트 선수들의 기량은 이미 세계 수준에 이르렀고 젊은이들은 스크린골프 등을 통해 점점 더 쉽게 골프를 접하고 있으며, 전 세계에서 가장 대담한 스타일의 골프웨어를 입는다. 그리고 그 모습을 온라인에 공유하여 퍼뜨리고 컨텐츠로 재생산한다. 골프는 우리나라에서 이미 과거의 세대가 겪었던 '마이카 붐' 같은 흐름에 접어들고 있는지도 모른다.

문화가 창조되는 곳이 산업의 중심이 된다. 적어도 아시아의 골프 중심은 이미 한국이며 아시아는 세계에서 가장 발전하고 있는 지역이어서, 머지않아 골프 분야에서도 전 세계 소비의 중심으로 떠오를 수 있으리라 여긴다.

서양의 깊은 골프 문화를 빠른 시간 안에 뛰어넘기는 어렵지만, 아시아 골프 문화는 서양과는 다소 다르게 발전할 수도 있다. 그 문화의 종주국이 곧 세계 골프의 중심지가 될 수도 있는 것이니 아시아의 오거스타내셔널이 되겠다는 꿈은 곧 세계 골프의 중심에 서고자 하는 것과 같으며…… 이루어지지 않는 것이 부자연스럽다.

이 골프장에도 클럽나인브릿지와 마찬가지로 여덟 개의 다리가 있다.

이미 잘 알려진 이야기이지만, 나인브릿지(Nine Bridges) 이름이 뜻하는 아홉 번째 다리는 골프장과 회원의 마음을 잇는 것이라 한다.

해슬리나인브릿지와 Gary Lisbon 님이 사진을 제공해 주었습니다. 일부 사진은 글쓴이가 찍은 것입니다.

JACK NICKLAUS
GOLF CLUB KOREA

'황제'의 꿈을 이룬 골프 이상향   **잭니클라우스 골프클럽 코리아**

잭니클라우스 골프클럽 코리아
'황제'의 꿈을 이룬 골프 이상향

세계에는 415개의 '니클라우스 설계' 골프장이 있다.
이들은 모두 골프 황제 잭 니클라우스의 설계 철학을 반영하여 만든 것이지만, 그 모든 코스들을 그가 직접 설계한 것은 아니다.

'니클라우스 설계 코스'는 3등급(Three Levels)으로 나뉜다.
첫째, '니클라우스 디자인'사의 디자인팀이 설계한 '더 니클라우스 디자인 코스'
둘째, 잭니클라우스의 아들이 설계한 '더 잭 니클라우스 2세 시그니처 코스'
셋째, 잭니클라우스가 설계한 '더 잭 니클라우스 헤리티지 코스'

잭 니클라우스가 직접 설계한 것을 얼마 전까지도 '시그니처 코스'라 했는데, 그가 설계 업무에서 은퇴한 뒤 '헤리티지 코스'로 바꿔 부르고 있다.(4단계로 나누던 것을 3단계로 단순화 했다) 우리나라에서는 네 곳 - 강원도 평창의 휘닉스CC를 시작으로, 가평베네스트GC, 인천청라의 베어즈베스트GC, 그리고 인천 송도의 잭니클라우스GC가 '더 잭 니클라우스 헤리티지 코스 (The Jack Nicklaus Heritage Course)'이다.

'잭니클라우스GC'는 그 중에서도 특별한 곳이다.

'황제 설계의 결정판'

세계에 가장 알려진 한국 골프장

잭 니클라우스는 이 골프장의 자리 선택 과정부터 참여하여 설계, 시공, 보완에 이르는 모든 과정에 적극 관여했다. 설계 계약에서 정한 것보다 몇 곱절 더 현장을 방문하였고 자신의 설계 철학과 기준에 맞게 조성, 관리되는지 세세히 살폈다. 그가 설계한 세계의 유명 골프장 가운데서도 각별한 정성을 많이 쏟은 곳이며, 자기 이름을 골프장 이름으로 내걸도록 했다.

2010년 개장과 함께 미국 PGA 챔피언스투어 대회를 연 것을 시작으로, 국내외의 많은 주요 골프 대회가 이곳에서 열렸다. 특히 2015년에, 미국과 세계연합팀(유럽 제외) 간의 골프 대항전인 '프레지던츠컵' 대회가 이곳에서 열려 세계 골퍼들의 이목이 집중되면서, 잭니클라우스 골프클럽은 '세계에 가장 잘 알려진 한국 골프장'이 되었다. 또한 LPGA 국가대항전 'UL 인터내셔널그라운' 골프대회와 KPGA '제네시스챔피언십' 등 굵직한 대회가 이곳에서 끊임없이 치러지고 있다.

2019년 서울경제 골프매거진이 발표한 '2019 한국 10대 코스'에서 이 골프장은 1위에 올랐고, 그 전 해 미국 골프다이제스트의 '미국을 제외한 세계100대 코스' 평가에서 상위권인 28위에 선정되었다.

선수 시절보다 더 빛나는 황제의 제국

코로나19 전염병 탓에 취소된 2020년 '디오픈'의 당초 개최 예정 주간에, 텔레비전 골프채널에서는 'The OPEN for the Ages'라는 특집 프로그램을 방송했다. 세인트앤드류스 골프장에서 열린 디오픈 중계 장면들을 종합하여 역사 속 우승자들이 마치 한 대회에서 겨루는 것처럼 편집한 것이었는데, 잭 니클라우스가 타이거 우즈를 1타 차로 물리치고(16언더파) 우승하는 내용이었다. 디오픈을 주최하는 R&A(영국왕실골프협회)가 세인트앤드류스에서의 선수 성적 통계와 팬 투표를 종합한 데이터 분석을 바탕으로 만든 결과라 한다.

코스 설계자 잭 니클라우스

잭 니클라우스는 선수로서의 '골프 황제' 자리를 타이거 우즈에게 물려주었지만, 골프 전체의 세계에서 그가 '영원한 황제'임을 부인하는 이는 없다. 특히 골프장 설계에서의 업적은 그 자리를 더 밝게 빛낸다.

잭 니클라우스는 선수 생활 전성기 때부터 당대의 거장 디자이너들과 함께 골프 코스를 설계했다. 1966년 스코틀랜드 뮤어필드 골프장에서 열린 '디 오픈(The OPEN)'에서 우승한 뒤, 그는 미국 오하이오 주 더블린에 '뮤어필드 빌리지 골프클럽'을 만들기 시작하는데, 이 작업은 당대의 천재 설계가로 이름을 날리던 데스몬드 뮤어헤드(Desmond Muirhead)와 함께 한 것으로 알려진다.

뮤어필드 빌리지 골프클럽은 8년 동안 작업 끝에 1974년 개장하였으며, 그 사이인 1969년에 그는 현대 골프 코스 설계의 전설적 대가 피트 다이(Pete Dye)를 도와 1969년 사우스캐롤라이나의 '하버타운골프링크스'를 설계했다. (뮤어필드 빌리지 골프클럽에서는 잭니클라우스가 주관하는 PGA투어 대회인 '메모리얼토너먼트'가, 하버타운골프링크스에서는 'RBSC헤리티지' 대회가 열리고 있다.)

프로 투어에서 은퇴한 뒤 골프 코스 설계 분야에서 남긴 그의 발자취는 선수로서 이룩한 '불멸의 업적(PGA 투어 통산 73승, 메이저대회 18회 우승)'에 뒤지지 않는다. 그의 이름을 설계자로 내건 세계 곳곳의 415개 골프장 중 70여 개가 '세계 100대 코스'로 꼽히며, 95개 코스에서 총 700회 이상의 프로골프 토너먼트가 열렸다.

보통 설계가들과 다른 특징

선수 출신인 그는 다른 코스 디자이너들과는 설계의 관점과 방법이 달랐던 듯하다. 그는 현장의 매 홀 각 지점을 걷고 밟으며 직접 손으로 스케치를 했다. 티잉 그라운드와 IP 지점, 그린의 높이

와 굴곡, 벙커의 위치와 모양 등을 플레이어의 진행 위치에서 보는 입체적 시각으로 그려냈다. 토목이나 조경을 전공한 설계가들이 등고선 도면을 주된 바탕으로 작업하는 것과 달리, 그는 플레이어의 눈높이에서 보는 최종적인 모습(Final Appearance)을 통찰하고 구현했다.
현장을 걸으며 내리막과 오르막, 보이는 구간과 안 보이는 구간을 직접 세세하게 스케치했다 한다.

"티잉 구역에서 그린이 보이게 한다"는 것이 그의 '설계 철학'이라고 흔히 알려지는데, 그는 티잉 구역 뿐 아니라 모든 플레이 구역에서 골퍼가 '직접 보고 느끼도록(Look &Feel)' 하는 직관적 배치를 중요하게 여겼다. 자기 눈으로 직접 보고 공략 방법을 판단할 요소들을 플레이어의 눈앞에 되도록 많이 드러내어 보여주는 것이다.
그런 환경에서 플레이어가 자신의 능력과 한계(비거리, 정확도, 구질, 탄도......)를 스스로 깨달아 플레이 하도록 하는 것이 그의 설계 성향, 더 나아가 설계 철학의 일부라 하겠다.

세계 최고 선수 출신 설계가의 최고 등급 토너먼트 코스

설계가들이 흔히 '14개의 클럽을 다 쓰게 하는 코스'를 설계하는 것을 넘어서, 잭 니클라우스는 그 클럽들이 어떤 기술로 쓰이도록 할 것인가를 디테일하게 계산하고 골고루 배치했다. 페이드(Fade), 드로우(Draw), 높고 낮은 구질 등 저마다 다른 실력을 가진 골퍼들이 자기 수준에서 도전하고 프로처럼 시도해 볼 수 있도록 구성했다.

그가 설계한 코스가 "티샷은 마음껏 칠 수 있도록 페어웨이가 넓고 어프로치는 어렵다"는 이야기를 듣는 것은, 티샷을 오른쪽 또는 왼쪽으로 보냈을 때 핀 공략의 샷 기술이 달라질 수 있을 만큼의 공간을 확보하여 플레이어가 선택할 수 있도록 한 부분적 특성을 말한 것이겠다. '잭 니클라우스 브랜드'의 모든 코스는 정규 프로 대회가 열릴 수 있는 '챔피언십 코스' 규격으로 설계된다. 그 가운데서도 송도의 잭니클라우스GC는 처음부터 세계 최고 등급 토너먼트 코스로 계획되었다.

세계를 향해 진화해온 클럽

태생부터 세계적인 골프장

이 골프장은 '송도 국제도시' 개발 사업 중 '국제업무지구(IBD)'의 한 부분이다.
국제도시 사업은 인천광역시 연수구 옥련동, 고잔동 인근 갯벌을 메워 세계 최대 규모의 민간 개발 도시를 건설하는 것으로, 1986년 인천국제공항의 배후지구로 처음 구상되고 1991년 전체 지구 계획이 확정되었다.
1994년에 매립이 승인되었으나 2002년에 미국의 부동산 개발 회사인 게일 인터내셔널과 한국의 포스코건설이 합작투자한 '송도신도시개발(NSC)'이 설립되면서 본격 개발되기 시작했다.
인천공항과 인천대교로 곧바로 연결되는 송도 국제도시의 총 11개 구역 가운데 1, 3구역이 국제업무지구(International Business District)로 계획되어 컨벤션센터, 국제학교, 동북아무역타워, 주상복합, 박물관, 문화센터, 센트럴파크 등이 들어섰다.
잭니클라우스GC도 그에 포함되어 조성되었다.

국제 비즈니스가 활발하게 이루어지는 도시의 골프장이므로 세계적인 투자 자본가의 눈높이에

맞는 코스와 시설을 갖추어야 함은 물론이고, 국제적 행사와 연계될 수 있는 세계 최고 수준의 지원 인프라와 서비스를 갖추는 것이 이 골프클럽 조성 운영의 기본 전제였다.

그런 배경에서 골프 황제 잭 니클라우스를 모셔와 '스스로의 이름을 내건 최고 코스'를 만들게 한 것이다.

클럽하우스에도 공을 들였다. 세계 투자자들의 모임과 국제 행사 등이 열릴 장소이므로 세계적인 건축 프로젝트 경험이 많은 회사에 건축을 맡겼다. 미국 캐논디자인(Cannon Design)의 메흐르다드 야즈다니(Mehrdad Yazdani)가 클럽하우스를 설계했으며 희림종합건축사사무소가 한국 내 실시 설계를 맡았다.

클럽하우스는 특히, 우아하게 물결치는 지붕이 동양적인 곡선감과 서구적 모던함을 함축하여 표현한 아름다움으로 화제를 모았다. 이 지붕 곡선은 코스 안의 다양한 표면 언듈레이션 곡선과 연결되며 조화를 이룬다.

클럽하우스 외관

'링크스 스타일'과 한국미의 조화

잭 니클라우스는 이 골프장이 바닷가에 위치한 것을 감안하여 링크스 스타일의 코스를 계획했다.

링크스(Links)란 스코틀랜드 해안가의 모래 언덕 지대를 말한다. 바닷바람을 받아 울퉁불퉁한 언듈레이션(표면 굴곡)이 있고 키 작은 잡풀만 자라나 양떼를 풀어 먹이던 그 황무지에서 골프의 역사가 시작되었다 한다. 이런 지대의 자생적 골프 코스 모양과 유사하게 만든 골프코스를 '링크스 스타일 코스'라 한다.

잭 니클라우스는 이 골프장에 링크스 스타일을 도입하되, 한국의 아름다움과 한국인의 정서를 담으려 한 듯하다. 매립지 특유의 평평한 땅에 클래식 링크스 처럼 자연스러운 표면 굴곡과 낮은 인공 구릉의 업 다운을 만들면서 홀마다의 입체성을 빚어냈다.

바위 언덕과 호수를 만들어 배치하고, 억새 덤불과 거친 러프, 비바람에 파인 듯한 깊고 거친 벙커(Ragged Bunker)를 설치하여 한국의 바닷가에 자연스럽게 형성된 링크스 코스인 것처럼 조성했다.

잭 니클라우스가 꿈꾼 '골프 이상향'

미국의 테마파크 개발에 쓰이는 거대한 인공 바위(Artificial Rock)들을 곳곳에 도입하였는데 이 또한 세계적 조경 전문회사가 참여해서 만든 것이다. 이 입체적인 바위들과 소나무 군락 이 결합한 모습의 경관을 창안하여, 링크스 스타일에 한국적인 미감을 접목한 것으로 보인다.

골프 코스 시공은 한국에서 골프장 공사 경험이 기장 많은 오렌지엔지니어링이 맡아 니클라우 스 팀과 협업하였다. 니클라우스는 공사 현장을 방문할 때마다 시공 현장 전문가들을 이끌고 일일이 구석구석까지 돌아보면서 페어웨이, 벙커, 티잉그라운드, 그린 등의 위치와 마운드 높 이 등을 체크하고 조정하였다 한다.

매립지의 평평한 백지 위에 잭 니클라우스의 골프 이상향을 빚어놓은 작품이라 보아도 되겠다.

이러한 바탕에서 잭니클라우스GC의 코스는 파크랜드(Parkland), 바위 지역(Rocky Area), 링 크스(Links)의 3가지 스타일의 결합으로 조성되었다.

파크랜드 형 콘셉트는 이 골프장 안에 조성되는 페어웨이 빌라 형 고급 주택단지를 감안한 것이다. 국제업무지구(International Business District)의 성격상 파크랜드 형의 고급 주택이 코스 안에 조성되는 것으로 인허가 되었기 때문이다.(코스 내 주택단지는 착공 예정)

프레지던츠 컵 개최를 통한 진화

2015년에 이곳에서 '프레지던츠컵' 골프대회가 열리면서 잭니클라우스GC는 다시 한 번 진화했다.

미국팀과 세계연합팀(유럽 제외)이 2년마다 대항전 형식으로 겨루기에 '골프 월드컵'이라 불리는 이 대회는 아시아에서는 처음 열리는 것이었으므로, 대회를 주최하는 PGA 투어 측은 아주 까다로운 조건으로 심사했는데, 최적지로 선택된 것이 이 골프장이었다.

우선, 잭 니클라우스의 이름값과 코스의 품질이 통했던 것이고 공항과 가까운 입지, 인근 숙박시설, 그리고 갤러리 동선과 방송 편의성 등에서 이보다 나은 곳이 없었다 한다. 완벽한 수준의 연습장 또한 국제 규모 대회를 치르기에 모자람이 없었다.

2015년 프레지던츠컵 대회때 갤러리 스탠드

PGA 투어 측은 세계 최고의 선수들이 출전하는 프레지던츠컵 대회 성격에 맞도록 코스를 조정 개선할 것을 요청하였으며, 잭 니클라우스에게도 양해를 구했다. 당시 프레지던츠컵 대회를 유치한 류진 조직위원장으로부터 상임고문에 위촉되어 대회 운영을 총괄했던 김원섭(Wonsup Mike Kim) 씨의 말에 따르면,

2013년 초에 개최 계약을 체결한 뒤로 PGA 측 코스 설계 전문가들이 18홀 전체를 샅샅이 살펴보며 PGA투어 대회에 최적화하기 위한 분석 작업을 했다 한다. 검토를 마친 PGA 투어 측은 잭 니클라우스와 현장을 동행하며 코스에서 수정하고픈 부분에 대해 상의하고 허락 받았다. 당시 잭 니클라우스는 "8년 전 이곳은 아무것도 없던 매립지였다. 당시에 설계할 때는 프레지던츠컵 같은 국제 대회가 이곳에서 열릴 것이라 상상하지 못했다. 골프는 도전의 스포츠이므로 선수들이 도전의식을 느끼도록 설계를 바꾼 것이다"라고 했다.

2015년 프레지던츠컵 대회 경기 장면들

골프장 명칭	잭니클라우스 골프클럽 코리아 Jack Nicklaus Golf Club Korea
클럽 한 줄 설명	골프황제의 골프 이상향 - 토너먼트 코스 & 클럽
개장 연도	2010년
규모, 제원	18홀 파 72 (어반코스, 링크스코스) 최대길이 7,470야드(6,831미터)
클럽 구분	회원제
설계자	잭니클라우스 (Jack Nicklaus)
시공사	오렌지엔지니어링
소유 회사	송도국제도시개발유한회사(NSIC)
잔디 종류	벤트그래스(티잉구역, 페어웨이, 그린칼라) 패스큐 (러프)
부대시설	회의실, 라운지, 수영장, 피트니스센터, 스파
연습장	드라이빙레인지(300야드), 치핑 및 벙커 연습장
티오프 간격	8분
캐디, 카트	팀당 1캐디, 5인승 승용카트

코스의 개선은 주로 그린 언듈레이션을 평탄화 하는 것이었다. 모든 홀의 그린을 수정했으며 몇 홀의 티잉 구역 위치도 바꾸고 페어웨이 벙커도 여섯 개 새로 만들었다. 전장을 다소 늘리고 페어웨이와 러프, 해저드 등의 선형도 뚜렷하게 구분하여 조정했다. 그린 언듈레이션을 다소 평평하게 수정한 것은, 원래의 그린이 너무 어려웠던 까닭도 있지만 매치플레이 이벤트라는 프레지던츠컵의 성격에 맞추어 모험적인 도전과 버디, 이글 등의 극적인 승부가 많이 나오도록 난도를 조정한 것으로 보인다. 또한 정상급 선수들의 매치플레이 승부는 거의 그린 위에서 이루어지는 점을 감안할 때, 당시의 그린은 연습라운드부터 대회 마지막 날까지 다른 위치에 핀을 꽂을 수 있는 위치가 나오지 않았기에 좀더 완만하게 고쳤다 한다. 그런 한편 플레이어와 갤러리가 그린 면을 볼 수 있도록 그린과 티잉 구역의 높낮이도 조정했다.

그리고 갤러리 동선과 관람석 등 대회 접객 편의시설, 중계시설 위치 확보 등을 위해 코스 이외 지역의 나무를 제거하고 패스큐 러프 지역을 키웠다.

코스의 특징

이 코스는 첫 홀부터 18번 홀까지 리듬과 스토리가 탄탄한 극적 완결성을 갖추고 있어서 어느 하나를 떼어서 보는 것이 적절하지 않지만, 골프장 관련 전문가들의 조언과 프로 선수들의 경험 증언을 들어 몇 가지 특징적인 부분들을 가려 적는다.

어반코스와 링크스코스, 벤트그래스 페어웨이
전반 어반코스(Urban Course) 9홀과 후반 링크스코스(Links Course) 9홀로 구성되었다. 평평한 사각형의 매립지 위에 출렁거리는 페어웨이와 바위 언덕, 습지 환경을 만들어 입체적인

코스 스토리를 부여했다. 어반코스 쪽에서는 송도 신도시의 고층 건물 등을 배경으로 한 도회적 경관이 매력적이며 링크스 코스에서는 거친 자연미 속에서 게임의 승부를 결정짓는 홀들이 이어진다.

티잉 구역과 그린, 페어웨이까지 벤트그래스를 식재하여 초겨울까지 푸른 잔디가 빛나는 풍광과 깨끗한 샷 감각을 누릴 수 있다. 벤트그래스는 다른 일반 골프장에서 그린에서 사용하는 최고급 품종으로 추운 시방이 고향인 '한지형' 양잔디이다. 해풍이 부는 송도 지역은 수도권 골프장에 비해 온도가 1~2도 낮기에 벤트그래스를 선택할 수 있었다 한다.

자기 수준에 맞는 플레이를 해야 하는 코스

잭니클라우스GC 코스는 7,470야드(레귤러티 6,455야드) 파 72의 18홀 구성이다. 토너먼트 코스로는 길지도 짧지도 않지만 이 안에 수많은 변화와 시험의 요소들이 소용돌이 치고 있다. 잭 니클라우스는 "장타와 숏게임을 조화 있게 해야 좋은 스코어를 낼 수 있는 코스를 만들되, 골프는 힘보다 정확함을 가늠하는 게임이므로 힘을 시험하기보다 현명하게 플레이 하는 골퍼들에게 유리하도록 한다."고 밝힌 바 있다.

14번 파4 홀

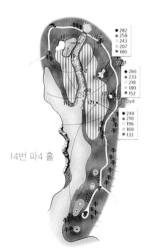

14번 파4 홀

그러므로 그가 설계한 코스에는 홀마다 전략적으로 돌아갈 수 있는 길과 만회할 수 있는 공간이 마련되어 있으며, 이 코스에서 그런 특성은 두드러진다. 무협 이야기의 기문진식(奇門陣式)처럼 생문(生門)과 사문(死門)이 있어서, 자기 수준에 맞는 '생각하는 플레이'를 하지 않으면 반드시 응징하는 잭 니클라우스 설계 성향을 잘 보여준다. 자기 실력에 맞게 공략해야 안정적인 점수를 얻을 수 있을 것이되, 도전하고프면 해보라고 유도하는 코스라 하겠다.

도전과 보상, 만용과 응징 - 14번 홀

14번 홀이 그런 특성을 잘 보여준다. 프레지던츠컵에 나왔던 PGA투어 소속 선수들도 가장 인상적이라 말했던 홀이라 한다.

361야드(레귤러티 312야드)의 짧은 홀이되 페어웨이가 실개천을 사이에 두고 나뉘어 있어서, 그린 방향으로 장타를 쳐서 직접 공략하는 방법과 오른쪽 넓은 페어웨이로 끊어 가서 정확한 세컨샷으로 버디를 노리는 방법 중 하나를 선택할 수 있다. 다만 직접 그린 쪽으로 공략할 경우, 그린 주변을 감싸고 흐르는 실개천을 감안해야 한다.

도전 성공에 따른 보상과 무리한 도전의 만용에 대한 응징이 교차하며, 모험의 길과 전략적 우회로 가운데 하나를 선택하는 홀이다.

15번, 인천대교를 바라보는 파5 승부 홀

14번 홀부터 점증되는 승부 반전의 장치들은 18번 홀까지 이어진다. 15번 파5 홀은 정교함과 장타, 도전과 우회 사이의 선택을 매 샷마다 (골퍼의 실력에 따라)요구하며, 그린 플레이에서도 공간 지각력과 두뇌 활용 능력을 집요하게 시험한다.

티잉 구역에서 그린 앞까지 페어웨이 왼쪽으로 길게 이어진 호수 때문에 티샷을 오른쪽으로 보내야 하지만 그쪽에는 벙커와 깊은 러프가 있다. 장타자가 투온(on in two)을 노릴 경우, 바위 언덕 위의 작은 그린 위에 볼을 올리기도 세우기도 쉽지 않다. 레이업을 하려면 페어웨이 오른쪽의 벙커를 피해야 하며, 세 번째 샷에서 그린 언듈레이션을 파악하지 않고 어프로치 하면 볼은 엉뚱한 곳으로 굴러가기 쉽다. 나는 이 홀에서 세 번째 샷으로 그린에 올리기도 어렵다고 생각했었는데, 2013년 신한동해오픈 대회에서 장타자 김태훈 선수가 세컨드 온 하는 것을 보고 감탄했다. 그런데 2015년 프레지던츠컵 대회 때, PGA투어 선수들 거의 모두가 마음먹은

16번 파4 홀 그린에서 돌아본 모습

대로 두 번 째 샷을 올려서 이글(Eagle)을 노리는 것을 보고는 몸에 소름이 돋을 만큼 놀랐다. 맑은 날이면 그린 너머로 인천대교가 선명히 보이는 아름다운 홀이다.

16번, 잭니클라우스가 가장 아낀다는 파4 홀

전장이 길고 바람의 영향도 많이 받는 파4 홀이다. 프로 선수들은 블랙티에서 300야드 이상 비거리의 페이드샷을 쳐야 페어웨이 오른쪽 벙커를 넘길 수 있고, 그 도전에 성공할 경우 그린 공략이 가장 유리한 각도와 짧은 거리의 어프로치 샷을 할 수 있다. 그린의 타원이 10시 방향이며 그린 왼쪽 앞에는 가드벙커가 놓여있기 때문이다.

컵 위치가 그린 왼쪽 끝에 있다면 티샷은 페이드로 치고 어프로치 샷 구질은 드로우를 구사하는 게 정석적인 공략법이겠다. 그린 어프로치는 페어웨이 오른편에서 공략해야 유리한데 티샷의 안전한 랜딩 존은 왼쪽에 있다. 링크스 스타일 코스답게 페어웨이 중간에 10미터~20미터마다 마운드와 언듈레이션이 있고, 안전하게 친 샷의 랜딩 지역의 굴곡이 더 많다.

이 홀뿐 아니라 하나하나의 홀이 요구하는 해법을 세심히 이해하고 '생각하는 플레이'를 해야 한다.

PGA 선수들도 투온 못한 3번, 잭니클라우스가 수정 거절한 7번 파5 홀

3번 파5 홀에서는 PGA 선수들도 투온(on in two) 하지 못했다 한다. 전장이 가장 길고(블랙티 591야드, 화이트티 518야드) 바람의 영향도 많이 받는 홀이기에 그런 듯하다. 이 홀에서는 그린 왼쪽 벙커 못 미친 자리에 두 번째 샷을 보내서 짧은 어프로치 샷으로 공략하는 것이 선수들도 선택하는 모범답안이다.

이와 다르게 7번 파5 홀에서는, 장타자가 투온에 도전할 수 있지만 그린 왼쪽의 호수와 오른쪽의 마운드 때문에 성공하기 어렵다. 공이 그린 오른쪽의 마운드로 가면 깊은 러프에서 내리막 어프로치를 해야 하므로 어려워진다. 투온 시도가 정확하지 않으면 오히려 위험에 빠지게 되는 것이다. 전략적으로 레이업 하는 지혜와 정교함을 시험하는 홀이라 하겠다.

프레지던츠컵 주최측에서 이 7번 홀 그린 옆 마운드를 없애도 되겠느냐고 요청하자 잭 니클라우스는 일언지하에 거절했다 한다. 당시 대회조직위원회 상임고문이던 김원섭(Wonsup Mike Kim) 씨의 말에 따르면, 대회 주최측은 그 마운드가 갤러리 눈높이에서의 그린 조망을 가리기에 깎아내기 원했는데, 잭니클라우스는 코스의 변별력을 희생할 수 없다고 했다 한다.

극적 승부를 연출하는 18번 홀

542야드의 오른쪽으로 휘어지는 파5 홀로, 페어웨이 오른편의 긴 호수가 티잉 구역부터 그린 앞까지 이어져 있다. 티샷한 공이 되도록 호수의 오른 쪽 방향으로 넘어갈수록 그린에 가까워 지는 홀이다. 자신의 비거리에 따라, 또는 승부 전략에 따라 티샷의 랜딩 존을 선택하게 한 설계 의도이다.

이 홀에서 프레지던츠컵에 참가한 PGA 투어 선수들은 거의 모두 티샷을 300야드 이상 쳐 놓고 220야드 정도 남긴 세컨 샷을 아이언으로 공략해서 그린에 공을 세웠다. 그 뒤 국내 제네시스 챔피언십 대회에서 우리나라 선수들도 그에 버금가는 능력을 보여주었는데, 컵 위치가 앞쪽 일 때와 뒤쪽일 때의 공략법이 사뭇 달랐다.
도전 성공에 따르는 보상이나 전략적인 우회를 선택하는 가운데 한두 타 차이가 뒤집히는 승부 드라마가 빚어지기도 한다.

국제 수준 코스의 미덕

그린 위의 컵 위치에 따라 티샷에서부터 플레이 전략이 달라져야 하는 것이 잭 니클라우스 설계 코스들의 특징이다. 이 코스에서는 그런 특성이 더욱 강하게 드러난다. 골퍼는 티잉 구역에서 그린을 향해 플레이 하지만 홀을 공략하는 전략은 컵(핀) 위치에서 시작하여 그린 입구, 어프로치 위치, 티잉 구역에 이르는 역순으로 상상하며 세우는 것이 유리하다.
플레이어의 기량을 시험하는 주관식 문제 같은 코스이기 때문에 풀이 과정이 좋아야 정답에 다가설 수 있는 것이다.

국내 KPGA 투어 대회인 '제네시스 챔피언십'에서는 프레지던츠컵 때보다 전장을 160야드 늘이고, 패스큐 러프를 더 깊고 거칠게 하여 페어웨이와의 경계를 극명하게 하는 등의 방법으로 난도 높게 세팅했는데도 4라운드 합계 18언더파 성적의 우승자가 나온 적이 있다.
국제적인 난도를 갖춘 코스에서 대회가 자주 열리고 많이 경기해야 우리나라 골프 수준이 높아지는 것이 분명하다.

7번 파5 홀(위), 18번 파5 홀(아래)

옥련(玉蓮)과 송도(松島)

잭 니클라우스는 이 골프장에 자신의 골프 철학과 기술의 정수를 아낌없이 쏟아 붓는 한편, 골프 인생에서 터득해온 범세계적 미학 세계관을 표현하려 노력한 듯하다.

바닷가 매립지를 아일랜드 풍 링크스 스타일로 재해석하고, 한국 지형 특유의 언덕과 호수, 나무와 바위 등을 끌어들이는 한편, 국제도시의 고층건물 스카이라인을 상징 배경으로 활용하는 다차원 미학의 융합을 이 코스 안에서 시도한 것으로 이해한다.

링크스 스타일의 굵은 물결로 출렁이는 페어웨이 끝에 황금빛으로 빛나는 바위 언덕,

그 위에 소나무들은 동양화처럼 가지를 뻗고

수초 우는 호수에 연꽃이 바람에 흔들리며 피는 장면을 그는 꿈꾸었을 것이다.

호수 가득히 일렁이는 연잎을 보며 이 땅의 본디 이름을 떠올린다.

사족으로 달아두건대, 송도(松島)라는 지역 이름은 아쉽다.

이 자리에 송도라는 섬은 없었다. 갯벌을 간척한 곳이라 땅 이름이 없었으며, 근방의 본디 지명은 고운 연꽃 '옥련(玉蓮)'이었다.

일제 강점기에 송도로 바꾸어 불렀는데 일본 해군의 마쓰시마(松島) 군함이 기항했던 자리여서 그 이름이 비롯되었다는 게 정설로 알려진다.

해방 이후 송도라는 행정구역은 폐지되고 개인이 운영하는 '송도 유원지'가 있었을 뿐인데, 국제 신도시를 개발하면서 이 이름을 도로 붙여 세계로 알리게 되었다.

한 나라를 대표하는 국제 도시에 미래지향적인 새 이름을 붙여도 좋았을 터인데, 아픈 과거의 늪에 발을 담그는 선택을 왜 했는지 알 수 없다.

잭니클라우스GC는 미래의 국제도시에 있는 세계 으뜸 급 골프클럽이다.

사진은 주로 잭니클라우스 골프클럽에서 제공한 것을 사용했으며 일부는 글쓴이가 찍은 것입니다.

PINE BEACH
GOLF LINKS

한국 대표 시사이드코스 – 파인비치 골프링크스

파인비치 골프링크스
한국 대표 시사이드코스

이 골프장에서 찍은 '골프에 반하다'라는 프로그램이 텔레비전 골프채널에서 방송된 뒤로 "골프보다 파인비치에 더 반했다"는 이야기를 여러번 들었다.

2013년 이었던가. 이 골프장 15번 홀에서, 동반자 가운데 한명은 드라이버를, 나와 또 한 명은 우드를 잡았고 나머지 한 명은 아이언으로 티샷 했던 것으로 기억한다. 네 사람이 친 공은 모두 그린에 이르지 못하고 절벽에 맞았으며, 이내 바다 속으로 사라졌다.
이 탐사기를 쓰다가 생각이 나서 오랜만에 연락을 해보니 나를 제외한 세 명 모두 자기가 친 티샷이 온 그린 된 것으로 기억하고 있었다.

천 개의 섬이 떠다니는 바닷가에...

"산은 백번을 돌고 물은 천 굽이 굽이치네"

고려의 어느 시인은 해남(海南)의 모습을 이렇게 읊었다. 많고 많은 섬과 길고 긴 해안선이 끝없이 이어진 리아스식 해안(rias coast)의 반도 모양 땅이다.
그 굽이치는 해남 땅, 꽃의 본고장이라는 '화원(花源)'면의 바닷가 언덕에 이 골프장이 있다.

해남은 한반도의 남쪽 끝 땅이지만 '화원'은 남도의 서쪽 땅 끝이기도 하다. 바다 건너 장산도, 안좌도, 하의도, 비금도 등 천여 개의 섬 사이로 해가 지는 모습을 보는 자리다. 섬 쪽으로 썰물졌던 바닷물이 다시 밀려오면서, 옥색과 에메랄드 색을 거쳐 쪽빛으로 변하곤 한다. 그 빛을 가르며 크고 작은 배가 지나간다. 이 앞 바다는 옛날 제주로 귀양 가던 이들의 서글픈 뱃길이기도 했다.

최초의 진정한 시사이드 코스
'파인비치골프링크스'라고 이름 지었지만 '링크스'라 부르기에 이 골프장은 너무 곱다.
링크스(Links)는 바닷가 바람 부는 황무지 모래언덕에 조성된 골프코스를 일컫는다. 강한 바람 때문에 땅의 표면은 거칠게 물결치는 모양이고 잔디 밑은 딱딱한 모래땅인 곳이다. 방향을 가늠할 수 없는 바닷바람에 공을 똑바로 보내기 어렵기에 페어웨이는 넓고, 동물들이 파헤친 자리의 모래가 노출되어 생긴 벙커는 불규칙한 모습이며, 공이 어디로 튈지 모르는 것이 특징인 코스다.
스코틀랜드 에딘버러 대학교에서 링크스코스를 연구한 설계가 백주영 박사에게 자문을 구하니 이렇게 답해주었다.

"전세계적으로 30,000여 곳의 골프장이 조성되어 있습니다. 그러나 약 246개소 미만의 골프장만이 링크스로 분류될 수 있을 것입니다.(2010, George Peper외 1인, True Links) 링크스란 바닷가 링크스랜드(600여 년 이상 바람과 비에 의해 다져진 모래땅)에 자연에 의해 만들어진 혹은 인위적으로 조성한 골프코스를 말합니다."

링크스라 부르기에는 이곳의 땅과 바다는 촉촉하고 평화롭다. 바닷바람이 없는 것은 아니지만 태풍 같은 천재지변 날씨일 때 말고는 가볍게 어루만지고 스쳐가는 느낌이랄까.

링크스가 아니라서 뭔가 부족하다는 뜻이 아니다. '링크스 스타일'을 띠고 있다 할 수 있으며, 굳이 링크스가 아니더라도 아름다운 시사이드 코스라는 이야기다.

예로부터 해남 땅은 날씨가 포근하고 논밭이 너르며 바다가 너그러워 먹을거리가 넉넉했다. 사람의 성품이 순하고 인심이 두터웠기에, 이웃 지방에서 이곳 사람들을 '해남 물감자'라고 빗댄 적도 있었다 한다.

골프장 명칭	파인비치골프링크스 Pine Beach Golf Links
클럽 한 줄 설명	한국을 대표하는 시사이드 코스
개장 연도	2010년
규모, 제원	18홀 파 72 (파인코스, 비치코스) 최대길이 7,349야드(6,720미터)
병설 운영 코스	오시아노코스 9홀 파 36(전남개발공사)
클럽 구분	대중제 퍼블릭
설계자	개리 로저 베어드 Gary Roger Baird (조형설계 : 데이비드 데일 David M. Dale)
소유 회사	보성건설
잔디 종류	캔터키블루그래스(페어웨이, 러프) 벤트그래스 L-93(그린)
벙커	주문진 규사 파인코스 46개, 비치코스 39개(오시아노 36개)
티오프 간격	7분
캐디, 카트	팀당 1캐디, 5인승 승용카트

바다와 직접 맞닿는 자리에 골프장이 들어선 것은 이곳이 나라 안에서 처음이었다. 이 땅은 본디 골프장이 생길 수 없던 자리였다. 골프코스는 해안에서 일정 거리 이상 떨어진 곳에만 지을 수 있도록 연안관리법 등의 법 조항이 가로막고 있었는데, '국토의 균형발전' 필요성을 깨닫게 되던 시기에 전남 지역의 관광자원을 개발하기 위해 '한국관광공사'가 '화원관광단지'를 조성하게 되었고, 이 자리에 골프장이 들어설 수 있게 된 것이다. 2006년에 공사를 시작하여 2010년 9월에 문을 열었다.

"내가 설계한 코스 중 최고"

골프코스 설계의 루트플랜은 미국 설계가 개리 로저 베어드(Gary Roger Baird)가 세웠으며 조형 설계는 데이비드 데일(David M. Dale)이 했다. 게리 로저 베어드는 우리나라에서 '이스트밸리CC'와 포천의 '아도니스CC' 코스를 설계했고, 데이비드 데일은 제주의 '클럽나인브릿지' 코스 조형설계와 여주 '해슬리나인브릿지' 코스를 설계해서 우리나라 골퍼들에게 친숙한 이다. 골프장 설계에서 코스의 루트를 내는 라우팅(Routing) 작업과 조형 설계 모두 중요한 작업이다.

18번(비치코스 9번) 파4 홀

"코스가 들어갈 땅에 1홀부터 18홀까지 홀을 배치하고 파 로테이션을 결정하는 과정을 라우팅 플랜 또는 레이아웃 설계라고 한다. 즉 라우팅은 뼈대를 만드는 작업이며, 각 코스의 전략적, 벌칙형, 영웅적 홀의 개념들이 입혀지는 후속작업이 이루어진다. 각 티의 배치, 페어웨이 랜딩존에 대한 설계가의 의도, 그린 콤플렉스의 벙커링, 그린 퍼팅면에 대한 창의적인 설계들이 설계가의 머릿속에서 이루어진다. 골프코스 설계는 현장 여건과 주변 경관 등을 고려하여 현장에서 설계가의 감리와 합의하에 현장설계가 진행되는 사례도 많다. 이런 경우도 실세가의 코스에 대한 전체직인 설계 컨셉과 철학을 기조로 변경되어야 한다. 따라서 라우팅 뼈대 위에 설계가의 코스에 대한 창의력이 입혀지고 설계가의 감리를 통해 현장설계가 추가되면서 설계가 비로소 완성되는 것이다."(백주영 박사에게 받은 자문 글 인용)

이 코스 루트 설계자 게리 로저 베어드는 1960년대와 70년대에 로버트 트렌트 존스 디자인 회사에서 수석디자이너로 경력을 쌓은 후 독립하여 많은 유명 코스를 설계한 원로급 설계가인데, 자신이 수십 년 동안 설계한 코스 중 이곳을 대표작으로 꼽는다.
그는 "내가 설계한 코스 중에서 최고의 절경은 파인비치다"라고 말한다.

16번(비치코스 7번) 파4 홀

순위 평가를 넘어선 독특한 가치

파인비치골프링크스는 문을 열자마자 나라 안에서 가장 주목받는 골프코스로 떠올랐다. '코스 랭킹'을 평가하는 기관들은 모두 이 골프장을 높은 순위에 올려놓았다. 골프매거진의 '대한민국 10대 코스'를 비롯해서 골프다이제스트의 평가에서도 줄곧 상위 순위에 올랐으며, 2017년 대중제 골프장으로 전환한 뒤로는 '대한민국 10대 퍼블릭 코스' 선정 목록에서 가장 윗자리를 다투어 온다. 회원제와 퍼블릭을 망라한 전체 골프장 평가로 보면, 2019년 골프매거진의 평가에서 국내 랭킹 4위, 같은 해 골프다이제스트 평가에서는 17위에 선정되었다.

물론 이런 순위 평가들은 때로는 자신들이 내세운 평가 지표로 설명하지 못하는 결과를 내기도 한다. 나는 파인비치골프링크스가 이런 평가들에서 나온 순위를 넘어선 가치를 갖고 있다고 여긴다.

코스의 특징

이 골프장은 처음 문을 열 때부터 미국 캘리포니아 몬테레이 반도의 '페블비치골프링크스'와 견주어 "한국의 페블비치"라고 불리기도 했다. 2013년 경남 남해에 '사우스케이프'가 문을 연 뒤로는 파인비치와 사우스케이프 가운데 어느 것이 더 멋진 바닷가 코스인가를 따져 비교하는 이들도 적지 않다.

하늘이 내린 지형

수억 년 전 중생대의 조산활동으로 산맥이 형성된 위로 몇 번의 빙하기가 찾아온 뒤 2만여 년 전 마지막 빙하기가 끝난다. 지구를 뒤덮었던 두꺼운 얼음이 녹아 해수면이 상승하면서, 낮은 지역의 골짜기들은 바다가 되고 중간 높이의 산이었던 곳은 육지와 섬들로 남게 된다. 한반도 서남해안의 구불구불한 해안선과 다도해는 그런 과정에서 나온 세계적 희귀 '리아스식 해안'(Rias Coast)이다.

이 골프장은 그 굽이치는 해안선 모양을 따라 조성되었다. 해안 언덕은 바다를 향해 튀어나왔다가 다시 움푹 들어갔다가 하면서 바다와 육지가 만나는 면을 길고 깊게 늘여 놓는다. 바닷가 골프장은 세계에 많지만 이렇듯 만(灣Bay)과 곶(串Cape)을 드나들며 바다와 만날 수 있는 코스는 드물다. 골프코스가 자리잡을 만한 규모의 반도 지형은 흔하지 않고, 설령 있다 해도 그곳에 골프 코스를 앉히려면 여러 경제 문화와 법적 여건이 두루 맞아야 하기 때문이다.

자연의 모습 그대로

이런 해안선에 '시사이드 코스'를 만들 수 있었던 것은 이 골프장 주인인 보성건설 뿐 아니라 설계자인 로저 베어드와 데이비드 네일에게도 하늘이 내린 행운이었을 것이다.

전설적인 골프코스 설계가 알리스터 맥킨지 박사가 1928년 미국 캘리포니아 몬테레이 반도의 바닷가 언덕에 설계해 만든 사이프러스 포인트 골프클럽 이후 수많은 골프장 설계자들은 이렇듯 해안선이 구불구불한 반도 지형의 바닷가 땅을 동경해 왔다. 그리고 세계의 유명 설계가들은 "자연지형을 가능하면 많이 보존하면서 신이 자연에 숨겨 놓은 코스를 찾아낸다"는 1920년대 '골든 에이지' 설계가들의 생각을 금과옥조로 모셔왔다.

그러니 로저 베어드가 이 골프장을 천혜의 비경을 그대로 유지한 모습으로 설계한 것은 당연한

3번(파인코스) 파3 홀

선택이었다. 골프장 조성 이전의 사진과 현재 사진을 비교해 보면, 이 파인비치골프링크스만큼 자연지형을 거의 그대로 살린 곳은 드물겠다는 생각이 든다. 원래의 자연 지형과 풍광이 절대 적으로 아름답고 골프장 설계가들이 찾아 헤매던 이상적 장소였다는 것이겠다.

바다 절벽 위에 있으면서도 가장 높은 곳과 낮은 곳의 표고 차이가 25미터에 불과할 정도로 평활한 지형이기도 하다.

이 코스의 조형 설계를 맡은 데이비드 데일(David M. Dale)은 **"파인비치는 자연이 디자인한 걸작이다"** 라는 말을 남겼다.

바다를 만지다가 떠다니다가...

파인비치는 파인코스 9홀 파 36, 비치코스 9홀 파 36으로, 총 18홀 6,720미터(7,349야드) 파 72로 조성되었다. 코스의 진행 순서는 정해져 있지 않으나 이곳에서 정규 프로 토너먼트가 열릴 때면 파인코스를 전반(Front 9), 비치코스를 후반(Back 9)으로 진행한다. 승부의 변수가 많은 홀들이 비치코스 후반에 더 많아서 토너먼트의 드라마틱한 마무리에 적합하기도 하고, 바다 풍

경이 더 많이 보이는 비치코스가 텔레비전 중계에서 시청률이 높은 경기 후반에 어울리기 때문이기도 할 것이다. 토너먼트가 아니더라도 전반의 파인 코스에서는 해남의 푸근한 구릉과 들녘에서 곧 눈앞에 펼쳐질 바다를 예감하며 걷고, 후반의 비치코스에서는 바다를 만지며 바다를 떠다니는 느낌으로 라운드하는 순서가 이 코스가 가진 운율에 잘 맞는다. 음악으로 치면 크레센도(crescendo)라 할까.

'차원 이동'을 경험하는 전개

이 골프장 홈페이지에서는 "파도가 빚어낸 9개 홀. 바람이 깎아낸 9개 홀"이라 소개하고 있다. 파인코스 1번 홀부터 6번 홀까지는 수려한 내륙 코스의 느낌으로 전개된다. 7번 홀부터 바다가 보이기 시작해서 8번 홀에서는 불현듯 우주의 다른 차원으로 이동한 듯 푸른 바다와 마주친다. 이 8번 홀 티잉 구역에서 보는 바다는 마치 아이맥스 입체 영화관에서 보는 느낌이다. 옥빛에서 코발트빛으로 짙어지며 이르는 수평선에서 섬들이 사라졌다가 문득 떠오르는 다도해를 향해 티샷하는 파3 홀이다. 그린은 아일랜드 형이 아닌데도 바다 위에 떠 있는 것 같다.

이 홀에서 서는 순간 1번 홀부터 6번 홀까지 경험했던 짜임새 있는 홀들과, 수국, 동백, 배롱나무꽃, 나비바늘꽃, 억새들의 속삭임 같은 것들은 까맣게 잊어버리게 되기 쉽다.

그린 너머에는 바다를 향해 선 솟대들이 무리지어 서 있다. 이곳에서는 누구라 할 것 없이 사진을 찍는다. 자신을 찍고 그린과 솟대 너머의 바다를 찍는다. 그린 플레이를 마치고 솟대를 닮은 모습으로 바다를 보다가 다음 홀로 넘어가는 발걸음이 아쉬움에 머뭇댄다.

그 다음 9번 홀, 절벽 아래 넘실대는 바다를 보면서 클럽하우스로 돌아오는 풍광 또한 영화의 한 장면에 들어온 것 같다.

이 홀은 시공 당시에 한번 완성되었다가 조형 보완 과정에서 대폭 설계 수정이 제안되었다고 한다. 당시 골프장 개발 책임자였던 서형종 씨의 말에 따르면, 그 제안대로 재시공하려면 수십 억 원이 더 들어가는 상황이었는데, 이 골프장 소유주인 보성건설의 이기승 회장이 "미인을 얻으려면 자격이 있어야 하는 것처럼 아름다운 코스를 얻으려면 투자할 수 있어야 한다"며 받아들였다 한다.

왼쪽 절벽 아래의 바다를 내려다보는 전망대와 페어웨이 중간쯤의 커다란 바위, 클럽하우스를 바라보며 걸어가는 페어웨이가 균형미를 이루는 홀이다. 이 골프장에서 자연미와 인공미가 가장 입체적으로 조화된 곳이라 여긴다.

상대적으로 '억울한' 파인코스

파인코스의 플레이는, 쉽게 시작해서 점점 어려워졌다가 다시 살짝 풀어주고 바다로 이끌어 풍경과 게임을 함께 즐기며, 적당한 난이도로 마무리하는 탄탄한 구성이다. 도전의 성공에 대한 보상이 있고 다양한 클럽을 써야 하는 거리 구성 등 '샷 밸류(Shot Value)'도 짜임새 있는 코스다. 그런데 7, 8번 홀의 바다 풍경이 압도적인 느낌을 주어서 그 앞 들녘 홀들의 존재감이 약해져버리는 '좀 억울한 코스'이기도 하다. 만약에 다른 골프장에 이 9홀이 그대로 들어갔을 경우 대단히 빼어난 코스로 칭송받았을 것이다.

특히 아일랜드 형 그린이 있는 3번 파 3홀과 호수를 끼고 가는 그다음 파4 홀은 아름답고 극적이다. 뭔가 사연이 붙으면 더 애틋한 홀로 살아나지 않을까 싶다.

비치코스 - '한국 최초, 독보적 시사이드'

비치코스에서 무덤덤한 이는 득도한 도인이거나 다시 만나고 싶지 않은 사람이다.

바다를 껴안고 돌다가 흠뻑 젖어서 나오는 듯한 심미성과 서정성 때문에 코스의 기능적 정교함이 오히려 덜 평가되는 코스일 수도 있다. 짧고 쉬운 홀로 시작해서 강, 중, 약의 리듬을 타다가 5번 홀부터 바다의 이야기가 시작되면서, 아름다움과 어려움의 절정에 이르렀다가, 바다에 흠뻑 젖어 귀환하는 모험의 기승전결 구조라 할까.

진정한 시사이드 코스로는 '한국 최초'이며, 특히 바다를 접하는 홀에서 모두 바다를 마주보며 어드레스 할 수 있는 점에서 독보적이랄 수 있겠다.

'페블비치'와 '사이프러스포인트'의 오마쥬
특히 15번 홀(비치 6번) 파3 홀은 이 골프장의 진가를 함축해서 드러내는 '시그니처 홀'이다. 앞서 이야기한 대로 이 골프장은 문을 열 때부터, 미국 캘리포니아 몬테레이 반도의 '페블비치 골프링크스'와 비교되어 "한국의 페블비치"라고 홍보되었다. 또한 이 가운데 15번 홀은 바다를 건너 치는 드라마틱한 풍광이 그 몬테레이 반도의 또 다른 전설적인 코스인 '사이프러스포인

15번(비치코스 6번) 파4 홀 그린 옆의 둔덕

트' 골프장 16번 홀의 '오마쥬'라는 이야기를 듣는다. 또한 국내에서는 남해 사우스케이프 16번 홀과 견주어지곤 한다.

2019년에도 이 홀은 국내의 유력 골프잡지사로부터 "한국에서 가장 아름다운 파3 홀"로 뽑혔다. 그만큼 빼어난 홀이 틀림없지만 이 홀을 그냥 '아름답다'고만 말하고 나면 무언가 아쉬움이 많이 남는다.

반도의 반도의 반도의 반도......

해남(海南)군은 한반도의 맨 아래 달린 반도 형의 땅이며 이 해남에서 다시 머리 들고 나온 작은 반도가 화원(花源)면이다. 그리고 이 골프장 비치코스는 화원반도에서 조심스레 벋어 나온 더 작은 반도형 땅이며 다시 그 북쪽 끝 엄지손가락처럼 솟은 아기 반도 땅에 15번 홀 그린이 앉아 있다.

그러니 이 홀의 아름다움은 혼자만의 자태로 나오는 것이 아니다. 반도에서 더 작은 반도로 돌

아가는 이 홀 앞뒤 길목의 풍광 흐름은, 원래 아름다운 자연이라도 사람의 안목과 손길을 만나면 더 극적인 아름다움으로 승화될 수 있음을 드물게 보여준다.

이곳에서 뿌리내렸던 옛 사람들이 보았던 모습은 어떠했을지, 지금 내가 밟고 있는 땅이 고산자 김정호도 지난 자리였는지 문득 궁금하다. 이 홀 엄지 모양 손톱 끝 땅을 그는 디뎌 보았을까.

비현실적인 다도해 바다

앞서 적은 대로, 이 골프장은 비치코스를 후반에 라운드 할 때 더 극적이다. 전반(파인코스) 8, 9번과 11번(비치 2번)에서 예고편처럼 옥색 얼굴을 보여주었던 바다는 14번(비치 5번)홀부터 다도해의 본색을 드러내기 시작한다. 떠다니는 섬들은 신화의 배경처럼 비현실적이다. 섬 사이 어디선가 수천 년 전 오디세우스를 7년 동안 붙잡아 앉혔던 요정이 판소리 여운을 흘리며 나타날지 모른다는 공상은 나만의 것인가.

14번 홀 그린 근처 잔디 둔덕은 시공간을 가르는 입체 그림 같다. 하늘과 바다와 땅이 만나고 구름이 지나는 다차원 조형을 무심히 던져놓은 듯 전시한다.

15번(비치코스 6번) 파3 홀

한국 대표 시그니처 파3 홀

15번 홀, 바다 건너 200미터 거리에 놓인 그린으로 공을 보내야 하는 플레이어의 심장 근처까지 바닷물은 밀려온다. 섬처럼 아득한 그린 너머에는 파인비치의 상징이라는 한 그루 소나무(Pine)가 바람 속에 흔들리고 있다. 그 뒤 수평선으로 언뜻언뜻 섬들이 떠간다. 핀을 향해 똑바로 공을 치면 170미터 이상 보내야 절벽을 안전하게 넘길 수 있으니 이 홀은 '플랜B의 자비'가 없다. 잘 치는 고수나 잘 못 치는 하수나 모두 그린을 직접 노리고 공을 날려야 하는 것이다. 프로 수준의 골퍼들은 그린 위 어느 자리에 공을 떨어뜨려야 할지 선택하겠지만 대부분의 골퍼들에게는 절벽을 넘겨 그린에 도달하는 것이 과제인 홀이다. 비교적 가까운 왼쪽 절벽 너머로 안전하게 공을 보낼 수는 있겠지만 이 장엄한 홀에서 누가 그렇게 비루하게 치고 싶겠는가. 그렇게 치고 나면 스스로를 탓하며 잠 못 이룰 것 같다.

고민은 어떤 클럽으로 쳐야 할까 하는 것이다. 이 골프장에서 바람이 가장 많은 자리이니, 이 홀은 골퍼의 마음을 시험하고 샷 기술을 변별한다. 이미 플레이어는 14개의 클럽을 거의 모두 사용했을 것이다. 아마도 이 홀에서 마지막 하나의 클럽을 뽑게 될 수도 있다. 2010년 이 골프장

16번(비치코스 7번) 파4 홀

에서 '한양수자인 파인비치오픈' 대회가 열렸을 때, 215미터로 세팅된 이 홀 챔피언 티에서 선수들은 대부분 3번 우드를 잡았다. 장타자 김대현 선수도 맞바람 부는 날에는 아이언을 잡지 못하고 하이브리드 클럽을 사용했다가 그린에 올리지 못했다.

이곳에서 많이 플레이해본 이들은 그린 왼쪽 끝을 겨냥하여 치는 것이 가장 안전하고 확률 높은 방법이라고 권한다. 2019년 가을의 내 동반자는 드라이버를 선택해서 그린을 훌쩍 넘긴 뒤에 '칩인 버디'를 하고 겸손한 표정을 지었고, 나는 우드 티샷을 해서 그린 앞 에이프런에 떨어신 공을 러닝 어프로치로 핀에 붙여 파를 한 뒤 의기양양했다. 이 바다를 건넌 그 공의 궤적을 평생 기억할 것이다.

샷 밸류, 난이도, 심미성, 기억성이 높은 구간
이 홀과 그 다음 16번 홀은 게임의 승부를 결정짓는 변곡점이 된다. 16번 홀이 핸디캡 1번, 15번 홀이 핸디캡 2번으로 어려운 홀들인데, 바람이 불면 15번 홀에서 스코어의 변화가 많이 생기고 그 다음 홀에서 승부를 뒤집으려다가 더 큰 변수가 발생하기 쉬운 것이다.

16번 홀 또한 바다를 건너는 티샷을 해야 하되, 오른쪽 푸른 절벽 위의 페어웨이 벙커를 넘기면 가장 짧은 어프로치를 남기게 되어 도전에 따르는 보상이 따르는 파4 홀이다. 샷 밸류가 높은 홀들이 이어지는 이 구간의 풍광이 아름답기까지 하니 기억에 오래 남을 수밖에 없다. 오후에 시작한 라운드라면 이 홀 즈음부터 노을 지는 바다를 보며 플레이할 수도 있다.

7년 전 함께 라운드 했던 이들에게 "파인비치에서 어느 홀이 가장 기억나느냐" 물으니 하나같이 15번 파3 홀밖에 기억하지 못했다. 그것도 망령되이 자기가 잘 친 것으로 착각하면서…… 이 글이 그들의 추억도 살뜰히 되살려 줄지 모르겠다.

스케일이 좀 큰 우스개도 덧붙인다. 이 골프장 관계자들은 이렇게 말한다.

"우리 파인비치는. 태평양 건너 페블비치골프링크스, 사이프러스포인트와 워터해저드를 함께 쓰고 있어요."

소소한 특별함

클럽하우스 팽나무에 걸린 낙조(왼쪽), 12번(비치코스 3번) 파4 홀의 수국(오른쪽)

솟대를 닮은 해송들

육지의 소나무(陸松)들이 붉은 색을 띠는 적송(赤松)이라면 이곳의 소나무들은 검은 색을 띠는 해송(海松)이다. 바다를 보는 홀에 이 소나무들이 방풍림 역할을 하고 있었는데 언제인가 솟대를 닮은 모양으로 가지치기 해놓았다.

아마도 바다 풍경을 가리지 않으면서 8번 홀의 솟대들과 시각적인 연속성을 주려는 조경 의도인 듯하다. 나무의 생명 건강에 해로운 것은 아니라 한다. 솟대를 보면 뭔가 그리움을 걸려 있는 것 같은데 솟대를 닮으니 나무도 애틋해 보인다.

수국과 배롱나무, 동백꽃, 산다화, 양귀비꽃……

비치코스 4번 파3 홀은 특별히 '수국(水菊)홀'이라고 불린다. 홀 전체가 수국으로 둘러싸여 있어서 여름 내내 꽃이 핀다. 골프장 측에서는 "6~7월에 이 홀은 바다를 보는 홀보다 아름답다"고 자랑한다.

수국 꽃은 이 홀뿐 아니라 다른 홀에서도 많이 핀다. 꽃이 피는 동안 이 골프장에서는 '수국축제'를 연다. 수국뿐 아니라 배롱나무 붉은 꽃, 개양귀비 꽃, 나비바늘꽃들이 코스 곳곳에 지천이다. 꽃이 없다 싶은 자리엔 억새와 수크령이 일렁이고 그렇지 않으면 바다가 펼쳐지는 것이니, 정겹다 못해 넘치는 취흥이 들기도 한다. 땅 이름이 '꽃의 본고장' 화원(花源)이어서인지 이른 봄에 동백꽃, 매화 수선화가 피기 시작해서 철마다 다른 꽃향기가 넘쳐나는 것이다. '링크스'라는 황량한 이름과는 전혀 다르게 고운 골프장이다.

바다를 만지는 클럽하우스

클럽하우스는 규모가 꽤 큰데도 낮아 보인다. 남해의 사우스케이프 클럽하우스가 바다를 내려다보는 정상에서 스스로의 존재감을 드러내 보이며 먼 바다로 날아가려는 여신을 붙잡아놓은 듯한 모습이라면, 이곳 클럽하우스는 자연에 소박하게 안기려는 요정 같은 느낌이다. 자연을 지배하려 하지 않은 듯 조심스럽게 낸 동선이 살갑다.

클럽하우스 건물에 42실의 크고 작은 객실이 있다. 큰 객실은 좋은 호텔의 스위트룸 수준이고 작은 객실도 넉넉한 크기이며 실내의 소재와 디자인이 자연친화적이다. 모든 객실에서 바다가 보인다. 클럽하우스 식당에서는 해남의 바다와 땅에서 난 청정 재료로 만든 음식들을 내고 있으니 이곳에서 먹고 자며 골프를 즐기기에 부족함이 없다. 클럽하우스 음식은 값싸지 않지만 골프장 내 식당인 것을 감안하면 적당한 가격이고 맛도 뛰어나다는 평가를 레저 전문 기자들이 여러 매체에 썼다.

파인비치 골프호텔 객실(Suite)

'시크릿 가든'을 찍은 명소

2010년 겨울 SBS 방송에서 방영되었던 인기 드라마 '시크릿 가든'의 촬영 흔적이 남아 있다. 이른바 '골프장 키스신'이 촬영된 8번 홀은 드라마 때문이 아니어도 워낙 아름다운 것으로 유명하지만, 네 명의 주인공이 함께 바비큐 파티를 하는 장면을 찍은 장소가 클럽하우스 앞에 보존되어 있다. 팽나무 그늘 아래 석축 정원에서 낙조로 물드는 바다를 바라보는 '포토제닉'한 자리라서 이곳을 방문한 이들은 사진을 찍어 남긴다.

이 자리에서 주말마다 '노을음악회'가 열린다 한다. 나는 직접 보지 못했으나 붉은 노을 가득한 바다를 배경으로 섹소폰을 연주하는 장면을 동영상으로 보고 감탄한 적이 있다. 이런 문화 컨텐츠는 꾸준히 이어나가면 좋겠다.

낮의 둘레길과 밤의 산책로

이 골프장은 '오시아노관광단지' 안에 있다. 한국관광공사가 제주 중문, 경주 보문에 이어 국내 3대 관광단지로 조성하는 관광지라고 한다. 그래서 파인코스와 비치코스 옆에 붙은 한국관광공사 소유의 '오시아노코스'가 함께 운영된다.

관광단지인 만큼 볼거리도 많다는데 골프장에서 숙박하는 골퍼들을 위한 것으로는 '해안 둘레

드라마 '시크릿 가든'에 나왔던 클럽하우스 앞(위), 클럽하우스 야경(아래)

18번(비치코스 9번) 파4 홀 그린

길'과 야간 산책로인 '천사의 길'이 있다. 해안 둘레길은 골프장 근처 바닷가를 걷는 2.5킬로미터 산책길이며, 백사장을 밟으며 해넘이를 볼 수 있다. 천사의 길은 골프장 안에 조성한 야간 산책로다. 클럽하우스 숙소에서 파인코스 9번 홀 해안 전망데크에 이르는 왕복 1,004미터 길에 조명이 설치되어 밤바다의 정취를 느끼며 걷는다.

늘 푸른 양잔디
이 코스의 '스루 더 그린(Through the Green)' 잔디는 켄터키블루그래스이다.
벌칙 구역을 제외한 티잉 구역과 그린 사이의 모든 공간은 '스루 더 그린'이라 불린다. 페어웨이나 러프라는 말은 본디 골프의 정식 용어가 아니라 한다. 골프가 처음 만들어질 때 링크스 지형에서 "양과 토끼가 풀을 뜯어 먹은 곳이 페어웨이가 되었다"고 하는데 양이나 토끼가 일정한 모양으로 풀을 뜯지는 않았을 것이므로 페어웨이와 러프의 구분은 없었다는 것이다.

켄터키블루그래스 양잔디는 추운 지방이 고향이므로 우리나라의 고온다습한 여름을 견디기 힘들어 한다. 그래서 이 양잔디를 심은 내륙지방 골프장들은 여름이면 '잔디 관리 초비상 상태'

가 되기 마련이다. 파인비치는 바닷가에 있기에 해풍이 열대야를 막아주어 켄터키블루그래스의 생육 환경이 비교적 나은 편에 든다. 그래도 한여름을 지나고 나면 약 한 달 정도 기간에는 군데군데 잔디가 상해 있는 것을 보게 되기 쉽다.

손님을 상대적으로 많이 받는 우리나라 퍼블릭코스에서 양잔디의 상태가 늘 완벽하기는 쉽지 않다. 손님을 극히 적게 받는 우리나라 최고 명문 회원제 코스의 양잔디 페어웨이가 2018년 여름 무더위를 못 이기고 녹아내려서 쉬쉬하며 복구한 사례도 있다. 잔디 전문가들은 "여름철 양잔디 상태는 장담할 수 없고, 그저 공들여 관리하는 방법 밖에는 없다"고 한다.

이 골프장의 페어웨이 잔디는 보통 때 15~18mm, 대회를 치를 때는 12mm 높이로 깎으며, 그린은 스팀프 미터 계측 기준으로 평소에 2.7미터, 대회 때는 3.2미터 스피드로 관리한다.

거북이 모양의 땅

이 글의 초고를 지인들에게 보여주었더니, 경영컨설턴트 일을 하는 이기동 박사가 이런 감상을 보내왔다.

"파인비치가 거북이 형상의 지형에 위치하고 있고, 이런 차별화된 특성이 골프장의 독특한 스토리텔링으로 활용되지 않고 있다는 점이 아쉽습니다......(중략)...... 15번 홀 그린 형상을 엄지 모양 손톱끝이라고 표현하셨는데 골프장 전체를 놓고 보면 서북이 형상의 지형적 특성도 보이지 않을까 하는 생각을 해 봅니다. ......(중략)...... 이런 풍수적 명당의 기를 받아서 그런지 이곳 골프텔에서 잔 사람들은 여러 체험(불면증이 있는 사람이 숙면을 했다는 등)을 말하고 있더라고요."

우리나라 산 명당자리에 절이 있는 것은 땅이 스스로 높은 법력을 부른 것이라 하는 이야기도 있는데, 골프장 땅들의 기운과 사연들도 대개는 범상치 않을 것이다.

관능과 서정에 설레는...

이 골프장을 '관능적'이라 느낀다.
흔히들 이곳을 남해의 사우스케이프와 견주기도 하는데 자연의
느낌과 조성 취향이 서로 다른 곳이라 본다.

군이 감상을 적어 보자면, 사우스케이프에서는 남해의 절경 위
에 선라이즈 포인트와 선셋 포인트 사이의 시공간을 만들어 시
간을 가두어 놓은 결계(結界) 같은 느낌이 든다. 천혜의 풍광 위
에 어느 디자이너가 개성적인 명품 아우라를 펼쳐 놓은 '절대
공간' 같은 느낌이랄까.
그와는 달리 파인비치에는 사랑스러운 풍광에 마냥 안기려는
애틋함이 있다. 무언가 내세우고 지배하려는 욕망이 보이지 않
는다 할까. 들판과 바다, 섬과 하늘, 지나는 나그네에게도 문이
열린 듯하다. 꽃 옆에 있으면 그냥 함께 예쁜 것인데 서양 미녀
친구를 데려와 꽃다발 들게 할 필요는 없다고 말하며 웃는 남도
여자 같다. 그 자연미에서 살갑게 부비고 싶은 관능을 느낀다.

이 골프장을 다녀온 뒤 나도 모르게 시 구절 비슷한 운문을 적
어 놓았었다. 책에 넣을까 하고 다시 열어 보았더니 감흥이 지
나쳐 청춘의 연애편지 같은 글이어서 낯 뜨거웠다. 얼른 지워
버리고 나니 추억의 한토막이 사라진 듯 아쉬운 마음도 든다.
서사와 서정이 이렇듯 넘치는 골프장을 어디서 또 만나겠는가.

어쨌든 이곳의 이야기들은 아직 십분의 일도 발견되지 못했으
니, 골퍼가 좋은 스코어를 받아 쥐었다 해도 100분의 1도 느끼
지 못하고 올 수도 있는 골프장이다.

사진은 주로 파인비치에서 제공한 것을 사용했으며 일부는 글쓴이가 찍은 것입니다.

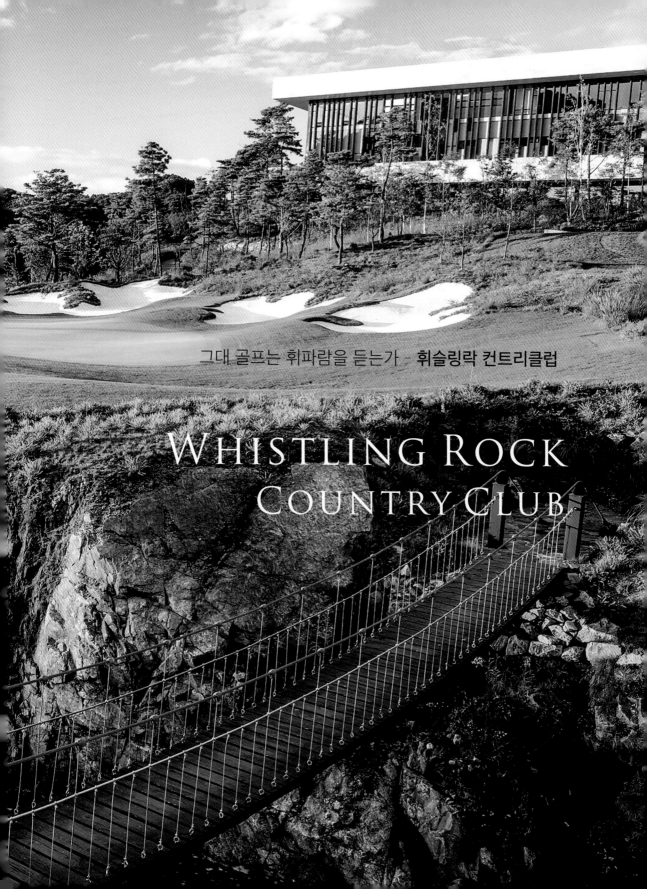

그대 골프는 휘파람을 듣는가 - 휘슬링락 컨트리클럽

WHISTLING ROCK
COUNTRY CLUB

휘슬링락 컨트리클럽
그대 골프는 휘파람을 듣는가

보라색 도라지꽃이 바위틈에 피어있다.
황금 물결치는 억새와 패스큐 러프 사이로 진녹 융단의 페어웨이가 빗질러간다.
아득한 그린 언덕에 저절로 허물어져 파인 듯한 모래 벙커들이 위태롭게 빛난다. 그 옆 호수에
연분홍 작은 연꽃들이 일렁인다.
가슴이 젖어온다...... 어디선가 타레가(Francisco Tarrega Eixea)의 기타 음률이 들리는 것 같
은 풍광이다.

"이 산속에 이런 별천지가 있을 줄 몰랐어요."

이 근처에서 나고 자랐다는 사업가 동반자는, 코쿤 코스 2번 파5 홀을 마치고 나서 말했다.

숲속 비밀의 성

'바위를 스치는 휘파람'

'휘슬링락CC'는 춘천 남쪽 산중에 있다. 굽이치는 북한강 아래 금병산과 방아산을 잇는 골짜기를 따라가면, 완만한 기슭의 소나무 숲 사이로 은빛 바위들이 반짝이는 분지가 나타난다. 바위들 사이로 맑은 실개천이 흐르고 녹색 들판이 펼쳐지며, 연잎 일렁이는 호수에 구름이 지나고 있다.

이곳 소나무 숲이 아름다워서 처음에는 '위스퍼링파인즈(Whispering Pines)'라 이름 지었다고 한다. 그런데 공사를 하다 보니 곳곳에서 거대한 화강암 노두(露頭, 암반 일부가 드러난 부분)들이 나왔다. 이 바위들은 살아있는 듯 기묘한 모습이었고, 바람이 스쳐갈 때는 휘파람 소리를 내기도 했다.
그 소리를 따라 휘슬링락(Whistling Rock)으로 이름을 바꾸고 2011년에 문을 열었다. '소나무의 속삭임'보다 '바위를 스치는 휘파람 소리'가 이 골짜기의 목소리였나 보다.

땅 스스로 비범한 곳인지 골프장을 만들며 아티스트의 영감을 불어 넣은 것인지는 모르겠다. 가까운 곳에 베어크리크춘천GC와 오너스GC 등이 있지만 이곳은 다른 세상인 듯 고요함이 흐른다.

'한국 으뜸'으로 꼽힌 '비밀의 성채'

이곳에서 라운드 한 이들은 드물다. 휘슬링락은 '숲속 비밀의 성' 같은 회원 전용 골프장으로 알려져 왔다. 개장 초기에는 홍보를 위해 골프 관련 미디어에 공개하기도 했으나, 언제부터인가 일부 '골프 코스 평가' 결과에서 최상위권 성적으로 화제가 되는 것 말고는 대중에게 드러내지 않는다. '회원 전용'의 성문을 지키는 클럽 가운데서 손꼽히는 곳이다.

그런 폐쇄성에도 불구하고 이 골프장에 대한 평가는 두드러진다. '골프매거진' 한국판이 선정한 '2017 한국 10대 코스'에서 1위에, 2019년에는 3위에 올랐다. 문을 연 이듬해부터 골프매거진과 골프다이제스트로부터 '한국의 신설코스 1위'에 뽑혔고, 2018년에 영국의 '톱100골프코스' 사이트로부터 '아시아 10대 코스' 중 하나로 선정되는 등 높은 등위의 평가를 받아왔다.

또한 '클럽 리더스 포럼(Club Leaders Forum)'으로부터 '5 Star Private Club' 등급의 '세계 100대 플래티넘 클럽'으로 선정되었다. (이 기관은 골프뿐 아니라 요트, 시티 클럽을 포함한 세계의 유명 클럽들을 평가하여 세계적 명문클럽을 가려내고 등급을 매긴다. 국내에서는 휘슬링락CC와 함께 해슬리나인브릿지, 잭니클라우스GC 등이 '5 Star 급 세계 100대 플래티넘 클럽'에 들었다.)

코스의 심미적 세계관

휘슬링락의 디자인 슬로건은 '예술과 자연의 조화(A harmoy of art and nature)'라 한다. 이곳은 '아름다운 코스를 만든다'는 '건설 개념'으로 조성한 골프장이 아니다. 이곳을 만든 이들은 '골프 코스 디자이너(Golf Course Architects)'나 '조경 설계가(Ladscape Architects)'라는 전문인의 차원을 넘어 자연 공간을 입체 캔버스로 보고 그 안에 상상력의 작품을 빚어내는 '아티스트'의 인식으로 접근했던 듯하다. 그런 차원으로 보아야 눈이 열리는 곳이다.

테오도르 로빈슨 주니어의 코스 설계 미학
휘슬링락의 골프 코스는 '세계 100대 코스' 클래스를 기준으로 디자인하고 가꾼 것이다. 미국의 테드 로빈슨 주니어(Ted Robinson Jr.)가 코스 디자인을 맡았으며 2016년에 미국 르네상스 골프 디자인사의 에릭 아이버슨(Eric Iverson)이 일부 보완 리노베이션했다.
테드 로빈슨 주니어는 우리나라 제주도의 핀크스 골프클럽을 설계한 테오도르 로빈슨의 아들이다. 테오도르 로빈슨은 세계 100대 코스로 꼽히는 미국의 사할리CC와 하와이의 코올리나GC 등을 설계하였으며 미국 골프 코스 설계가 협회 회장을 지낸 거장이었다. 테드 로빈슨 주니어는 아버지의 주요 작품에서 실질적인 역할을 통해 그 설계철학과 경험을 계승하며 세계에 이름을 알려왔다.

그는 휘슬링락 코스 설계를 맡으며 "한국의 산악 지형을 존중하고 기념하겠다."고 했다. 거대한 바위들이 곳곳에 솟아 나온 노두(露頭)들, 깊은 계곡과 역동적인 구릉들을 품은 지형 특성을 어떻게 살릴 것인가 고민하는 한편, 주변의 산과 산들이 이어지는 다양한 모습의 아름다움에 경탄하여 그 흐름을 코스에 담아내려 노력하였다고 말한다.

코쿤코스 6번 파4 홀 그린 주변(위), 템플코스 5번 파4 홀(아래)

골프장은 해발 160미터에서 280미터에 이르는 산기슭과 분지에 안겨 있다. 북쪽 먼 금병산(651m)과 방아산(426m)에서 내려온 산 흐름을 남쪽 꼬깔봉(420m)이 받아 보듬은 분지 모양의 골짜기에 조성한 27홀 골프 코스다.

이곳에 '챔피언십 코스'를 만들기 위해 설계자는 원래 지형의 상당 부분을 변형하였으되, 땅의 본질 흐름을 통찰하고 재해석해서 마치 오래 전부터 그곳에 있던 자연처럼 다시 빚어냈다.

'장소의 자연미', '플레이의 본질적인 유연성', '기억에 남는 홀 디자인'의 세 가지 핵심 요소를 두루 갖추었다고 그는 말한다. 한국 산중의 아름다움을 홀마다 다르게 담아낸 도전적인 코스라는 것이다.

피너클 디자인의 자연 재창조

"휘슬링락 조경 디자이너가 들을 수 있는 가장 큰 칭찬은, '코스의 어디가 자연 그대로이고 어느 부분이 새로 만든 것인가?'라고 누군가 묻는 것입니다. 차이를 구별할 수 없다면 우리는 성공한 것입니다."

이 골프장 조경 디자인을 맡은 캔 앨퍼스타인(Ken Alperstein, 피너클 디자인)의 말이다.

언덕과 분지에 자리 잡은 코스에 이따금 이 땅의 수호령(守護靈)인 듯 커다란 바위들이 드러나 있다. 그 사이로 실개천이 흘러 27홀을 감싸 돌며 일곱 개의 폭포와 15개의 호수를 이룬다. 개천과 폭포의 돌무더기는 아무렇게나 흘러와 놓인 모습이다. 페어웨이 옆 덤불에는 야생화가 피고 벙커는 금방 허물어져 내린 듯 부정형이다. 호수에 무성한 연잎과 수초들은 무질서한 듯 자연 그대로의 모습 같다.

하지만 이것은 정교하게 계획된 구도와 세밀함으로 조성되었다. 골프 코스의 전략적 기능을 감안하여 배치된 것이며 미학적 비율을 계산하여 하나하나 다듬어 놓은 작품이다. 호수에 비친 하늘도 수생식물의 무질서함과 어울린 구도 속에서 푸른 것이다.

질서 없이 거친 듯하지만 치밀하게 계산된 무질서다. 이런 조경은 우리나라 골프장들에서 볼 수 없던 흐름이다.

한국 골프장들은 안양CC에서 비롯된 정원형 조경에 많은 영향을 받았으며, 명문 클럽들 가운데는 삼성 가문과 관계되었거나 삼성 출신 인사들이 개발과 관리에 참여한 것들이 많았기 때문

골프장 명칭	휘슬링락컨트리클럽 Whistling Rock Country Club
한 줄 소개	자연과 예술의 조화된 '작품' 골프장
개장 연도	2011년
규모, 제원	27홀 파 108, 전체길이 10,724yds(9,806m) 코쿤코스 3,519yds, (3,218m) 템플코스 3,559yds (3,254m) 클라우드코스 3,334yds (3,m)
골프장 구분	회원제 골프장
위치	강원도 춘천시 남산면 동촌로 501
코스 설계자	테드 로빈슨 주니어(Ted Robinson Jr.) 에릭 아이버슨(코쿤코스, 템플코스 리노베이션)
회사 / 모기업	주식회사 티시스 / 태광그룹
잔디 종류	켄터키블루그래스 (페어웨이, 에이프런) 패스큐 (러프, 헤비러프) 벤트그래스 (티잉구역) 벤트그래스 T-1 (그린)
벙커	베트남 백사 (89개/27홀)
티오프 간격	9분
캐디, 카트	4백 1캐디, 승용전동카트(5인승)

인지 공원처럼 정돈된 조경이 명문의 조건인 듯 인식되어 왔다. 수려한 소나무 관목들과 수석처럼 다듬어진 바위들, 깔끔한 꽃밭과 연못 정원들이 우리나라 골퍼들이 흔히 보아온 골프장 풍경이다.

휘슬링락의 조경은 그들과는 관점이 다르되, 한국 자연의 아름다움을 온전히 품어내려는 미학적 시도를 가득 품은 작품이다. 골프장이 한국적인 아름다움을 꼭 추구할 필요는 없겠지만 한국 산중의 자연스러운 아름다움을 고스란히 표현하는 것은 효율적이고 옳아 보인다.

그런데 그 아름다움이 외국 아티스트의 눈에 발견되고 그 손을 빌어 빚어진 까닭인지 어딘가 이국적인 풍치로 보이기도 한다.

한국 산중 본연의 '자연스러운 무질서'를 치밀하게 조성한 위에 13개의 나무다리와 7개의 돌다리 등 낭만적인 인공물들을 조성하여 인간을 잇는다. '로맨틱 브릿지'라는 석교와 '출렁다리' 같은 목교 들은 원래 그곳에 있었던 자연물 같다.

코스의 전략성

에릭 아이버슨의 업그레이드

휘슬링락CC는 '은둔의 클럽'인 한편, 야심 넘치는 골프장이다. 세계 최정상급 골프 코스들에 견줄 수 있게 거듭나기 위해서 2014년부터 2년 동안 재평가를 거친 뒤, 2016년 봄에 과감한 리노베이션 작업을 진행했다.

개선 작업을 맡은 에릭 아이버슨(미국, 르네상스골프디자인)은, 골프 게임에서 수행되는 각 홀의 전략적 가치를 다시 분석하고 골퍼가 각 홀에서 다양한 방법으로 공략할 수 있는 '전략성'을

높였다. 27홀 3개 코스(코쿤 3,519야드, 템플 3,559야드, 클라우드 3,646야드) 중 템플코스와 코쿤코스의 15개 홀들을 수정했다 한다.

나는 원 설계자 테드 로빈슨 주니어의 본디 설계 의도에 공감하지만, 에릭 아이버슨이 리노베이션한 뒤의 코스에 더욱 공감한다.

특히 템플코스 마지막 두 홀에는 내공을 많이 쏟아 부은 것으로 보인다. 본디 8번이 파3 홀, 9번이 파4 홀이었는데 파 로테이션을 바꾸어 마지막 홀을 클럽하우스를 마주보며 연못을 넘겨 치는 파3로 변경했다. 승부의 극적 변수와 시각의 기억성을 끌어올린 것이다.

마지막 파3 홀 티잉 구역에 서면, 클럽하우스가 전체 코스를 연주하는 피아노 건반 같아 보인다. 비정형 격자 창문의 음계 같은 문양에서 무슨 음악인가 연주되는 듯한 느낌이 든다.

코스와 홀들의 독특함

한국의 산과 계곡을 넘나드는 코스의 루트는 익숙해 보이지만, 자연의 요소들을 끌어들여 길을 막고 트는 방법은 개성적이다. 15개의 호수와 7개의 폭포를 잇는 물길이 코스 곳곳을 돌면서 저

코쿤코스 4번 파4 홀

마다 다른 도전과 핸디캡을 만들어 낸다.

그 장애 요소들은 자연 그대로인 것처럼 생생하고 위태롭다. 길목 요소요소의 벙커는 큰 비바람이나 벼락을 맞아 허물어진 듯이 깊고 험한 부정형이며, 패스큐 러프는 거칠고 러프와 페어웨이의 경계는 선명하다. 이 장애물들을 극복하고 그린 위의 컵에 이르기 위한 전략 경로는 한 홀에서도 여러 길로 나뉜다. 다양한 도전을 할 수 있는 '샷 옵션'이 풍부한 홀들이 많은 것이다.

미학과 전략성의 조화

코쿤코스 4번 홀 - 원 온 도전과 레이업 전략

코쿤코스 4번 홀은 352야드(레귤러 티 276야드)로 짧은데다 내리막이라 장타자는 한 번에 그린에 도전할 수 있다. 코스 관리팀은 이따금 플레이의 재미를 높이기 위해 레귤러티를 250야드 정도로 짧게 셋업하기도 한다. 내리막을 감안할 때 티샷 비거리를 약 230야드 정도 보내면 그린에 직접 올릴 수 있는 것이다. 물론 그린 앞의 커다란 호수를 넘어야 한다.

'원 온' 도전과 전략적 우회 사이에서 선택하는 매력이 있는 홀인데. 아이언 티샷으로 호수 앞 페어웨이까지 보내고 숏 아이언으로 공략하는 방법, 호수 왼쪽 편 페어웨이로 티샷해서 웨지 샷으로 승부하는 방법 등의 여러 공략 옵션이 있다.

이 홀 그린 오른편을 은빛의 커다란 바위가 감싸고 있다. 바람이 스치면 휘파람 소리를 내는 바위는 7번 홀에 있다는데 이 바위는 바람이 불지 않아도 노래하고 있는 것 같다. 플레이의 전략성과 심미감, 기억성을 뛰어넘은 영감을 부르는...... 휘슬링락의 시그니처 홀이다.

코쿤코스 2번 파5 홀 - 벙커와 호수, 산의 자연미

이 홀이, 이 골프장 조성에 참여한 아티스트들의 골프 세계관을 골고루 보여준다고 여긴다.

플레이 면에서 보면 티샷부터 세컨샷, 어프로치 샷에서 방향과 거리, 샷의 기술을 다르게 선택해야 한다. 길고 정확하게 쳐서 두 번 만에 그린에 올린다면 가장 효율적이겠지만 그런 능력을 가진 이는 드물고 확률은 낮으니, 누구에게나 정해진 답이 없는 주관식 시험문제다. 그린의 컵이 놓인 자리에서 역순으로 상상하며 공략해야 한다.

호수는 페어웨이 가운데까지 깊이 들어와 있으며 그 너머 언덕의 벙커는 금방 허물어진 듯 위협적이다. 비단결 페어웨이와 경계가 선명하게 나뉜 러프는 거칠고 깊다. 수초와 연꽃이 일렁이는 호수에 하늘이 담겨있고 나무 한 그루 없이 광막한 그린 너머에는 원시림의 산들이 겹능선을 이루며 멀리 달려가고 있다.

어디로 모험을 떠나려는 마음을 포착한 아름다움이다. '휘슬링락' 하면 나는 이 홀이 떠오른다.

템플코스 9번 파3 홀 - '입체 예술'

처음에는 파4 홀이었던 것을, 2016년 리노베이션 때 8번 홀과 파 로테이션을 바꾸어 파3 홀이 되었다. 자칫 평범해 보일 수 있던 마지막 홀이었는데, 극적인 승부 변수와 시각적 스캔들, 그리고 그린으로 건너가는 특별한 체험 등으로 입체적 개성이 넘치는 모습이 되었다.

이 홀 티잉 구역에 서면, 기나긴 가로형의 클럽하우스에 비정형 세로무늬 격자형 창틀이 마치 교향곡의 음표처럼 연주되고 있는 듯하다. 아마도 무한을 의미하는 가로형으로 자연을 담아서 피아노 건반처럼 코스를 연주하는 시각 이미지를 그려낸 설계 의도 아닐까 상상한다.

마지막에 파3 홀을 배치함으로써 챔피언십 코스의 표정이 역동적으로 살아났다. 그린과 그 주변 벙커 등의 조형이 자연스럽고 인상적이며, 그린 앞 연못을 건너가는 흔들다리도 라운드 체험을 입체적 4D 감각으로 마무리하는 선택이라 느낀다.

이렇게 창의적 디테일 변주를 우리나라 대기업그룹 골프장에서 보게 된 것이다.

템플코스 3번 홀. - 영웅적 시야

전체 코스의 가장 높은 지점에 티잉 구역이 설치되어 있으며, 20미터 아래 넓은 페어웨이로 티샷하는 홀이다. 티샷 할 때 페어웨이 전체가 드넓게 눈에 들어오고 그린이 가까워 보여서 단번에 도달할 것 같은 느낌이 들지만, 실제로는 462야드(레귤러티 395야드)의 긴 홀이다.

넓어 보이는 페어웨이 왼쪽의 참나무 숲과 오른 쪽의 건천 수로는 랜딩존 부근에서 급격히 파고 들어와 페어웨이를 개미허리처럼 좁힌다. 페어웨이 오른쪽으로 티샷해야 그린을 공략하기 좋지만 그 방향에는 건천이 있다. 한국의 산중코스에서 익숙하게 본 듯한 모습의 홀이지만 오른쪽 수로 부근의 벙커와 덤불, 돌쩌귀 모양들에서 이 코스의 남다른 조경 미학이 엿보인다. 방치해 놔둔 것 같은데 누추하지 않고 하나하나 살아있다.

건천의 섬세함을 감상할 필요 없이, 그냥 영웅적인 시야의 풍광만 즐겨도 좋을 것이다.

템플코스 9번 파3 홀 그린 부근(위). 템플코스 3번 파4 홀(아래)

자연을 닮으려 한 그린과 벙커

이 코스의 그린은 대부분 언듈레이션이 풍부하고 한쪽으로는 솟아오른 모양이지만, 어프로치의 문이 열린 방향으로는 그린과 에이프런의 높이 차와 경사가 크지 않고 완만하다. 그린에 미치지 못한 공을 퍼터로 굴리는 선택도 가능한 곳이 많다.

벙커는 금방 바람에 허물어진 듯, 마치 관리하지 않은 듯 부정형이다. 이런 것을 내추럴 벙커 또는 Ragged Bunker라 부른다는데, 뭐라 부르든 자연미 넘치는 모습이다.

코스 디자이너들은 원래의 자연보다 더 아름답고 자연스러운 모습을 재창조하기를 꿈꾼다 한다. 그런데 아름답게 꾸미려거나 변별성을 인위적으로 높이려다가 필요 없는 기교를 부리게 되는 경우도 많을 것이다. 그런 기교는 플레이의 선택 다양성을 줄여 오히려 창의적인 플레이를 제한한다.

그런 것들과 구별되는 자연스러움을 휘슬링락 코스에서 본다.

클라우드코스 - 친근한 한국의 산중

클라우드코스 9홀 중 다섯 홀은 야트막한 산 너머에 있다. 1번 홀을 플레이 하고 카트 터널을 지나 2번에서 6번 홀까지 플레이 한 뒤 돌아와 클럽하우스 앞 9번으로 귀환하는 배치이다.

클라우드코스는 2016년의 리노베이션 대상에

코쿤코스 8번 파3 홀

클라우드코스 4번 홀과 티하우스

서 제외되었다. 코쿤코스와 템플코스가 최신 자연주의 조경 트렌드를 반영하고 있다면 클라우
드코스는 한국의 전형적인 고급 마운틴코스들 느낌이 상대적으로 두드러진다.

예술, 인문의 향기

'The Ball'

휘슬링락 코스에는 9개의 다른 빛깔 구체(The Ball)들이 곳곳에
설치되어 있다. 돌이나 덤불, 숲에 놓인 이 '볼'들을 이 클럽에서
는 '또 다른 휘슬링락'이라 부른다.

'볼'들은 둘러싼 풍경을 반사하며 자연의 변화하는 스펙트럼을
담아내며 빛난다. 이것들은 골프 라운드의 여정이 삶의 여정과
평행하다는 우주관을 담은 것이라 한다. 무지개 색을 따온 7개의

구체는 우리가 살고 있는 현생(現生)을 뜻하며, 금색과 은색의 볼은 인간이 죽어서 만나는 다른 생을 의미한다. 현생의 일곱 색 구체는 코스의 주요 구역인 '이승' 지역에 있으며 터널을 지난 '저승' 지역의 협곡에는 금색과 은색의 금속 색상의 '볼'이 있다.

라운드 중에 문득 돌아보면 이 볼들이 나를 지켜보고 있다.

거울 같은 구체가 모든 것을 비추고 있는데 나는 너무 작아 보이지 않는다.

둥지, 사원, 구름...... 작품 같은 티하우스

코쿤(Cocoon), 템플(Temple), 클라우드(Cloud)라는 코스 이름은 각 코스의 티하우스 모티프를 가져온 것이라 한다. 각 코스 이름이 티 하우스의 이름이며 콘셉트이다. 세 곳의 티하우스는 조형 자체로 독특하고 건물 내부에서 조망하는 코스의 모습이 창의적인 작품이다. 내부에서 코스를 보면 그 이름에 맞는 느낌이 온다. 이를테면 코쿤에서는 둥지 속 같은 아늑함, 템플에서는 깊은 산속 기도처에 온 느낌, 클라우드에서는 구름 위에 있는 듯한 기분을 느낄 수도 있다. 사람마다 느낌이 다를 것이다.

휘슬링락 라운드에 인문적 서사를 깃들이는 모티프들이라 여긴다. 둥지, 사원, 구름으로 향하는 길을 노닐고 모험해 보라는.

클럽하우스

클럽하우스는 숲속 박물관 같은 모습이다. 궁전의 전시관 같은 규모를 갖추면서도 이 주변 낮은 산들의 능선과 맞서지 않으려는 조형이다. 140미터 길이의 가로 직선형 간결한 디자인의 건물이다. 네델란드 출신 프랜신 후벤(Francine Houben)이라는 여자 건축가가 클럽하우스와 티하우스들을 설계했다. 뉴욕, 로테르담, 스페인, 영국, 중국 등에 여러 작품을 남긴 아티스트로 네덜란드 포스트모더니즘 건축을 이끌고 있는 건축그룹 메카누(Meacnoo)의 수장이다.

이 건물 내외부에는 기타가와 히로토(Hiroto Kitagawa), 헨리 후(Henry Hu), 자비에 베이앙(Xabier Veilan), 로버트 인디애나(Robert Indiana) 등 예술가들의 조형작품이 전시되어 있다.

이 클럽 회원들은 '매스클루시버티(Massclusivity)'라 이름 붙은 최고급 서비스를 받는다. 회원들마다 각자의 이름을 새긴 전용 수저가 제공되는 등 한 명 한 명을 '맞춤식'으로 섬긴다 한다. 이 골프장의 모기업(태광그룹)이 운영하는 와인 수입 회사의 모든 종류 와인 3만여 병을 보관한다는 와인저장소가 있다. 1만 병의 와인을 맛볼 수 있는 테이스팅룸에서 소믈리에의 서비스를 받을 수도 있다.

클럽하우스 로비 Hiroto Kitagawa 작품

음악이 들리는 까닭

이 골프장 글을 쓰며 여러 의견을 들었다. 코스 설계가, 건축가, 남녀 프로골퍼, 이 골프장의 회원, 골프장 전문가 들에게 이 골프장에 대해 물었다.

잔디 전문가는 켄터키블루그래스 페어웨이를 우리나라 내륙지방에서 잘 관리하는 모범 사례라 했고, 프로골퍼들은 공략 루트에 대해서 주로 이야기했다. 매우 재미있는 코스라 했다.

클럽하우스가 좋다고, '럭셔리함'을 칭송하는 이도 없지 않았다.

클라우드코스 9번 파4 홀(위), 클럽하우스 로비(아래)

설계가들의 이야기는 전문적이고 섬세했다. 이 코스를 리노베이션한 에릭 아이버슨은 지금 전 세계에서 가장 빛나는 설계가 중 하나인 톰 도악(Tom Doak)의 주요한 동료 아티스트라는 것이다. 톰 도악은 클래식 골프 코스의 부흥을 도모하며 르네상스 골프 디자인을 이끌고 있다 한다. 설계자들은 이 코스에 구현한 새로운 시도들에 대해 흥미를 보이며 반가워했다. 벙커와 그린의 스타일에 대해서 좋은 이야기를 많이 했다. 특히 템플코스 마지막 파3 홀을 높이 쳤다.
국내 코스에 대해 우리나라 설계가들의 공감 어린 호평 듣는 것이 흥미로웠다.

가만히 살펴보면 이 골프장의 입지는 이 근처 다른 골프장들과 크게 다른 것 같지 않다. 아름다운 풍광이지만 특별히 더 영감 넘치는 터였는지는 알 수 없다.
그런데도 이 코스에서 가슴이 젖고 음악이 들리는 듯한 홀들을 만나는 것에는 무엇인가 까닭이 있을 것이다.

휘파람 부는 바위로는 설명되지 않는 무언가 있다.

사진은 휘슬링락컨트리클럽에서 제공한 것을 주로 사용했으며, 글쓴이가 찍은 것도 썼습니다.

NAM CHUN CHEON COUNTRY CLUB

한국 산중의 '진짜 변별력' 코스 – **남춘천 컨트리클럽**

남춘천 컨트리클럽
한국 산중의 '진짜 변별력' 코스

'춘천' 하면 짙푸른 북한강과 억새 우는 호수가 생각나던 때가 있었다.

강변을 달리던 경춘선 기차에서 나누던 간지러운 속삭임들도 귀에 아련하다.

요즘 골퍼들은 '춘천' 하면, 깊은 산중 골프장의 녹색 잔디가 겹쳐 떠오를지도 모르겠다.

춘천에도 춘천 가는 길에도, 빼어난 골프장들이 많다.

"제가 설계한 것 중에서 가장 샷 밸류와 난도가 높고 아름다운 산중 코스일 겁니다."

2011년 이 골프장이 문을 열 때 설계자 송호 씨는 이렇게 말했다.
남춘천 컨트리클럽은 그의 열정과 상상력이 빛나던 장년기 초반의 야심작이다. '송호'는 우리나라에서 가장 많은 골프 코스를 설계한 아티스트다. 그는 남촌CC, 거제드비치GC, 더스타휴, 엘리시안제주CC, 웰링턴CC(그리핀-피닉스코스) 등, 코스의 용도와 목적에 따라 다양한 개성을 살려낸 작품들을 빚어냈다. 개장 당시 이 골프장의 회원 모집 TV 광고가 몹시 어색했던 탓에 나는 관심을 두지 않았었는데, 2012년에 우연히 라운드해 보고 재평가했다.
군더더기 없이 장쾌하고 흥미진진한 코스였던 것이다. '송호라는 설계자가 마음먹고 자기 설계 세계관을 펼쳐낸 코스로구나' 생각했다.

되살아난 야심작

"골프 코스는 첫째 아름다워야 하고, 둘째 재미있어야 합니다. 셋째 샷 밸류가 적절하게 설정되어 있어야 하고, 넷째 18개 홀이 다른 개성으로 빛나야 좋은 코스라 할 수 있어요. 남춘천CC는 그런 저의 생각을 온전히 담은 작품입니다."

한국을 대표하는 코스 디자이너가 장년기의 야심을 쏟아 부은 작품

송호 씨는 이 코스에 대한 자부심이 큰 듯했다. 27홀 설계가 가능한 자리였지만 그는 당시의 사업주를 설득하여 18홀을 앉혔다. 코스 전체 길이를 넉넉하게(7,450야드) 확보하고 홀마다의 독립성과 역할을 부여했다. 그리고 샷 밸류와 난도를 한껏 높여 설계했다. 당시의 그는 '변별력 높은 코스'를 설계하려는 장년의 야심이 빛나던 때였다. 정상급 프로선수들도 이 코스의 예민함에 혀를 내둘렀다.

그러나 이곳은 한동안 잊히고 저평가되어왔다. 고급 회원제 클럽으로 시작했지만 회원권 시장의 냉각기와 겹친 골프장 불황기를 극복하지 못한 채 보증금 반환 시점을 맞으며 어려움을 겪었다. 당연히 코스 관리 품질도 낮아졌다. 그러다가 2018년 기업회생절차를 거쳐 퍼블릭 골프장으로 전환하였고, 도시개발 전문회사이며 호텔, 레저 사업을 전개하는 MDI레저개발이 2019년에 인수하였다. 그 뒤 경영환경이 안정되며 남춘천CC는 처음의 빛깔을 빠르게 찾아가고 있다.

MDI는 제주에서 5성급 '전통호텔'을 운영하는 등 개성 있는 사업을 전개해왔는데, 싱글 디지트 핸디캐퍼 수준의 골퍼인 윤일정 회장이 이 골프장의 독특한 개성에 매료되어 인수하게 되었다 한다. 경영자의 눈높이가 상승하자 골프 코스의 관리 수준은 극적으로 개선되었다.

50일이 넘는 기나긴 장마 끝의 폭우가 밤새 쏟아 붓고 간 어느 날 아침, 이 코스를 다시 라운드 했다. 큰 비가 내렸는데도 코스는 대체로 보송보송 양호했고, 언제 어려움을 겪었나 싶게 말끔 했다. 퍼붓는 비에 벙커 일부의 모래가 조금 유실된 듯했는데 몇 주 뒤의 늦여름 어느 날 다시 가 보니 모래도 풍부하게 보충되고 말끔히 정돈돼 있었다. 중지 품종의 페어웨이 잔디는 촘촘하고 건강해 보였다.

설계자가 본디 의도한 '고난도 토너먼트급 코스'의 가치가 되살아난 모습이었다.

골프장 명칭	남춘천 컨트리클럽 Nam Chun Cheon Country Club
골프장 한 줄 설명	송호 설계의 '진짜박이 변별력' 코스
개장 연도	2011년
규모, 제원	18홀 파 72 최대길이 7,451야드(6,813미터)
클럽 구분	대중제 퍼블릭
위치	강원도 춘천시 신동면 오봉길 156
설계	송호
소유 회사	㈜MDI레저개발
잔디 종류	중지(페어웨이) 중지, 야지(러프, 헤비러프) 벤트그래스 (그린) 켄터키블루그래스(티잉구역, 에이프런)
벙커	58개 (주문진 규사)
티오프 간격	7분
캐디, 카트	팀당 1캐디, 5인승 승용카트

골프의 본능 - 사냥터 같은 박진감

골프는 사냥의 본능을 되살린 스포츠다. 활 쏘고 창을 던져 짐승을 잡던 수렵 유전자는 골프채를 잡으면 되살아난다.

골프 코스는 사냥터이며 사냥감 자체이기도 하다. 들짐승처럼 달아나지 않지만 숲과 물과 모래구덩이들로 길을 막고 묵묵히 저항한다. 바람을 불러 날짐승처럼 화살(공)의 방향을 비틀고 피한다. 착시와 불안을 일으켜 조화를 부리기도 한다. 산책하듯 골프하거나 토끼 사냥처럼 온순한 골프를 좋아하는 이들이 세상에 흔하지만, 맹수 사냥터처럼 박진감 있는 코스에 매료되는 '고수'들이 골프 세상의 상류사회를 지배한다.

수렵시대 인간이 사냥할 때 빨리 달리는 힘을 가져야 했던 것처럼, 골프에서는 티샷을 원하는 곳에 멀리 보내는 '신체 능력'을 가진 이가 유리하다.

13번 파3 홀(챌린지코스 4번 / 위).빅토리코스 2번 홀에서 바라본 5번 홀(아래)

활 잘 쏘는 기술처럼 핀을 향해 정확히 쏘아 맞히는 '기술 능력'이 필요하며, 사냥감이 다니는 길목을 찾아내는 두뇌가 필요했던 것처럼, 골프에서는 그린을 읽고 볼을 굴리는 '공간 지각 능력'과 이 능력들을 조화시키는 '지적 상상력'이 발휘된다.

사려 깊은 골프 코스는 이런 여러 능력들을 골고루 시험하고 변별한다.

골프 코스의 '진짜박이' 변별력

난이도 - 어려운 코스를 높이 평가하는 까닭

쉬운 코스는 잘 치는 이와 못 치는 이의 실력 차이를 가려낼 변별성을 갖지 못한다. 골프 코스를 평가하는 전문 기관들의 평가 항목에서 난도(Resistance to Score)를 중요하게 치는 이유가 그것이다. '토끼 사냥터'인 듯 쉬운 코스는 아예 평가 대상에 오르지 못한다. 적어도 '큰 짐승 사냥터'급은 되어야 골퍼의 능력을 시험할 기본 여건을 갖추었다 보는 것이다.

설계가 송호 씨는 남춘천CC의 난이도에 대해 이렇게 말한다.

"프로선수들은 남춘천을 어려운 코스라고 느낍니다. 메이저급 프로 토너먼트 세팅도 가능하죠. 반면에 초급자들에게는 오히려 그다지 어렵지 않습니다. 80대 중반 또는 그 이하로 치는 분들은 칠수록 재미를 느낄 겁니다. 누구든 여기서 치다 보면 실력이 향상될 것이라 장담합니다."

샷 밸류(Shot value) - 똑바로 치기만 하면 되는 코스가 아니다.

그런 한편, 코스가 마냥 어렵기만 하면 잘 치는 이들만을 위한 경연장이 되고 재미도 없어진다. 이상적인 골프 코스란 프로골퍼나 고수들에게는 아주 까다로운 반면, 평범한 골퍼들에게는 성취와 좌절을 골고루 경험시키면서 쉽지도 어렵지도 않은 가운데, 플레이를 거듭할수록 새로 도전하고픈 재미를 느끼게 하는 것이다.

한 샷 한 샷마다 생각과 목표를 갖고 쳐야 하는 코스가 그런 곳이다.

"골프는 대체로 두 번 띄우고 두 번 굴려서 홀에 집어넣는 게임입니다. 티잉 구역에 서면 그 홀을 어떻게 공략할 것인지 전략을 세워야 하죠. 핀을 공략하기 가장 좋은 다음 샷 위치로 공을 보내야 유리합니다. 그런데 그 위치로 공이 가는 길에 벙커나 호수 등의 위험 요소가 있다면, 힘으

빅토리코스 7번 파5 홀

10번(챌린지코스 2번) 파4 홀

로 넘기거나 전략적으로 돌아가야 합니다. 만약에 위험을 무릅쓰고 장애물을 넘겨서 좋은 위치에 공을 보내는 데 성공했다면 이런 '잘 친 샷'에는 분명한 보상을 주어야 합니다. 그 위치에서 핀을 공략하기 쉬운 각도와 거리, 편안한 자세가 나오도록 배치하는 거죠. 반면에 장애물을 우회하는 전략을 선택했다면 가장 잘 친 샷보다는 못하지만 차선책의 길을 열어 줍니다. 잘 친 샷에는 버디 기회를 더 많이 열어두는 것이고, 안정적인 차선책을 선택한 골퍼에게는 버디는 어렵지만 파는 할 수는 있는 기회를 배려해 줍니다. 이렇듯 위험과 보상, 잘 친 샷과 덜 잘 친 샷의 가치 차이 개념을 '샷 밸류'라 합니다."

모든 코스의 샷 밸류가 높을 필요는 없지만 세계적 코스들은 모두 샷 밸류 높다고 그는 말한다.

"남춘천CC는 샷 밸류가 그 어느 곳과 비교해도 손색없을 만큼 높은 코스예요. 매 샷마다 스스로 선택해서 다음 샷 하기 좋은 위치로 공을 보내야 하고, 그 결과에 따라 보상과 위험이 주어지는 설정이 명확합니다."

그냥 똑바로 치기만 하면 되는 코스가 아니라는 이야기다.

변별력 - 긴장감 넘치는 '승부의 기운'

이 골프장은 춘천 금병산(652m)과 방아산(426m)을 잇는 해발 180미터에서 250미터 사이의 기슭에 있다. 오너스GC와 베어크리크춘천GC 등이 가까이 있지만 그 골프장들과는 개성이 사뭇 다르다.

정규 프로 토너먼트가 열릴 때 대회장 코스에 가면 팽팽한 승부의 긴장이 소름 돋듯 피부에 와 닿음을 느끼게 된다. 그런데 무슨 조화인지, 토너먼트가 열리지 않는 이 골프장에서도 그런 팽팽함이 감돌고 있음을 느낀다. 코스 배치의 결계(結界)가 빚어내는 느낌인가.

'송호'라는 설계가가 춘천 산중에 펼쳐놓은 '긴장감 넘치는 승부 코스'의 기운이라고 나는 생각한다.

오르막, 내리막, 긴 홀, 짧은 홀, 도그렉 홀 등이 번갈아 배치되어 긴장을 점증시키며, 페어웨이는 티샷을 마음껏 할 수 있을 만큼 충분히 넓지만, 그린으로 접근할수록 좁은 과녁에 화살을 꽂아 넣듯 공략하라고 이 코스는 요구한다. 장타와 정교함(Far & Sure), 그린에서 볼을 세우고 굴리는 기술력과 상상력까지 집요하게 주문한다. 한마디로 표현하자면 변별력이 높다는 것이다.

이곳은 그동안 단 한 번도 제대로 평가받을 기회를 갖지 못했다. 지금이라도 남자 프로 대회가 (이벤트성 매치라도) 열린다면 가치와 개성이 선명히 드러나지 않을까 싶다.

"생각하며 쳐야 한다"

그렇다고 까탈스럽기만 하지는 않다. 자기 실력에 맞게 공략하면 뜻밖에 좋은 결과가 나온다. '생각하며 쳐야 하는 코스'라고 설계가는 말한다. 위험과 기회가 공존하는 유혹은 치명적이지만 욕심을 버리면 피해갈 수 있도록 배치되어 있다.

살펴보면 그린 주변의 벙커는 크고 위협적이지만 모두 한쪽에만 있다. 티잉 구역에서 보면 목표 지점의 변화가 많아 심리적으로 위축될 수도 있는 홀들이 더러 있지만, 페어웨이는 티샷을 마음껏 할 수 있을 만큼 충분히 넓다. 다만 페어웨이의 왼쪽과 오른쪽 방향을 선택함에 따라 다음 샷의 선택 범위와 전략이 선명히 달라진다.

자신의 능력과 플레이 스타일을 고려하면서 '노릴 때 노리고 돌아갈 때 돌아가는 현명함'이 있으면 좋은 결과를 낼 수 있다는 것이다.

그런 한편, 그린 공략에서 너무 안전한 선택은 오히려 위험하다. 착시가 거의 없이 '보이는 대로 구르는 정직한 그린'이지만, 몇 개의 단으로 나뉜 입체적 굴곡이 역동적이라 너무 피해가다 보면 쓰리퍼트 이상의 결과가 나오기 쉽다.

이만큼 공간 지각력과 상상력을 끌어올려서 플레이 해야 하는 그린 컴플렉스(그린과 그 주변 공간)는 국내에 매우 드물다.

모두 다른 18개 홀, 정직한 '기능 미학'

골프 코스는 18개의 홀을 통해 골퍼의 능력을 측정하여 점수를 매겨준다. 저마다 다른 상황에서 14개의 모든 클럽을 골고루 사용하여 다른 샷을 하도록 안배된 것을 좋은 코스의 기본 조건으로 간주한다.

또한 골프장은 자연 속을 거니는 가슴 설레는 소풍 길이기도 하기에 18개 홀 모두에서 다른 풍경을 만나고 다른 기억을 새겨 돌아가게 하는 것을 좋은 코스의 조건으로 본다.

다양성, 기억성, 심미성이라는 항목으로 평가하는 것이다.

세계의 골프장 설계자들은 "자연의 흐름을 해치지 말아야 한다"는 것을 골프장 조성의 원칙으로 내세우며 자연미를 살려내는 미학적 설계와 조형을 코스 심미성의 기본으로 본다.

반면에 한국의 산중에서 자연을 보존하며 골프장을 조성하기는 쉽지 않다. 그러다 보니 자연미를 살린답시고 산을 깎아낸 자리에 잘생긴 나무를 심는 일본식 정원 조경 시늉을 내는 곳이 적지 않다.

그렇게 해서 자연의 흐름이 살아나면 좋겠지만. 오히려 부자연스러운 곳이 많다.

코스 자체의 기능적 조형만으로도 이 골프장 18개 홀은 저마다의 개성을 드러낸다. 페어웨이와 러프 등 플레이 공간을 자연의 흐름을 따라 배치하고, 벙커와 호수, 수풀과 실개천 등의 기능적 요소들이 생태 보존과 조경 역할을 하며, 먼 산 봉우리를 마주하고 앞산과 뒷산의 단풍과 상록수림을 플레이어의 시각에 끌어들이는 설계 자체로 조경을 마감한 것이다.

선이 굵고 정직한 '기능 미학'이다.

코스 곳곳에 중생대 공룡처럼 솟아오른 커다란 바위들이 푸른 잔디와 선명한 대비를 이루며 남성적인 매력을 발산하고 있었는데, 바위틈에 잡풀과 잡목이 자라나면서, 화강암반 특유의 강렬한 모습이 묻혀 버린 것은 아쉽다. 골프장 경영이 어려움을 겪던 기간에 관리의 손길이 미

치지 못했던 듯하다. 신화 속 석상(石像)같은 얼굴이 드러나도록 시간을 두고 정발(整髮)하기를 기대한다.

인상적인 홀들

남춘천CC 코스는 비교적 편안한 빅토리코스 9홀과 까다롭고 모험적인 샷을 요구하는 챌린지코스 9홀로 나뉜다. 챌린지코스가 빅토리코스보다 4~5타 쯤 점수가 더 나올 만큼 예민하므로 빅토리코스에서 이 코스를 이해하고 적응하기 시작해서 챌린지코스에서 도전하는 것이 설계자가 의도한 자연스러운 순서로 보인다.

산중 지형에 조성되었으나 내리막 티샷을 하는 곳이 많고 오르막 홀은 최소화 하였으며 가파른 경사는 카트도로에 배분해서 체력적인 부담을 줄였다.
이 코스에서 특정 홀만 떼어 말하면 단편적인 설명이 되기 쉽다. 홀별 난이도의 강중약 리듬, 파

빅토리코스 2번 파4 홀

(Par) 배열, 샷 밸류가 높고 낮은 홀들의 조합, 승부 구간의 극적 구조 등이 긴밀한 완결 구조로 결합되어 있기 때문이다. 전체 흐름으로 보아야 하는 코스이지만 앞에서 전반적인 특성을 이야기한 바 있기에, 골퍼가 기억하기 쉽고 플레이에서 변곡점이 될 만한 몇 개 홀을 골라 살펴본다.

2번 파4 홀의 차경 미학

이 홀은 특별한 조경 요소와 장식이 보이지 않는데 곱다. 내리막 362미터(레귤러 티 335미터)의 직선형 쉬운 홀이다. 맞은편에서 그린을 감싸 안고 있는 구릉들의 모습이 평범하고 티잉 구역에서 내려다보는 페어웨이는 광장 정원처럼 곧고 넓다. 오른편의 연못은 관개용수 확보를 위해 기능적으로 파 놓은 듯 무표정하다. 그런데 페어웨이의 장(長)과 폭(幅)이 연못과 이루는 비례, 산에 둘러싸인 구도 등이 알 수 없이 포근한 느낌을 준다. 특별히 예뻐 보이려는 것 같지 않은데 눈이 편안해지는 홀이다.

전형적인 차경(差境, 주위의 풍경을 경관을 구성하는 재료로 활용) 기법을 쓴 이 홀이 송호 씨

의 코스설계 미학을 드러내 준다고 생각한다. 절묘하게 아름답지 않아서 오히려 은근히 곱다. 스스로 예쁘기보다는 사람이 섰을 때 배경이 되어주는 홀이다. 티잉 구역에서 사진을 찍으면 액자에 담은 듯이 나온다.

티샷 방향을 선택해야 하는 4번과 5번 홀
4번 홀과 5번 파5 홀은 잘 친 디샷에 분명한 보상 이득을 준다. 4번 홀은 왼쪽으로 휘어지는 345 미터 짧은 내리막(레귤러 티 314미터) 홀이라 왼쪽 숲을 넘겨 치면 장타자는 그린 주변까지 티샷을 보낼 수 있다. 반면에 그린 주변에서 연못과 카트도로 등이 변수로 작용한다. 티잉 구역을 어디에 세팅하느냐에 따라 공략법이 달라지는 홀이다.

5번 홀은 계곡 너머 왼쪽으로 사선 방향의 페어웨이가 있는 오르막 파5 홀이다. 잘 친 샷에 보상을 주는 샷 밸류 높은 설계 기교가 잘 드러난 홀이다. 티샷 비거리가 짧은 이들은 계곡 너머 캐리 벙커 오른 쪽으로, 장타자들은 벙커 왼쪽으로 공략한다. 맞은편 바위는 개장 초기에 생생한 모습을 드러내고 있었는데 잡풀과 나무들이 뒤덮어 영험한 매력을 감추고 있다. 제 얼굴을 드러내길 기대한다.

파3 홀들, 강렬한 인상의 벙커

6번 파3 홀은 사막 같은 벙커가 인상적이다. 높은 위치의 티잉 구역에서 내려보는 강렬한 부정형의 벙커가 탄성을 자아내는 한편 부담을 주기도 하는데, 맞은편 산이 아늑하게 그린을 품은 모습이라 입체적 다면성이 느껴지는 홀이다. 이 홀의 물결치는 듯한 벙커의 모습은 저절로 기억하게 된다. (13번 파3 홀 또한 벙커의 인상이 강렬하다.)

보기에는 위협적이지만 그린 왼쪽 면을 향해 안전하게 티샷 하면 어렵지 않다. 골프장 입장에서 보면 내리막 파3 홀들은 높은 곳에서 공이 낙하하므로 그린이 손상되기 쉬우며, 커다란 벙커는 시각적으로 아름다운 반면 손이 많이 가기 마련이다. 이런 부담을 안고 심미성과 플레이 만족도를 높인 홀이다.

다만, 이제 퍼블릭 코스로 전환하였으니 벙커의 일부분은 비관리형 웨이스트 벙커 지역으로 변경하는 게 자연스럽지 않을까 싶다. (눈으로 보아 풀이 자라는 모래지역은 웨이스트 벙커이므로 관리하지 않으며 골프채가 바닥에 닿아도 벌타가 주어지지 않는다.)

10번 파5 홀, 구름 위의 모험

이 골프장은 전반과 후반을 구분하여 코스를 배정하지는 않으나 10번 홀부터 시작하는 챌린지 코스는 토너먼트형 코스의 후반 특성을 극명하게 보여준다.

10번 파5 홀은 세 번의 샷 모두 정타로 쳐야 레귤러 온이 가능할 만큼 까다롭다. 프로 선수들은 파5 홀에서 버디 이상 스코어의 기회를 잡아야 한다고 생각하는데 이 홀에서는 쉽지 않을 듯하다. 지그재그 형 페어웨이가 마치 마법의 양탄자를 타고 구름 위를 비행하는 모험 길 같다. 한 샷 한 샷마다 목표지점을 정확하게 겨냥해서 쳐야 하며, 미스샷이 나오면 절대 무리하지 말고 안전한 곳에 레이업 한 뒤 다음 샷으로 만회해야 한다.

어드벤처 입체 영화를 보는 듯 짜릿한 홀이다. 남자 프로 정규 투어 대회가 이 코스에서 열린다면 정상급 프로 선수들이 이 홀을 어떻게 공략할지 궁금하고 기대된다.

17번 파3 홀, 은하수 위의 그린

가로 형으로 비스듬히 누운 그린이 계곡 너머에 은하처럼 떠 있다. 그린이 옆으로 긴 모양의 파

빅토리코스 6번 파3 홀(위), 10번 파5 홀 페어웨이(챌린지코스 1번 / 아래)

17번 파3 홀(챌린지코스 8번)

3 홀은 대개 짧기 마련인데, 이 홀은 203미터(레귤러 티 161미터)로 긴 편이라 짧은 아이언으로 공략하기 어렵다. 티잉 구역에서 보면 그린의 앞뒤 폭이 매우 좁게 보여서, 공을 높이 띄워서 떨어뜨려야 위에 세울 수 있을 것 같다. 위태로운 모습으로 도전욕을 자극하는 홀이다.

짧은 아이언을 잡을 수 있는 이가 유리할 것 같지만 숏게임 기량이 오히려 더 필요한 홀일 수 있다. 티샷의 온그린 확률이 상대적으로 높지 않기 때문이다.

그린 뒤 경사면에 진달래나 수국, 또는 야생화가 무리지어 피어있다면 더 관능적인 모습일 것이라 상상한다. (물론 그런 장식적 조경은 설계자가 이 코스에서 추구한 정공법의 기능 미학에는 맞지 않을 수도 있겠다.)

18번 파5 홀 남춘천을 터득하는 마무리

그린 위에 핀이 꽂힌 자리가 어디인가에 따라 티샷부터 어프로치 샷까지의 공략 목표가 달라지는 홀이다. 그린은 앞 핀과 뒷쪽 핀의 고도차가 심한 3단 구조인데다가 10시 방향으로 긴 타원

형이며, 그린 왼쪽 앞에는 깊은 가드벙커가 가로막고 있으므로 세컨샷은 그린 오른쪽 입구 방향으로 보내는 것이 유리하다. 그런데 오르막 562미터(레귤러 티 503미터)의 긴 파5 홀이라 세컨 샷으로 그린 가까이에 공을 보내기가 쉽지 않다. 더구나 세컨 샷 낙하지점 오른편은 낭떠러지다.(낭떠러지 앞에는 공을 잡아주는 세이빙 벙커가 놓여있다)

티샷부터 마지막 어프로치까지 정확한 선택을 해야 하며 그린 위에서도 한두 타 차이 승부가 뒤집힐 만한 변수가 있다. 오르막과 다단 구조 그린이 복합 작용하므로, 어프로치 샷의 거리감이 섬세하지 않으면 몇 단 차이의 어려운 퍼팅을 해야 할 수도 있다.
좌우로 두 번 휘어지며 굴곡진 바닥면으로 출렁이는 페어웨이를 오르막으로 등정한 뒤, 다시 3단 그린 위에서 승부해야 하므로, '남춘천의 종합편'이라 할 만하다.
그린 왼쪽 면의 웅대한 바위와 페어웨이를 따라 늘어선 벙커들이 조화를 이루며 다채로운 풍광과 난이도를 보여주는 홀이다. 난이도, 심미성, 샷 밸류, 기억성 등을 입체적으로 실감하게 된다.

정공법의 힘

남춘천CC는 무엇보다 코스 자체의 매력으로 살펴볼 만한 골프장이다.
춘천의 산중 지형을 그대로 이용해서 우직한 정공법으로 변별력 높은 코스를 빚어냈다.
인공 조경 기법으로 멋을 부리지 않고 코스의 라우팅(Routing)으로 매 홀마다 개성이 다른 이야기들을 만들어냈다.
몇 개 홀에서는 마치 스타워즈 영화의 스페이스 셔틀을 타고 목표를 공격하는 역동성을 느끼는가 하면 어느 홀에서는 협곡을 넘어 모험하는 기분을, 또 어느 곳에서는 구름 위를 걷는 듯한 환상을 느끼게 되기도 한다.

희귀한 조경수목을 심거나 눈에 띄는 조경 요소들을 도입하지 않았어도 코스 자체의 조형과 기능만으로 18개 홀이 저마다의 역할과 개성을 드러낸다. 역동적인 페어웨이와 러프, 조형미를 담당하는 벙커와 호수, 억새 수풀과 실개천의 돌쩌귀 등 기능 요소들, 앞산과 뒷산의 능선과 그림자가 역할을 다한다. 더 무엇이 필요하겠는가.
한국 산중지형을 깊이 이해하는 우리나라의 대표적 코스 디자이너가 자신의 설계 세계관을 정면 승부하듯 펼쳐놓은 진법(陣法) 같은 코스라 이해한다.

반면에 스스로의 가치를 평가 받을 기회가 없었던 골프장이기도 하다.
골프장은 문을 연 뒤 2년쯤 지나 관리 여건이 안정되면서 온전한 평가를 받기 시작하는 것인데, 남춘천CC는 시작이 화려했으나 문 열고 2년쯤 뒤에는 이미 소유 회사가 어려움을 겪기 시작했기에 평가 절하되고 말았던 듯하다.
그런 한편 골프장은 십년 이상 세월이 흐르면서 비로소 완성되어간다.
토목공사로 끊어졌던 자연의 흐름이 땅 속에서 저절로 이어지고 생채기 났던 피부에 새살이 돋으면서 전혀 다른 모습으로 변하기도 한다.

남춘천은 코스의 개성을 변함없이 지킬수록 가치가 높아지는 골프장이라 생각한다.
이제 안정된 경영 환경에서, 코스의 제 가치를 정공법으로 살려나가기 기대한다.

사진은 주로 남춘천컨트리클럽에서 제공한 것을 사용했으며 일부는 글쓴이가 찍은 것입니다.

SONO FELICE
COUNTRY CLUB VIVALDI PARK

'행복한 테마 장원'의 휴양 골프장 - **소노펠리체 컨트리클럽 비발디파크**

소노펠리체 컨트리클럽 비발디파크
'행복한 테마 장원'의 휴양 골프장

마지막 홀에서 나는 티샷 하기 싫었다.

티잉 구역을 떠나기 아쉬웠다.

오른편 낮고 너른 구릉에 야생화 밭이 끝없다. 노란 금계국과 루드베키아, 개망초 꽃들이 무리 지어 흔들린다.

비 그친 꽃밭 너머 흩어지는 구름 사이로, 먼 산 능선들이 겹치고 흘러간다.

그 위 하늘을 향해 들꽃길이 나 있다.

시간을 청춘으로 거슬러, 사랑하는 이와 이 길을 따라 걷고 싶다.

레저 전문 기업의 휴양형 골프장

골프장에 오는 손님을 위해 리조트를 짓기도 하고 리조트 개발 사업의 일부분으로 골프장이 조성되기도 한다. 이 골프장은 후자에 가깝다.

'나는 행복하다' 말하는 곳

강원도 홍천군에 대명소노그룹이 조성한 '소노펠리체 빌리지' 리조트 단지 안의 골프장이다. 홍천은 가로 길이가 95킬로미터로 전국에서 가장 넓은 행정구역이다. 동쪽으로 설악산 양양에 닿고 북쪽으로는 인제, 서남쪽으로는 경기도 양평에 접한다. 이곳은 양평에 가까운 두릉산 (595m) 북쪽 기슭이다.

굽이치는 홍천강과 기암절봉의 팔봉산을 끌어안은 자리에, 일찍이 스키장과 골프장을 비롯한 '비발디파크' 종합 레저타운이 개발되었다. 뒤 이어 그 바로 옆에, 더 고급 단지인 '소노펠리체 빌리지' 리조트가 조성되었다. 소노펠리체 컨트리클럽 비발디파크(이하 '소노펠리체CC')는 그 리조트에 속한 골프장으로 2013년에 문을 열었다.

'대명리조트'라는 이름으로 휴양 콘도미니엄 개발 사업을 펼쳐오던 대명레저산업이 이 '소노펠리체' 리조트를 계기로 '대명소노그룹'으로 이름을 바꾸었다.

소노펠리체(Sono Felice)를 '나는 행복하다'는 뜻의 이태리 말로 이해하는데, 이 회사 설명으로는 '꿈, 이상향'을 뜻하는 'SONO'와 '행복, 즐거움'을 말하는 'FELICE'를 합성한 브랜드 이름이라 한다. "꿈처럼 행복한 삶을 누리는 이상향"이라는 이야기다.

테마 정원 같은 골프장

리조트 안에 조성한 '휴양지형 골프 코스'는 무엇보다 '아름답고 평화로운 추억'을 만들어 주는 역할을 우선 하게 된다. 골프 코스는 리조트 숙소와 레크리에이션 시설에서 조망하는 조경 정원 몫을 하며, 단지의 산책로 역할도 나누어 맡게 되는 경우가 많다. 클럽하우스는 리조트 전체의 레스토랑이나 연회장, 전망 카페 기능을 맡기도 한다.

골프 코스로서의 기본 기능에 더하여, 추억을 만들어 주는 휴양 테마 정원 기능도 큰 것이다.

이 골프장은 대명소노그룹이 최고급 레저주택이라 자부하는 '소노펠리체 빌리지'에서 내려다

보는 자리에 있다. 리조트 건물들에서는 골프 코스가 평화로운 정원으로 보이고, 골프 코스에서는 리조트 건물들이 테마파크에 온 듯 이국적인 모습으로 보인다.

'휴양지 골프장'의 특징

휴양지 골프 코스는 일반적으로 '첫 홀을 쉽게 시작하고 마지막 홀은 기분 좋게 끝나도록' 설계된다. 첫 홀은 길지 않은 파5 홀이거나 쉬운 파4 홀로 시작하는 것이 일반적이며, 마지막 18번은 짧고 아름다운 파5 홀로 배치되는 경우가 많다. 휴양하러 왔으니 즐거운 추억을 만들고 편안한 기분으로 돌아가라는 뜻이겠다.

이 골프장 또한 쉽게 시작해서 편안하게 끝나도록 구성되어 있다. 에코코스에서 시작하여 힐링코스로 마무리하면 그 법칙에 잘 맞는다. (그런 한편, 코스의 세팅에 따라 토너먼트를 치를 수 있을 만큼 변별성을 높일 수 있는 규격과 조건을 두루 갖추고 있다. 인-아웃 코스의 순서만 바꿔도 느낌이 변하고 티잉 구역과 핀 위치만 조정해도 크게 다르다.)

골프장 명칭	소노펠리체 컨트리클럽 비발디파크 Sono Felice Country Club Vivaldi Park
클럽 한 줄 설명	산중 휴양지의 테마정원 형 골프장
개장 연도	2013년
규모, 제원	18홀 파 72 (에코코스, 힐링코스) 최대길이 7,235야드(6,616미터)
클럽 구분	대중제 퍼블릭
설계자	오렌지엔지니어링 (설계 책임자 / 이현강)
소유 회사 / 모기업	㈜소노호텔앤리조트 / 대명소노그룹
잔디 종류	중지(페어웨이) 켄터키블루그래스(티잉구역) 화인패스큐(러프) 벤트그래스 L-93(그린)
벙커	주문진 규사 (벙커개수 100개)
골프장 부대시설	골프연습장(300미터, 49타석)
리조트 시설	오너쉽리조트, 콘도, 수영장, 승마클럽, 스키장
티오프 간격	8분
캐디, 카트	팀당 1캐디, 5인승 승용카트

골프 코스 설계는 우리나라에서 가장 많은 골프장을 만든 오렌지엔지니어링에서 했다. 오렌지엔지니어링은 화산CC, 몽베르CC, 블루원상주, 힐드로사이CC 등 역사적인 코스들을 설계·시공한 전문회사로, 당시 설계부문 책임자이던 권동영 씨가 이 부지에서의 코스 기본 개념을 검토하고, 뒤이어 책임자가 된 이현강 씨가 주도하는 설계팀에서 재검토하여 설계 완성했다.

오렌지엔지니어링 설계, 리조트 형 시공

그 설계를 받아 대명소노그룹의 건설파트에서 직접 시공하였다. 휴양지 코스의 특성을 반영하여 오렌지엔지니어링의 설계도와는 다소 다르게 시공된 부분도 있는데, 주로 리조트 숙소에서

조망하는 경관을 미화하기 위한 현장 설계 조정이었다. 미관용 벙커를 키우거나 호수의 곡선을 조정하며, 산책로를 만들어 넣는 등의 수정이었다 한다.

종합 스포츠 레저 리조트를 개발할 때 산의 남쪽 면에는 골프장을 앉히고 북쪽 경사면에는 스키장을 만들기 마련이다. 스키장은 햇빛이 덜 들어야 눈이 더디게 녹고 골프장엔 일조량이 많아야 잔디 생육이 좋기 때문이다. 그런데 이곳의 경우 이미 비발디파크 스키장이 단지 내에 있기에 산의 한쪽 북서측 면에도 골프 코스를 들이게 되었다.

힐링코스는 산의 남동쪽, 에코코스는 산의 북서쪽 면에 조성한 것이다.

당시 대명소노그룹에서 시공 책임을 맡았던 한용수 씨의 말에 따르면, 남쪽으로 경사진(남사면) 힐링코스는 리조트에서 내려다보는 곳이므로 되도록 넓고 풍성한 가운데 장식적인 아름다움을 주려 노력했고, 북사면인 에코코스는 되도록 자연 지형을 보존하는 가운데 잔디 면적을 줄여 적은 일조량에도 관리가 쉽도록 조성했다고 한다.

힐링코스는 테마파크 정원 같은 골프장 느낌이고 에코코스는 다이내믹하고 아기자기한 까닭이 그것이겠다. 한용수 씨는 춘천CC(라데나CC), 클럽700(블루헤런), 하이원CC, 비발디파크

힐링코스 3번 홀 세컨샷 지점

CC 등의 건설 작업에 참여해온 골프장 시공 전문가로, 대명소노그룹의 일원이 되어 이 골프장 조성 작업을 총괄했다. 그는 "오렌지엔지니어링의 설계 의도를 충분히 반영하고, 휴양 리조트 안의 코스로서의 부가 기능을 부분적으로 결합시켰다"고 말한다.

현장 셰이퍼의 섬세함
골프 코스 시공 마무리 작업에서는 조형사(셰이퍼, Shaper) 역할이 크고 중요하다.
설계 도면에 따라 조성된 루트 위에 입체성을 부여하는 전문가인데, 설계도를 해석하여 직접 중장비를 운전하고 다니며 언듈레이션과 마운드 등의 조형을 마무리한다. 설계자의 의도에 맞추어 셰이핑(Shaping) 하는 것이지만 현장 작업에서 창의성이 발휘되기도 하고 섬세한 조형의 마감은 셰이퍼의 몫이다. 훌륭한 코스 디자인을 셰이퍼가 망칠 수도 있고 설계의 평범함을 셰이퍼의 역량으로 다소나마 보완하는 경우도 있다. 그래서 설계가들은 실력 있고 자기와 호흡이 맞는 셰이퍼와 일하기를 원한다. 능력 있는 조형사들은 세계를 돌아다니며 작업한다.

웃지 못할 이야기도 있다. 외국인 설계자의 이름을 내건 우리나라 골프장 가운데 셰이퍼를 설

계자로 둔갑시켜 내세운 곳도 있다는 것이다. 한국인이 설계했지만, 회원권 판매를 위해 외국인 셰이퍼를 설계자인 양 눈속임한 곳들이 여럿 있었다. 십수 년 전까지도 그랬다.

(조형 설계자를 설계자로 앞에 적은 곳들도 있다. 조형 설계는 기본 설계로 확정된 라우팅을 바탕으로 코스의 전략성을 세밀하게 구현하는 중요한 과정이다. 이 과정에서 배수 관수 등의 정밀한 내용이 정해지며 더러는 수목의 종류를 비롯한 조경까지 구체화되기도 한다. 설계에서 라우팅과 조형 설계를 나누기는 어렵지만, 기본 라우팅을 한 뒤 별도의 조형 설계자에게 의뢰하는 경우도 드물게 있다. 대개의 조형사는 실제 현장에서 중장비를 운전하며 작업한다. 조형사 가운데는 조형 설계 능력까지 갖춘 이들도 있다.)

이 코스의 조형 마무리 작업을 맡은 셰이퍼는 세계적으로 유명한 탐 파지오 설계 회사의 일에서 조형 작업을 해온 이였다 한다. 마침 탐 파지오의 형인 짐 파지오가 설계한 이천의 휘닉스스프링스(현 사우스스프링스) 마무리 조형 작업을 위해 내한했다가 이 코스 작업까지 맡았다. "마이클 프리맨(Michael Lee Freeman)이라는 역량 있는 셰이퍼가 작업해서 오렌지엔지니어링의 설계 의도를 잘 표현해 낼 수 있었다"고, 시공 책임자 한용수 씨는 말한다.

골프장에 대한 평가

2013년 9월에 개장한 뒤, 소노펠리체CC는 골프 코스를 품평하는 여러 평가기관들로부터 호평 받아온다. 2014년 '서울경제 골프매거진'이 선정하는 '대한민국 10대 뉴코스(TOP 10 NEW COURSES IN KOREA)'에 들었고, '2014-2015년 골프 다이제스트 대한민국 베스트 뉴코스(KOREA'S BEST NEW COURSES)"에도 들었다.

2016년에는 ALI GOLF 선정 '아시아 100대 코스(ASIA TOP 100 GOLF COURSES)' 2017년과 2020년에는 골프다이제스트가 선정하는 'BEST GOLF RESORT IN ASIA'에 꼽혔다.

골프다이제스트 '2019~2020 대한민국 베스트 코스' 평가에서는 32위에 선정되었다.

이천 년대 이후 세계에서 유명한 골프 코스 디자이너들이 우리나라에 건너와 많은 골프장들을 설계했다. 재벌 그룹들이 자신들의 명예를 걸고 최상급으로 만든 골프장들도 많이 생겼다. 이제 한국 50위 이내의 골프 코스에 드는 것은 결코 쉽지 않다. 게다가 휴양지코스가 이런 평가에서 좋은 순위에 오르기는 더 어렵다고 본다. 앞에서 적은 대로 휴양지 골프 코스는 편안하고 행복한 기억을 남기는 데 주안점을 두어 조성되기 때문이다.

골프 코스 순위 평가는 샷 밸류, 난이도, 디자인 다양성, 기억성, 심미성, 관리의 지속성, 지역사회 기여도, 서비스 등의 항목으로 골프장을 가늠하는데, 그 가운데 샷 밸류와 난이도 등 코스 자체에 대해서 중요하게 따진다. 평가 항목으로만 보면 편안함을 우선 가치로 두는 휴양지 코스가 높은 순위에 들기는 어려운 것이다. 특히 샷 밸류에는 다른 항목보다 2배의 점수가 부여된다. 그런데도 이 골프장이 상위권에 선정되었다는 것은 전문가들로 구성된 평가위원들이 소노펠리체의 샷 밸류와 난이도 등 코스 자체의 변별력에 높은 점수를 주었다는 뜻이겠다.

코스 이야기

사진을 찍는 네 가지 취향

인터넷 공간에 올라온 소노펠리체 골프장 라운드 후기를 살펴보면, 사람마다 찍은 사진의 주된 배경이 다른 점이 이채롭다.

어떤 이는 골프 코스의 홀들의 모습을 주로 찍는다. 티잉 구역에서 보는 각 홀들과 그린의 모습, 코스에서 스윙하는 모습을 많이 찍는 이들이 첫 번째 유형이다.

힐링코스 6번, 7번 홀 항공사진(위), 힐링코스 6번 홀(아래)

클럽하우스 외관

두 번째 유형은 유럽 고성 풍의 콘도미니엄 건물을 사진에 많이 담는 이들이다. 골프 코스를 찍으면서 고성 같은 건물을 사진의 구도에 배치하고, 인물을 담은 기념사진에 그 건물들을 배경으로 담는다.

전위적인 디자인의 클럽하우스와 소노펠리체 빌리지 건물을 좋아하는 이들이 세 번째다.

네 번째는 연못과 하늘이 빚는 풍광, 건너편 산과 풀꽃들을 주로 찍는 이들이다. 이들의 후기 사진에는 건물 등의 인공물이 별로 안 나온다.

개인의 취향은 이렇게 다르다. 읽는 분은 어느 유형인가.

이곳은 저마다 다른 취향으로 느끼고 즐기는 골프장이다.

자연 풍광과 인공 조경

이 골프장 땅에서 조망하는 자연 풍광은 은혜롭다. 십중팔구 산중에 조성해야 하는 우리나라 골프장 형편에서 전망 좋은 자리에 앉을 수 있는 것은 행운을 넘어 축복에 가깝다.

소노펠리체CC는 작은 구릉의 북서쪽 기슭에 조성한 에코코스와 남동쪽 기슭에 만든 힐링코

스로 나뉘는데, 양쪽 모두 수십 리, 수백 리까지 탁 트인 조망을 안고 있다. 사방이 산으로 둘러싸인 곳에서는 조형 설계에서 시선을 코스 안으로 잡아끌어야 하는 기교적 부담이 큰 반면 이렇게 전망이 좋은 곳에서는 먼 곳에 있는 능선과 봉우리 등의 원경을 활용하기 좋은 것이다.
이 골프장 에코코스에서는 홍천강 굽이굽이 너머의 북쪽 산맥들과 좌방산(503m) 봉우리가 9홀 내내 따라다니고, 힐링코스에서는 멀리 백 리 밖의 매화산(750m), 봉화산(692m) 등의 산들이 겹겹이 이루는 구름 능선이 유상하게 펼쳐진다.
가슴이 저절로 펴지는 풍광이다.
글 들머리에서 말한 야생화 언덕은 이 먼 곳의 겹능선들과 하늘을 향해 걸어가는 들꽃길이다.

두 개의 다른 골프장 같은 힐링코스, 에코코스
에코코스는 산의 북서쪽 사면에 있고 힐링코스는 남동쪽 사면에 있다. 클럽하우스는 힐링코스첫 번째 홀과 마지막 홀이 이루는 호수 정원을 바라보고 있으며 힐링코스에서 에코코스로 이동할 때는 전동카트를 타고 무지개 조명이 비추는 터널을 통과해야 한다.

힐링코스는 클럽하우스와 소노펠리체 빌리지 숙소 건물에서 내려다보는 자리이며 남동향이기에 페어웨이가 넓고 전장도 긴 편이다. 숙소에서 보는 전망을 아름답게 하기 위해서 우아한 정원 같은 분위기를 낸 코스이다. 호수와 벙커, 낭떠러지의 선형 등을 아름답게 조성하다 보니 코스의 난도가 저절로 높아진 듯하다. '아름다운 홀이 어렵다'는 말이 여기서도 통한다.

에코코스는 '에코터널'을 지나 조용한 산기슭에 독립되어 자리 잡았다. 해가 늦게 드는 북서쪽 사면임을 감안하여 잔디가 햇빛을 최대한 많이 받도록 홀을 배치하고 잔디 면을 되도록 줄인 결과 레이아웃이 오밀조밀하고 생태적 매력이 넘치는 코스가 되었다. 다소 쉽게 느껴질 수 있지만 욕심을 내다가 실수할 수 있는 성격의 코스라 하겠다.

징검다리 홀 배치, 선택을 유도하는 홀들

골프장 측에서는 힐링코스(OUT)-에코코스(IN) 순으로 번호를 매겨 운영하고 있는데, 내 생각에는 에코코스부터 시작해야 휴양지 골프장의 기분을 온전히 느낄 듯하다. 마지막 파5 홀에서 클럽하우스를 보며 돌아오는 힐링코스가 후반에 어울린다고 본다. 만약 이곳에서 골프대회가 열린다면 당연히 에코코스(OUT) - 힐링코스(IN) 순으로 플레이해야 할 것이다.

소노펠리체CC가 우아하고 편안해 보이는데 실제로는 까다로워서 좋은 점수를 내기 어렵다는 이가 많다. 그것은 홀 배치의 묘미 때문인 면도 있고 코스 설계의 성격 때문이기도 할 것이다. 이 코스는 쉬운 홀과 까다로운 홀들이 징검다리 식으로 배치되어 있다. 쉽다고 얕보는 순간 어려운 과제를 만나게 되기 쉽다. 예를 들어 에코코스는 첫 홀이 짧은 직선형이라 편안하게 시작하고, 4번 파5 홀은 단타자도 두 번째 샷에 그린을 노려볼 수 있는 즐거움을 준다 그런데 이런 홀들을 놓치면 다음 홀들은 슬그머니 예민해진다. 기회를 잡을 홀과 안전하게 쳐야 할 홀을 명확하게 선택해서 플레이 하는 것이 유리하다. 또한 도전적으로 공격하는 루트와 안전하게 치는 방향이 선명하게 설정되어 있으므로 확률 높은 플레이를 해야 좋은 점수를 내기 쉽다. 도전이 성공하면 점수를 줄이기 쉽지만 무모한 도전을 하다가 실패하면 생각보다 많은 실점을 할 수 있는 특성의 코스이다.

요약해 보면 골퍼가 자신의 실력과 컨디션에 맞는 선택을 해야 하는 코스라 하겠다. 전략을 잘 짜서 '생각하는 골프'를 하면 실력만큼의 결과는 낼 수 있을 것이다.

힐링코스 항공사진(위), 에코코스 항공사진(아래)

에코코스 4번 파5 홀(위), 힐링코스 3번 파5 홀 페어웨이(아래)

인상적인 곳들

에코코스 4번 파5 홀

에코코스 4번 파5 홀, 골퍼의 기질을 알 수 있는 홀

오밀조밀한 에코코스 중에서도 가장 아기자기한 이야기가 있는 홀이다. 오른쪽으로 휘어지는 도그렉 형 파5 홀인데 첫 번째 샷 랜딩존 오른쪽 옆으로 호수가 있다. 되도록 호수 쪽에 가까운 페에웨이에 티샷을 보내면 투 온 도전에 유리해지며, 약간만 오른쪽으로 밀려도 호수에 빠지게 된다. 페어웨이 왼쪽에 공이 놓이면 투 온 가능성이 낮아지므로 그린 방향을 직접 노리면 안 되건만, 많은 골퍼들이 도전하다 실점한다. 안전하게 레이업할 때 버디 확률이 더 높아진다. 골퍼의 기질과 플레이 성향을 엿볼 수 있는 흥미로운 홀이다.

힐링코스 3번 파5 홀, 3번 샷, 3색 느낌

가장 길고 호쾌한 느낌의 파5 홀이다. 호수를 넘기는 내리막 티샷에서는 영웅적인 장쾌함을 느낄 수 있고, 중간 낮은 지점에 있는 또 하나의 호수는 전략적으로 피해가야 한다. 세 번 째 샷은 오르막 언덕 위의 그린을 노리게 되는데 그린 왼쪽 앞에는 위협적인 벙커들이 군집해 있고 하늘과 맞닿은 그린의 스카이라인은 막막함과 시원함이 함께하는 감흥을 준다. 세 번의 샷이 각각 다른 기량을 요구하고 저마다 다른 장면의 추억을 제공한다.

매킨지스타일 벙커 힐링 8번 파3 홀

이 파3 홀에는 티잉 구역 앞에서부터 그린 앞까지 벙커가 펼쳐져 있다. 홀의 절반이 모래로 덮인 셈이다. 이 벙커는 플레이에는 큰 영향을 주지 않는다. 애초 설계에는 없었는데 시공 과정에서 소노펠리체 빌리지 리조트에서 내려다볼 때의 미관을 위해 새로 만들어 넣은 것이라 한다.

힐링코스 3번 파5 홀

이 홀 다음 9번 홀 오른쪽 면에 야생화 들판을 만들면서 이 파3 홀의 시각적 존재감이 약해지자 거대한 벙커로 보완한 것이라는데, 벙커 중간에 풀이 자라는 웨이스트 벙커이다. 조형사 마이클 프리맨이 제안하여 '매킨지스타일 벙커'로 만들었다 한다. 이 스타일은 바람이 드나드는

힐링코스 8번 파3 홀 매킨지 스타일 벙커

사구(sand dunes)의 모양을 본떠, 벙커 바닥은 평평하되 경계부가 거칠고(Ragged) 풀이 자란 그대로의 모습을 표현한 것이다. 이 벙커에서는 바닥에 골프채를 접촉해도 벌점을 받지 않는다.

이끼원, 야생화 들판
에코코스 6번 홀 티잉 구역의 그늘집 옆에는 '이끼원'이라는 작은 골짜기 모양의 정원이 조성되어 있다. 구슬사리이끼, 깃털이끼, 서리이끼, 비단이끼, 우산이끼 등의 이끼식물을 생육 중이며, 습도와 햇빛 노출을 조절하여 생태 관찰 공간으로 관리하고 있다.
힐링코스 9번 홀 티잉구역 오른쪽에 조성된 야생화 들판과 더불어 소노펠리체 리조트를 이용하는 손님들에게 생태 체험 산책의 즐거움을 준다.

힐링코스 9번 홀만 양잔디
힐링코스 9번 파5 홀은 소노펠리체 리조트 전체의 메인 가든 홀이라 할만큼 수려한 모습이다.

완만한 내리막의 넓은 페어웨이를 걸으며 전위적 디자인의 클럽하우스로 향하는 길이 온화하고 낭만적이다. 그린 앞 오른쪽의 길고 큰 벙커와 호수만 피하면 큰 어려움 없는 홀이니 그린 왼쪽으로 공략하면 되는데, 욕심을 내다가 긴 거리 벙커샷을 남길 수도 있다.

이 골프장의 페어웨이에는 중지 잔디가 깔려 있는데 이 홀만 켄터키블루그래스 양잔디를 식재했다. 리조트에서 내려다볼 때 푸른 잔디 색깔을 오래 유지하기 위해서 그런 듯하다.

건물의 취향, 클럽하우스

소노펠리체CC에 대해서 "클럽하우스 독특하지", "리조트 예쁘죠" 라는 말을 하는 이들이 많다. 클럽하우스는 프랑스 건축가 다비드 피에르 잘리콩(David-Pierre Jalicon)이 설계한 것이라 한다. 소노펠리체 빌리지 리조트 건물도 그 콘셉트가 이어진 것으로 보인다. 생장하는 나무를 형상화한 조형이 기억에 남는 건축물들이다. 나는 이 건축가에 대해서는 잘 알지 못하지만, 건물의 독특한 조형미가 소노펠리체의 정체성과 마케팅에 크게 기여한 것은 분명해 보인다.

머물고 거닐며

소노펠리체CC는 대중제(퍼블릭) 골프장이면서도 예약이 쉽지 않고 이용 가격도 꽤 높은 곳이다. 리조트에서 휴양하며 골프하는 이들의 예약이 늘 넘쳐난다고 한다.

'대명'이라는 이름을 들어온 지 참 오래되었다. 생각해 보니 숙박레저 부문에서 꾸준히 앞선 발자취를 남겨온 이름이다. 스키장, 콘도미니엄, 해변과 생태휴양 등 휴양산업에서 네트워크 형 레저 문화를 만들어왔으니, 우리나라 장년 이상의 세대에서 이 회사 이름이 붙은 휴식 공간을 경험해 보지 못한 이가 많지 않을 것이다.

우리나라에서 대기업 그룹에 들지 않으면서 이런 전문적인 성취를 이루어 온 브랜드는 드물다. 사람이 하는 일을 인공 지능이 점점 대체한다 해도 놀고 즐기며 공상하는 것은 사람의 몫이니 이 회사가 꿈꾸는 미래의 세상이 궁금하다.

이 골프장 야생화 정원 너머에는 승마장이 있다. 리조트 안에는 단지 전체를 조망하는 인피니트풀 수영장이 있고 비발디파크 스키장, 생태 산책로 등 몸과 마음을 쉴 만한 시설이 넘친다. 옛날 동서양 사람들이 꿈꾸던 무릉도원이나 샹그릴라의 모습이 이보다 넉넉했을까 모르겠다. 머물면서 거닐고 생각을 비우며 여러 날 즐겨야 이 골프장의 맛을 오롯이 볼 것이다.

사진은 주로 소노펠리체컨트리클럽에서 제공한 것을 사용했으며, 독자께서 찍어 보내주신 사진과 글쓴이가 찍은 것도 썼습니다.

소노펠리체 리조트 이용객들이 휴양, 숙박하며 찍은 사진 / 조동선 님(위), 이기광 님(아래) 제공

THE PLAYERS
GOLF CLUB

대자연 속 '진품' 파노라마 코스 - **더플레이어스 골프클럽**

더플레이어스 골프클럽
대자연 속 '진품' 파노라마 코스

'더플레이어스GC'는 미국 PGA의 '더플레이어스 챔피언십'과 이름 일부가 같기에
PGA와 관계를 맺고 이 브랜드 이름을 썼을 것이라고 처음엔 짐작했었다.
이 골프장을 처음 만든 분이 국내 프로골프 단체의 수장이었던지라 막연히 그렇게 생각했는데
알고 보니 이름만 닮은 것이라서 의아했다.
하지만 라운드를 해보고 감탄했다. 골프 코스가 매우 훌륭했던 것이다.
깊은 산중에 웅대하고 조화로운 코스를 만든 것에 놀랐다.
그런데 이삼 년 뒤 다시 왔을 때 크게 실망했다.
잔디가 여기저기 많이 죽어 있었다. 잘 만든 코스가 상한 게 아쉬웠다.
2018년에 보니 거의 회복하고 있어 반가웠다.
2020년에도 라운드 하며 거듭 확인하여 살펴보고 글을 쓴다.

'세계 토너먼트급' 코스 지향

"한국 10대 퍼블릭 코스 2회 연속 선정"

클럽하우스의 이 현수막 문구는 아쉽다.
이 정도 평가에 만족하기는 아까운 골프장일 수 있다.

'더플레이어스'라는 이름이 뜻하는 바

처음엔 고급 회원제 골프장으로 계획되었으나 공사 진행 중 방향을 바꾸어 2013년에 대중제
골프장으로 문을 열었다. 앞에서 말한 대로 '더플레이어스(The Player's) 골프클럽'이라는 이
름은 미국 PGA 투어의 '제5의 메이저 대회'로 유명한 '더플레이어스 챔피언십'에서 따온 것으
로 보인다. (지금은 바뀌었지만) 골프장 로고도 처음엔 그 대회 것을 그대로 따온 모양이었다.
세계적인 브랜드를 복제했다 생각하기보다는, '플레이어스'를 '전문적인 경기자를 위한'으로
읽어서, '토너먼트급 경기 운용이 가능한 코스'를 뜻한다고 여기면 되겠다.

더 플레이어스 챔피언십(The Players Championship)은 1974년부터 열리고 있는 미국 PGA
투어의 주요 골프대회이다. 모든 골프대회 중에서 상금이 가장 많고 세계 랭킹 50위 이내 선
수들에게 참가자격이 주어지기에 '제5의 메이저'라는 별명으로 불린다. 1982년부터 플로리다
주 폰테 베드라 비치(Ponte Vedra Beach)의 'TPC앳 소그래스 스타디움코스'에서 열리고 있
다. 여기서 'TPC'는 'Tournament Players Club'을 말한다. 미국 PGA 투어 선수들의 골프장
이라는 뜻이다. 최경주 선수와 김시우 선수의 우승으로 '더 플레이어스'와 'TPC 소그래스'는
우리나라 일반 골퍼들에게도 낯익으며, 콜롯세움 모양 관중석에서의 야유 섞인 응원으로 유명
한 웨이스트매니지먼트(WM)피닉스오픈 개최지인 애리조나의 'TPC스콧데일' 등이 대표적인
TPC 코스이다.
TPC 코스는 PGA투어가 소유한 곳이 대부분이다. 대회 개최를 기본 목적으로 만든 코스이기
때문에 프로 선수들의 기량을 테스트할 수 있도록 설계되고, 갤러리들의 관람을 위한 시설과
배치에 공을 들인다. 방송 장비와 시설이 들어갈 공간을 확보하고 그린 주변에는 관중석 형태
의 마운드를 만들어 선수들의 플레이가 갤러리의 눈에 잘 들어오게 한다. 그런 까닭에 TPC소
그래스의 몇 개 코스들 가운데 더플레이어스 챔피언십이 열리는 코스는 이름도 '스타디움'이
라 지었다.

우리나라에서도 KPGA TPC코스를 만들자는 이야기가 오래 전에 있었으나 지금은 감감하니 언제 이루어질지 모르겠다.

이 골프장이 '더플레이어스'라는 이름을 썼다 해서 TPC 코스와 닮아야 할 의무를 진 것은 아니지만, 적어도 처음부터 세계 수준의 토너먼트 코스를 지향하겠다는 의지를 이름에도 담아 만든 것으로 안다.

깊은 산중의 광활한 코스

더플레이어스GC가 있는 곳은 춘천의 남쪽 산중 남춘천 나들목에서 가까운 금병산 기슭이다. 앞 편에 나온 휘슬링락CC, 남춘천CC와 가깝고 봉우리 하나 너머에 베어크리크GC가 있다. 172만㎡(52만평) 산중 부지에 조성된 27홀 코스이다. 원시의 자연림과 웅장한 암반 사이의 골짜기에 언덕과 분지를 조성하여 해발 200미터에서 360미터에 이르는 종횡무진의 코스 길을 냈다.

2014년 이곳에 처음 왔을 때 내 마음은 크게 움직였다.

모든 홀이 널찍하고 시야가 시원스러웠다. 춘천의 산기슭에 만든 골프장인데도 각 홀들에서 답답함이 전혀 느껴지지 않는 점이 신기했다. 지형으로 보면 코스의 경사가 심할 것 같지만 플레이 하다 보면 오르막 내리막을 잘 느끼지 못할 만큼 평활하다.

홀과 홀 사이 전동카트가 다니는 도로가 경사를 흡수하고 티샷 지점과 페어웨이에 높낮이를 배분하여 페어웨이에서 그린에 이르는 플레이 구간에서는 급경사가 느껴지지 않는 것이다. 골프장 위성사진을 보면 자연 생태를 유지한 채 최대한 넓은 코스를 만들기 위해 설계자가 얼마나 세심히 배려했는지 알 수 있다. 홀들은 산의 구릉들을 거의 유지한 채 골짜기와 언덕을 따라 자리 잡았으며 생태의 수림은 보존되고 이어진다.

이곳의 산중지형을 분석하고 이용해서 사려 깊게 코스 길을 낸 것이다. 우리나라 산중 지형에서의 풍부한 설계 시공 경험이 완숙하게 꽃핀 코스로구나 생각했다.

설계 이야기

송호 - 한국 골프코스 설계의 '대표 스타'

이 골프장 코스를 설계한 이는 송호 씨였다. 그는 우리나라에서 활동하는 골프 코스 디자이너 가운데 가장 많은 작품을 남긴 '거장 설계가'로 통한다. 그는 우리나라 1세대 골프장 설계가 김명길 선생의 '필드콘설턴트' 설계사무소에서 설계 책임자로 '남촌CC', '송추CC' 등 많은 코스들의 설계를 주도한 뒤, 2002년에 '송호골프디자인그룹'을 세워 '더스타휴', '드비치', '킹스데일', '세인트포', '엘리시안제주', 베트남 '송지아골프클럽' 등 국내외 70여 코스를 빚어내왔다. 토목공학을 전공한 그는 자연 지형을 살려 코스의 길을 찾아내는 루트 플랜에서 특히 창조적 능력을 발휘해온 것으로 정평이 나 있다. 또한 그는 스크래치 골퍼 수준의 플레이 실력자로서, 샷 밸류와 난이도 등 플레이 요소들을 조화시키는 데 강점이 있음을 자랑하고 증명해왔다. 대부분의 골프장을 산중에 앉혀야 하는 우리나라 형편에서 그의 이러한 역량은 많은 성과와 실적으로 이어져왔다.

앞의 남춘천CC 편에서 그의 설계 철학에 대해 이미 적은 바 있으므로 설명을 줄인다.

송호 씨의 설계에 따라 공사가 진행되어 토목 공사가 마무리되던 즈음에 골프장 측에서는 시공회사를 전면 교체했다. 송호 씨는 이미 설계 도면을 완성 납품하고 용역비를 받아 설계 작업을 완료한 상황이었다.

골프장은 새로운 시공사와 계약하여 전반적인 재검토와 함께 작업을 재개했다 한다. 이때 골프장과 신규 시공사는 설계가 권동영 씨를 영입하여 설계 검토 작업을 맡겼다.

권동영 - 한국 골프장 설계의 '미학(美學) 대가'

권동영 씨는 우리나라 1세대 골프 코스 설계 거장 고 임상하 선생의 수제자로 많은 골프장들을 설계해 왔다. 임상하 선생은 인위적 조경에 치중하는 일본식 골프 설계를 탈피하여 한국 지형에 맞는 다양한 코스 미학의 지평을 연 선구자로 평가받고 있다. 권동영 씨는 임상하 문하에서 '화산CC', '신라CC', '파인크리크' 등의 설계 책임을 맡았다. 그 뒤 설계·시공 전문회사인 '오렌지엔지니어링'으로 적을 옮겨 '몽베르CC', '청평마이다스', '블루원상주', '힐드로사이' 등의 골프 코스를 설계했다. 자신의 설계회사를 운영한 송호 씨와는 달리 그는 설계 회사의 책임자로 오래 일하며 '장인(匠人)적 거장 설계가'로 이름을 높여 왔다.

미술대학에서 서양화를 전공한 권동영 씨는 아름답고 모험적인 골프장들을 빚어왔다. 임상하 문하에서부터 쌓은 풍부한 설계 시공 경험을 바탕으로, 상상 속의 코스를 화폭에 그려내듯 미학적으로 구현하는 역량을 발휘해 왔다. 블루원상주와 힐드로사이에서 보여준 것처럼, 깊은 산중에서도 환상적인 호수와 넓은 들녘을 조성해내는 등의 독창적 완성도는 그의 장점으로 평가된다.

송호 씨의 설계에 따라 큰 토목 공사는 거의 진행된 현장에서, 권동영 씨는 일부 홀들의 배치와 루트를 변경하는 한편, 각 홀들의 여건을 재해석하여 세부 조형을 전략적으로 재구성하는 등 설계를 재완성했고, 이에 따라 코스의 마무리 공사가 완공되었다.

회원제 명문 클럽 못지않은 '골품'

개인의 취향일 수 있으나 나는 이 코스의 가치를 높게 보고 좋아한다. 한동안 관리 상태가 좋지 않았기에 저평가되어 왔을 뿐, 한국 산중 지형의 장점을 이용하고 난점을 극복한 진품(眞

品) 코스라 여긴다.

본디 고급 회원제 골프장으로 계획된 것이었기에, 클럽하우스에서부터 코스에 이르는 모든 부분에 '명문'이라 일컫는 회원제 골프장 못지않은 '골품'이 살아있다. 다만, 대중제 코스로 전환하면서 마감 단계의 장식 부분을 얼마간 생략하거나 단순화한 것으로 보인다.

퍼블릭 코스의 하드웨어로는 이보다 더하면 과하다 할까.

골프장 명칭	더플레이어스 골프클럽 THE PLAYERS Golf Club
한 줄 소개	산중 대자연의 진품 파노라마 코스
개장 연도	2013년
규모, 제원	27홀 파 108, 전체길이 10,589yds(9,683m) 밸리코스 3,502yds(3,202m) 레이크코스 3,582yds(3,275m) 마운틴코스 3,505yds(3,205m)
골프장 구분	대중제 퍼블릭 골프장
위치	강원도 춘천시 동산면 새술막길 438
코스 설계자	송호(원 설계) 권동영(일부 루트 변경, 조형설계)
소유 기업	캡스톤전문투자형사모부동산투자회사1호
잔디 종류	중지(페어웨이) 켄터키블루그래스, 패스큐(러프, 헤비러프) 켄터키블루그래스(티잉구역, 에프런) 벤트그래스(그린)
벙커	104개(주문진백사)
티오프 간격	7분
캐디, 카트	4백 1캐디, 승용전동카트(5인승)

관리 이야기 - 되살아난 평판

한동안의 관리 불량

2014년 문을 연 이 골프장은 골퍼들에게 호평과 기대를 받았으나 얼마 지나지 않아 코스 관리의 문제점이 노출되었다. 러프와 그린의 잔디 상태가 급격히 나빠졌던 것이다. 정확히 알 수는 없으나, 시공할 때에 땅 밑의 구조적인 공사가 제대로 이루어지지 않았던 것으로 진단하는 전문가들이 많다. 그린 잔디를 파종할 때 서두르다 공법상의 문제가 발생하였으며, 그것이 고질적인 배수 불량으로 이어졌다는 것이다. 또한 켄터키블루그래스 양잔디를 파종한 러프 지역의 토양에 모래가 부족한 것도 문제였다고 한다. 나 또한 2014년 5월 즈음에 와서 감탄하였다가 그 이듬해에는 많이 실망했었다. 그린이 얼룩덜룩하게 죽어있고 러프의 켄터키블루그래스 잔디는 누더기처럼 해어진 곳이 많았다.

그런 가운데 영업했으므로 골퍼들 사이에서의 평판은 좋지 않았다. 코스 구성이 좋다 해도 관리 상태에 흠결이 있기에 그린피를 싸게 받아야 했고, 가격으로 가치를 매기는 게 세상의 안목이기도 해서, 좋은 골프장이라 여기는 이는 드물게 되었다.

잔디 환경의 근본 개선 - 사모펀드가 인수 - 전문회사 위탁 경영

잔디를 개선하는 작업은 손님을 받는 가운데 오래 진행되어왔다. 수년 동안 토질과 잔디를 교체하고 개선하는 작업이 간단없이 이루어졌다. 그 작업은 'BnBK'라는 골프장 관리 전문회사가 꾸준히 맡아왔다. 2020년 5월에 골프장 주인이 '캡스톤자산운용'으로 바뀌었는데, 예상보다 높은 가격에 매각이 이루어져 'BnBK' 회사도 화제에 올랐다. 코스 품질 개선을 통해 골프장의 자산 가치를 끌어올린 주역으로 주목 받았던 것인데, 새 주인은 그에 더하여 BnBK에게 골프장 경영 전체를 총괄 위탁했다.

전문회사에 의한 골프장 위탁 경영이 앞으로 일반화되고 골프 문화에도 변화를 가져올 것이라 보기에 좀더 적어둔다. 이 회사 대표 권성호 씨는 골프장 업계에서 설계자 못지않게 유명한 사람이다. 그는 일동레이크GC에서 실무를 익힌 것으로 골프장 관련 업무를 시작하여 해슬리나인브릿지, 롯데스카이힐제주 등 여러 골프장들의 코스와 식음 서비스 관리 업무 등을 전문적으로 맡아왔다. 골프코스 관리 업무를 수탁 대행하는 회사는 국내에 여러 곳이 있는데, 그는 더 나아가 골프장 경영 전반의 전문 위탁 경영 흐름을 이끌고 있다.

골프장 관련 각 분야 전문가들을 BnBK에 영입하여 더플레이어스를 비롯한 여러 곳의 코스, 조경 관리 및 식음서비스, 골프장과 리조트 운영 등을 총괄 책임 경영하고 있다 한다.
전문가들에 의한 경영 효율화가 새로운 골프 문화의 창달로 이어지기 기대한다.

소유주가 바뀐 뒤 이 골프장을 다시 탐사하였다. 러프의 켄터키블루그래스와 그린의 벤트그래스는 추운 지방이 고향인 한지형 양잔디라 한여름의 무더위를 견디기 힘들어 하는 품종인데, 한여름에 탐사라운드 할 때도 건강한 상태를 유지하고 있음을 확인하였다. 티잉 구역, 벙커의 관리 등은 딱히 흠 잡을 데가 없었으며 특히 그린 잔디의 밀도가 이제 촘촘해진 것이 눈에 띄었다. 손님을 많이 받는 퍼블릭 코스로서는 상당히 양호한 수준이었다. 일부 그린과 양잔디 러프를 부분적으로 개선하는 자리도 있었으나 이미 안정기에 접어든 것으로 보였다.
물론 잔디 상태는 자칫 한순간에도 달라질 수 있기에 장담할 수는 없다. 하지만 토양과 관리 수준 등이 구조적으로 정상화 되었다 보는 것이다.

코스의 특성

설계자의 의도를 파악할 것

이 골프코스는 '플레이어스'라는 이름이 말하듯 '경기 지향적'인 면이 두드러진다.
이곳에서는 설계자가 의도한 '샷 밸류'를 이해하면 한층 즐겁게 라운드 할 수 있을 것이다. 설계자는 뚜렷한 보상을 약속하는 도전을 계속 유혹한다. 도그렉 홀과 블라인드 홀이 섞여 있지만 대부분의 홀 티잉 구역에서 그린의 위치와 모양을 인식할 수 있다. 그린을 보면서 전략을 세우고 실천해 나가는 플레이를 할 수 있는데, 홀의 모양이 잘 안 보이거나 모르겠다면 반드시 숙지하고 공략하기 바란다. 좋은 방향과 나쁜 방향, 잘 친 샷과 못 친 샷의 가치를 선명하게 구분하는 코스인 점을 감안해야 한다.
그런 한편 도전을 부르는 함정들이 극단적이지는 않기에 실수를 만회할 기회도 주어진다.
그린 또한 언듈레이션이 크고 입체적이라 정확한 공략을 요구하는데, 그린 위에서는 '눈에 보이는 대로 굴러가는' 편이므로 상상력과 공간 감각을 공정하게 시험한다.
플레이어의 능력을 시험하기 위한 출제 의도가 홀마다 있는 코스이니, 설계자의 의도를 이해하고 문제를 풀어나가면 더 재미있게 라운드 할 수 있을 것이다. 예를 들면 다음과 같다.

레이크코스 9번 파5 홀 그린(아래)

마운틴코스 7번 파5 홀(위), 레이크코스 7번 파5 홀(가운데), 밸리코스 4번 파3 홀(아래)

샷 밸류 - 세 가지 경로

이 코스의 각 홀들은(모든 홀은 아니지만) 대략 세 가지 공략 루트를 갖고 있다고 생각하면 크게 틀리지 않겠다.

첫째, 베스트 샷의 경로이다. 캐리 벙커 등의 장애물을 넘긴 곳에 다음 샷을 하기 가장 좋은 자리가 있다는 것이다. 그 자리에서는 그린 입구가 가장 열려있고 그린의 타원 방향도 길게 마주하게 되므로 어프로치 샷을 편하게 구사할 수 있다.

둘째, 표준 경로이다. 대략 IP(Intersection Point) 지점을 랜딩 존으로 여기고 공략하는 것인데 티샷을 안전하게 보낼 수 있으면서도 적당한 기술(Spin) 샷을 구사하면 어프로치에서 기회를 노릴 수 있는 루트이다.

셋째, 안전하게 우회하는 경로이다. 티샷에 자신이 없거나 실수했을 때, 레귤러 온 하기 어려우면 그린 주변의 전략적인 지점(Bail out area)으로 경유해서 어프로치 마무리하는 루트이다.

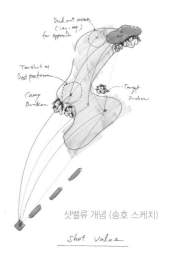

샷밸류 개념 (송호 스케치)

골퍼마다 자신의 능력에 따라 전략을 세워 '생각하는 플레이'를 하라는 것이다.

마운틴, 레이크, 밸리코스의 특성

52만 평의 넓은 땅에 3개 코스 27홀로 구성되었는데, 각 코스가 3,500야드 정도여서 '풀 백티'에서의 전장이 긴 편은 아니지만 블루 티와 레귤러 티 등은 길게 세팅될 수 있다.

마운틴코스는 해발 280미터에서 360미터까지의 가장 높은 지역에 있는데 구릉을 따라 휘어지고 돌아가는 홀들이 많은 편이어서 공략 방향 설정에 따라 다음 샷의 난이도가 달라지기 쉽다. (자기 샷의 비거리를 따져서) 샷의 공략 각도에 유의하는 것이 좋다.

레이크코스는 해발 235미터에서 320미터까지의 중간 높이 지역에 있으며, 전반적으로 벙커와 호수, 벌칙구역 등 장애물의 위치로 샷 밸류를 높여 놓은 편이다. 홀 전체의 장애 요소들을 잘 파악하고 과녁을 좁게 정한 뒤에 치는 것이 좋다. 모호한 곳으로 치면 난감한 결과가 기다린다.

밸리코스는 해발 200미터에서 270미터까지의 가장 낮은 지역에 있다. 대부분의 홀들의 티잉 구역에서 그린이 보인다. 전체적으로 보면 오르막과 내리막, 호수 등의 요소로 난이도와 샷 밸류를 조정한 편이다. 다소 공격적인 플레이도 받아주는 코스라 본다.

강중약의 난이도 배열에 리듬이 있고 코스마다 극적인 구간이 있어 게임이 흥미롭다. 특히 레이크코스는 7, 8, 9번 홀 마무리의 구성도 극적이다. 적당한 난이도 속에서 골프 게임 자체의 다이내믹한 맛을 즐길 수 있다.

인상적인 홀들

마운틴코스 7번 파5 홀의 샷 밸류

랜딩 존이 오른쪽의 비스듬한 사선 형으로 뻗어 있고 오른쪽으로 계속 돌아가는 파5 홀이다. 티샷부터 도전과 전략을 선택하도록 유도하는데 송호 씨가 설계한 킹스데일CC의 레이크코스 6번 파5 홀에서도 이와 비슷한 느낌의 레이아웃을 볼 수 있다. 그의 샷 밸류 지향 특성을 보여주는 홀이라 보이는데 권동영 씨가 이곳의 티샷 랜딩 존의 높낮이 언듈레이션 등 조형을 바꾸어 공이 떨어지는 위치에 따라 다음 샷의 목표점이 극명히 달라지도록 전략성을 부여했다 한다. 티샷을 오른쪽으로 칠수록 홀과 가까워지며 그린 앞에는 커다란 호수가 있어 투온(on in two) 시도를 막는다. 세 번의 샷이 모두 흥미로운 홀이다.

마운틴코스 8번 홀의 짓궂은 그린

이 파4 홀은 티잉 구역에서 그린까지 탁 트여 있고 길지 않지만(383야드, 레귤러티 347야드) 그린의 언듈레이션이 매우 크고 입체적이기에 핀이 꽂힌 위치를 정확히 알고 명확한 목표점으로 어프로치 해야 한다. 짧은 아이언으로 공략해야 그린 위 원하는 곳에 공을 세우기 쉬운 점도 감안해야 하며 핀이 뒤쪽 윗단에 있는 경우에는 공이 다시 굴러 내려올 수 있다. 그린 위에서 여러 번 퍼팅하게 될 수도 있는 홀이다. 게임의 승부에서는 흥미진진한 반면 퍼블릭 코스로서는 그린의 변별력이 지나치게 예민한 것 아닌가 하는 생각도 든다.
진행이 지체되거나 하는 등의 문제가 없다면 오히려 재미있는 홀일 수 있겠다.

레이크코스 2번 홀. 원 온도 가능

티잉 구역에서 그린 방향 정면 페어웨이 벙커를 넘기면 그린 근처까지 보낼 수 있다. 그린 주변이 내리막이라 장타자는 원 온(on in one)을 노려볼 수도 있는 거리(355야드, 레귤러티 345야드)이지만, 그린 앞 오른쪽에 계곡이 들어와 있으며 애매한 거리에 떨어지면 세컨 샷의 어

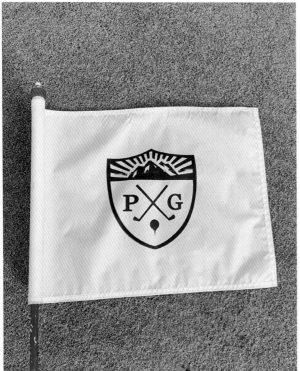

(위로부터 시계 방향으로) 마운틴코스 7번 파5 홀 세컨샷 지점, 마운틴코스 8번 파5 홀, 레이크코스 2번 파4 홀그린, 더플레이어스 엠블렘 새긴 깃발

레이크코스 8번 파3 홀(위), 위에서본 레이크코스 9번 파5 홀(아래)

드레스 자세가 불편해진다. 오른쪽 벙커 너머 페어웨이로 보내는 것은 비교적 안전한 루트이다. 장타자와 단타자의 선택, 도전과 우회 가운데의 선택 등 흥미로운 옵션과 변수를 만들어 놓은 홀이다.

8번 파3 홀. 롱아이언 테스트

이 홀은 앞 편의 남춘천CC 챌린지코스 8번 홀을 생각나게 한다. 가로 방향 땅콩 모양의 그린이 언덕 낭떠러지에 걸쳐 있는 듯한 모습이다. 앞뒤로 깊은 벙커가 있는 그린 그 너머에는 산줄기들이 멀리 펼쳐진다. 197야드(레귤러티 179야드)의 긴 파3 홀이고 바람이 부는 자리라 짧은 아이언을 잡기 어렵다. 그런데다 그린이 솟아오른 모양이라 공을 쳐 올려 세우기 쉽지 않다. 이 홀에서 승부의 변수가 많이 빚어질 수 있겠다.

코스 전체의 파3 배열로 보면 밸리코스의 파3 홀들이 비교적 짧은 것과 중간 길이의 것, 마운틴코스는 중간 길이와 다소 긴 것, 레이크코스는 긴 것과 더 긴 것으로 구성되었다.

레이크코스 9번 홀. 아일랜드 그린

송호 씨의 처음 설계에서는 파4 홀이었는데 권동영 씨가 파5로 바꾼 홀이다. 티샷을 페어웨이 오른쪽 호수 앞까지 길게 보내면, 호수 위 아일랜드 그린으로 200미터 거리 투온(on in two)을 노릴 수도 있다. 넓은 호수 너머 보이는 아일랜드 그린이 인상적이다.

샷 밸류 등 플레이 요소의 완결성을 중시하는 송호 씨는 연못 한 쪽 끝에 그린을 붙여 샷 밸류 높은 승부 결정 홀로 설계했는데, 미학적 완성도를 중시하는 권동영 씨가 아일랜드 그린의 파5 홀로 디자인을 바꾸어 심미성을 높인 것으로 보인다. 그와 함께 기억성도 매우 높아진 홀이다. 이럴 땐 두 가지 설계를 다 구현해 놓고 플레이 해보고 싶은 생각이 든다.

밸리코스 3번 파5 홀의 로컬룰

왼쪽으로 살짝 휘어지는 이 파5 홀은 티잉구역에서 그린이 보이지는 않지만 그린 입구가 살짝 보여서 전략을 세워 공략하기 좋다. 가장 짧은 파5 홀이므로 장타자는 투온에 도전할 수도 있는데 티샷을 페어웨이 왼쪽으로 질러 쳐야 도전에 유리하다. 다만 왼쪽에는 호수와 벙커가 있으며, 세컨샷이 떨어지는 자리부터 그린까지는 양쪽에 호수를 배치해 놓았다. 정확한 공략이 필요하다. (다음 페이지 사진)

짧은 대신 변수가 많은 홀이다. 그런데 이 홀에 해저드티를 설치해 놓으면 두 번 호수에 빠뜨리

고도 보기 정도는 할 수 있는 결과가 나오기도 한다. 그런 세팅만 아니라면 도전과 실수 속에 한 두 타 차 승부가 뒤집어지기도 할 것 같다. 두루 재미있고 아름다운 홀이다.

수억 년을 지나는 찰나

설계와 코스, 골프장의 사연을 이야기하다 보니 풍광에 대해 별로 적지 못했지만 이곳만큼 산 중 골프 코스의 매력을 고루 갖춘 곳은 드물다.
탁 트인 산마루에서 먼 곳을 바라보는 장쾌함
깊은 계곡에서 숲 속을 걸어가는 페어웨이의 아늑함
산중 지형을 타고 게임 승부에 집중하도록 코스 자체가 시선을 빨아들이는 긴장감

그리고 땅에서 솟아나온 바위들의 웅장함
계절마다 다른 빛과 향기를 뿜어내는 원시림......
27홀 코스에서 이런 모습과 느낌들을 다 만나게 된다.

이따금 나타나는 거대한 암반들은 깊이 잠든 생명체의 이마인 듯 반짝인다. 땅속 깊은 곳의 마
그마가 1억 몇 천만 년 전에 지각변동으로 치솟아 올라 굳은 것이라 한다. 이 산 구릉 속에 묻혔
다가 코스 조성 공사를 하면서 조각 작품의 모습으로 세상에 일부를 드러냈다.
수억 년의 잠을 깨우듯 공을 치고 좇으며 27홀의 찰나지간을 모험한다.
바위가 햇살에 빛나고 노을에 물들며 무슨 표정인가 짓는다. 틈새에 야생화를 머금고 있다.

사진은 더플레이어스골프클럽에서 제공한 것을 주로 사용했으며 글쓴이가 찍은 것도 있습니다.

ICHEON MIDAS
GOLF & RESORT

평화로운 '신화의 대지' - **이천마이다스 골프앤리조트**

이천마이다스 골프앤리조트
평화로운 '신화의 대지'

이 골프장에서 자동차로 몇 분이면 갈 수 있는 여주 능서면에 내 외갓집이 있다.

땅은 넓고 인심은 너그러웠다. 낮고 완만한 구릉 사이로 논과 밭이 드넓게 이어지고, 한켠으로
단편소설 '소나기'에 나오는 것 같은 개울이 흘렀다.
미루나무가 높고 길게 늘어선 신작로와 협궤열차가 다니던 철길을 따라가다 보면 이따금 제멋
대로 물이 고인 저수지들이 있었다. 여름에는 개울에서 송사리를 잡고 가을걷이 하는 논바닥에
서 메뚜기를 잡았으며 아무 뽕밭에나 들어가 오디를 따먹었다.
어릴 적 멀리 바라보던 얕은 구릉들에 앉은 이 골프장이 나는 정겹고 한편으로 낯설다.
이 느릿한 동산에 그리스 로마 신화의 신들이 들어올 것을 마을 어귀의 영험한 당산나무인들

알았을까. 흰 모래톱이 빛나던 개울이 마이다스 왕이 황금 손의 저주를 씻은 팍톨로스 호수로 흘러들고 저수지는 오케아노스와 포세이돈이 다스리는 지중해가 된 셈이다.

'이천마이다스'는 내겐 향수를 부르는 골프장이다.

타이탄코스 4번 파5 우라노스 홀

지빌하게 준비된 대중 골프장

"1퍼센트를 위해 만들고 99퍼센트가 누린다"

이 골프장은 '대교그룹'이 지어 2013년에 문을 열었다. 대교그룹은 2002년부터 경기도 가평에 '마이다스밸리GC'라는 유명 회원제 클럽을 운영해왔기에, 이 골프장은 공사할 때부터 "한강 이남에 문을 여는 또 하나의 마이다스밸리"라고 주목받았다. 서울에서 가깝고 지형 여건이 좋았으므로 당연히 고급 회원제 클럽으로 운영될 것이라 예측되었지만, 대교그룹은 "1퍼센트를 위해 만들고 99퍼센트가 누리는 프리미엄 퍼블릭 코스"라 선언하며 이 골프장을 문 열었다.

유명 가문의 유전자

가평의 마이다스밸리GC는 국내 골프장 역사에서 의미 있는 발자취를 남겼다. 한국 산악지형의 가파른 산기슭 바위들을 그대로 이용한 조형 설계와 그리스 로마 신화의 스토리를 코스에 도입한 브랜드 아이덴티티는 이후 많은 골프장들의 설계와 마케팅에 영향을 주었다. 이천마이다스는 가평 마이다스밸리의 동생뻘로 '마이다스'라는 가문의 DNA를 이어받게 된 것인데 이천마이다스가 문을 연 뒤 얼마 되지 않아 오히려 형이 동생을 따라 '청평마이다스'로 이름을 바꾸었다.

한강 이북 가평의 청평마이다스GC는 고급 회원제 골프장으로서의 위상을 지켜나가고, 한강 이남의 '이천마이다스 골프앤리조트'는 대중제 골프장으로서 운영의 수익성을 확보하는 한편 '고급 퍼블릭 골프장과 리조트'라는 기업그룹 차원의 사업 영역을 확장한 것으로 보인다.

경영 전략이 돋보이는 골프장

이천마이다스의 개장을 즈음해서 또는 그 이후로, 많은 퍼블릭 골프장들이 생겨났다. 애초에 고급 회원제 골프장으로 추진되다가 대중제 퍼블릭 골프장로 방향 전환하여 문을 열거나(페럼클럽, 블루마운틴CC, 더플레이어스GC 등), 고급 회원제 골프장으로 운영되던 곳들이 경영난을 겪다가 대중제로 전환하는 사례(레인보우힐스CC, 사우스스프링스CC, 힐드로사이CC)들이 이어졌다.

그런 흐름 가운데서 이천마이다스는 "가장 정교하게 계획되고 성공적으로 운영되는 퍼블릭 골프장"이라 하겠다.

이천마이다스 골프앤리조트 조성 기획 단계 스케치

이 골프장은 우선 위치 접근성이 좋고, 대중 골프장으로서 안정적인 운영 수익을 내기에 적당한 규모(27홀)이다. 낮고 완만한 지형에 평화로운 느낌을 주는 설계를 도입하여 이용자의 호불호가 나뉘지 않도록 했다. 많은 손님이 이용해도 유지 보수가 쉽도록 설계, 시공된 것도 현명한 선택이었다. '마이다스밸리'의 명성과 유전자를 그대로 이

어받은 브랜드도 '금수저의 행운'이랄 만하다. 그리고 이런 것들은 '대교'라는 모기업의 기반을 바탕으로 한 '경영 전략적 판단'으로 보인다.

그리스 로마 신화의 스토리를 브랜드의 바탕으로 하고 있는 곳 답게 "이미 이겨놓고 싸운다"는 고대 로마 군의 병참 전략을 골프장 조성과 경영에도 도입한 것이라 할까.

코스 이야기

내 어릴 적 추억의 들녘에 지어진 골프장이어서인지, 나는 이곳을 "나라 안에서 가장 평화로운 느낌의 코스"로 느낀다. 내가 아는 이 가운데 이 골프장을 싫어하는 사람이 거의 없는 듯하다. 뭔가 볼멘소리를 하는 이가 있다 해도 "편안해 보이는데 은근히 까다로워" 하는 정도이고 대개는 '평화', '너그러움', '우아함' 등의 표현으로 이 코스를 말한다.

이천시 동남부 주변에는 높은 산이 없다. 야트막한 구릉 사이로 작은 하천이 흐르며 넓은 평

야가 펼쳐진 지역이다. 이렇게 완만하고 느릿한 구릉에 있는 골프 코스가 강한 인상을 주기는 쉽지 않다. 이 골프장이 들어선 자리도 해발 100미터 내외에서 최대 고저 차가 30미터 남짓한 구릉인데, 27홀 내내 펼쳐지는 평화로운 들녘의 풍광이 오히려 강한 개성으로 다가오며 기억에 남는다.

우리나라에 이런 지형의 골프장이 다시 나오기는 어렵겠다는 생각도 든다. 해남의 파인비치나 남해의 사우스케이프처럼 바다 언덕에 지은 골프장이 다시 나오기 힘든 것과 비슷하지 않을까.

'노준택 표' 서정성

이 골프장 코스 설계는 노준택 씨가 했다. '스카이72 하늘코스'를 시작으로 '베어크리크GC 크리크코스'의 리노베이션, 웰링턴CC '와이번코스' 설계와 '그리핀코스'의 리노베이션 재설계 등으로 각광 받고 있는 설계가이다. 최근에는 강화 석모도의 '유니아일랜드'와 '베어크리크춘천' 코스를 설계하기도 했다. 그의 설계 작품 중에서 베어크리크 크리크코스는 골프매거진이 선정한 '2018년 대한민국 10대 퍼블릭' 중에서 1위에 올랐고, 웰링턴CC 와이번-그리핀 코스는 골프

타이탄코스 9번 파5 오케아노스 홀

다이제스트가 선정한 '2019~2020 대한민국 베스트코스'에서 1위에 오른 바 있다.

이 설계가의 특징을 몇 마디로 설명하기는 어렵다. 다만 나는 노준택 씨가 설계한 골프 코스에서 기능적인 면보다 서정적인 면에서의 감흥을 더 많이 받곤 한다. '따뜻한 추억', '동화적인 모험'의 스토리...... 그리고 '약자에 대한 배려'를 느끼기도 한다.
바위 사이로 흐르는 시냇물을 건너고 호수를 넘어 미지의 세계로 공을 쳐 보내는 가운데 평화로운 듯 두렵기도 한 시험이 출몰하는 한 편, 모험을 부르는 길의 한쪽 편에는 약하고 서투른 여행자를 위한 우회로가 열려있는 이야기라 할까.

이 코스 27홀에서 그는, 지형의 목가적 특성을 그대로 살리면서 동화적인 모험의 놀이 공간을 빚어낸다. 낮은 구릉과 평야를 뛰놀다가 작은 계곡과 큰 호수를 건너 섬(아일랜드 그린)에 이르기도 하고 사막 같은 벙커를 지나기도 하는데...... 길은 넓고 땅과 하늘이 맞닿은 선은 유려하다.

올림푸스, 타이탄, 마이다스

'마이다스'는 고대 소아시아 지역 프리기아의 왕으로, 손에 닿는 것이 모두 황금으로 변하는 신화 속 이야기의 주인공이다. 이 골프장은 마이다스, 올림푸스, 타이탄 3개 코스로 구성되어 있으며 27개 홀에 그 홀의 성격을 말하는 그리스 로마 신화의 신, 요정, 영웅들의 이름이 붙어 있다. 장타가 필요한 긴 홀에는 힘 센 영웅 헤라클레스, 바다 형상의 호수를 낀 홀에는 대양의 신 오케아노스, 지혜와 전략이 필요한 홀에는 지혜의 여신 아테나의 이름이 붙는 식이다. 경기도 이천의 평야에 아테네 올림푸스 언덕의 신들이 잘 어울리지 않는다는 말도 있지만 이 이름들은 그 홀을 플레이하는 골퍼의 마음과 느낌을 형용하는 '화두'라 생각하면 되겠다.

골프장 명칭	이천마이다스 골프앤리조트 ICHEON MIDAS Golf & Resort
한 줄 소개	한국에서 가장 평화로운 들녘의 골프코스
개장 연도	2013년(마이다스코스 2014년)
규모, 제원	27홀 파 108, 전체길이 10,811yds(9,885m) 올림푸스코스 3,288m, 타이탄코스 3,301m 마이다스코스 3,296m
골프장 구분	퍼블릭 골프장
위치	경기도 이천시 설성면 설가로 602
코스 설계자	노준택
소유 기업	㈜대교디엔에스
잔디 종류	안양중지(페어웨이, 러프) 파인패스큐(헤비러프, 해저드) 벤트그래스(그린)
티오프 간격	7분
관리 특징	자연 생태적 보존 관리, 상위 1% 수준 퍼블릭
캐디, 카트	4백 1캐디, 승용전동카트(5인승)

한국에 지중해의 신들을 불러 온 것이 무슨 까닭인가 하는 이도 있는데 '한국의골프장이야기' 첫째 권 '청평마이다스' 편에서 적은 바 있듯이, 이 골프장이 교육기업 소유라는 것을 감안하면 어울림이 부드럽다. 서양 신화를 빌어 골프장의 격조를 높이고자 하는 브랜드 전략이기도 하겠지만, 인간의 욕망을 신과 영웅들에 반영하여 상징적으로 풀어낸 이야기가 그리스 로마 신화인 것으로 생각하면, 한 홀 한 홀 주인공들의 사연들을 플레이에 이입하여 즐기는 재미가 있겠다.

골프 코스에 대한 평가와 의견

이천마이다스는 골프다이제스트 코리아의 '2019~20년 대한민국 베스트코스' 평가에서 42위에 선정되었다.

이러한 순위는 골프 코스를 종합 평가해서 내는 것이지만 또한 다소 '평평한 평가'에 의해 나오는 것이기도 하다. 골프장들은 저마다의 목적과 기능이 있기 마련인데 그런 것은 감안되지 않는 '골프 코스 중심'의 평가라는 것이다. 나는 이 골프장이 '좋은 퍼블릭으로서의 지속성'을 유

지하는데 최적화된 곳이라고 여긴다.

혹한과 혹서가 뚜렷한 기후에서 모든 홀은 매일 최대 300여 명의 골퍼를 감당해야 한다. 그런 한편 고급 클럽 이미지를 공유하는 '마이다스' 브랜드 명성에 누가 되지 않도록 코스 품질도 유지해야 한다. 이 골프장은 사업 기획에서 코스 설계, 잔디 초종에서부터 관리 운영에 이르기까지 이런 상황을 세심히 감안한 작품이다. '수도권 입지의 수익성 높은 고급 퍼블릭 코스'로서 사업성과 브랜드 가치를 동시에 높였다 할까. 이런 '용도 적힙싱'의 측면에서 높이 평가되어야 하는 골프장이라 생각한다.

비슷해 보이지만 홀마다 다른 시험

거의 모든 홀들은 완만한 구릉 사이에 난 넓은 들판으로 이어져 있으며, 맨발로 뛰어 놀고플 만큼 평화롭다. 구릉은 게으른 초가지붕처럼 완만해서 코스에서 직선이나 급한 경사가 보이지 않는다. 홀마다의 지형적 특징이 모나지 않아서 한두 번 라운드로는 홀의 흐름이 잘 기억나지 않을 수도 있다.

그러나 막상 들어서면 모든 홀들이 골프 코스 설계 교본에 나오는 특징적인 홀들처럼 저마다

다른 모습을 갖고 있음을 알게 된다. 홀 주변 지형이 완만하게 이어지다 보니 서로 비슷한 느낌이 드는 것 뿐이다.

'골프매거진', '골프다이제스트' 'YTN' 등에서 매기는 '코스 랭킹'의 평가 항목 중에 '기억성 (Memorability)'이라는 게 있다. 각 홀이 가진 디자인의 특징이 얼마나 기억될 수 있는지를 평가하는 것이다. 이 골프장처럼 홀마다 비슷한 주변 환경이 이어지면 기억성 평가에서 불리할 것 같기도 하다. 하지만 반드시 기억성이 좋아야 좋은 코스라 할 수만은 없겠다. 이 코스의 경우에는, 비슷한 풍광이 이어진다는 것이 오히려 "칠 때마다 새로운 재미를 발견한다."는 장점이 될 수도 있을 듯하다. 매 홀마다 골퍼의 기량을 시험하기 위해 출제되는 문제가 다르고, 풍광의 변화가 드라마틱하게 전개되진 않지만 은은한 조형의 매력이 있기 때문이다.

쉬워 보이지만 쳐 보면 다르다

여주 평야의 낮은 구릉지에 앉은 코스이기에 언뜻 보기에 역동성이 느껴지지 않는다. 그래서 플레이 하기도 평화로울 것 같지만 막상 코스에 들어가면 의외로 까다로운 면들을 만나게 된다. 공이 떨어지는 지역은 넓고 평평해 보인다. 그러나 자연 지형을 큼직큼직하게 이용한 해저드들은 축구 경기의 '지역 방어'처럼 큰 길목에 배치되어 있다. 핸디캡 요소들을 단순화해서 결정적인 자리에 큼직하고 시원하게 놓은 것이다. 이들은 장타자에게는 도전과 갈등을 부르고 샷 비거리가 짧은 골퍼에게는 피해 갈 길을 뚜렷하게 안내한다. 전체적으로 티잉 구역에서의 시야가 시원하게 트여 있어서 홀마다 전략을 세우는 '생각하는 플레이'를 유도한다.

코스 길이가 짧다고 하는 이도 있던데 3개 코스(각 9홀)의 전장이 각각 3,600야드 정도 되니 결코 짧지 않다. 레귤러티가 짧다고 느끼는 이에겐 '백티'나 '챔피언티' 플레이를 권한다.

마이다스코스 3번 파3 아르테미스 홀(위), 올림푸스코스 5번 파4 포세이돈 홀(가운데), 타이탄코스 2번 파4 아틀라스 홀(아래)

'고수에게는 쉽다'고 말하는 이들도 있다. 페어웨이가 넓고 평탄하기 때문이겠다. 그런 한편 티잉 구역과 핀 위치, 러프의 세팅에 따라 난이도 조절이 가능하므로 주말골퍼의 플레이에서부터 프로들의 토너먼트가 요구하는 변별성까지도 만족시키는 세팅의 변화가 가능하다고 본다.

'토너먼트 세팅'도 기대되는 코스

클럽을 다양하게 사용하도록 파3, 파4, 파5 홀별 길이가 안배되어 있고, 좌우로 휘는 방향이 고르게 배분되어 있으며, 그린 컴플렉스(그린과 그 주변)의 굴곡 변화가 크다. 따라서 아이언 어프로치 샷에서 요구하는 구질이 다양하고 그린을 놓쳤을 때의 플레이가 다채롭다 하겠다.

언뜻 보면 샷 밸류가 높지 않은 듯하지만 매 홀 티샷, 어프로치 샷, 그린 플레이에서 요구하는 구질과 전략이 다르게 구성되어 있다.(샷 밸류에 대해서는 이 책에서 여러 번 설명하였으므로 추가 설명은 생략한다) 샷마다 생각하면서 쳐야하는 코스라는 것이다.

퍼블릭 코스로서 평소에는 손님을 많이 받아 두루 만족시킬 수 있게 세팅하지만, 만약에 정규 프로 대회를 치른다면 러프를 기르고 페어웨이를 조정하면서 변별성이 높은 토너먼트 세팅이 가능할 것이라 생각한다.

실제로는 역사가 깊지 않고 정규 토너먼트 한번 치르지 않은 골프장임에도 '명문 코스'라는 말을 꽤 듣는 곳인데('명문 코스'의 뜻에 대해서는 '해슬리나인브릿지' 편 참조), 아마도 어디서 본 듯하고 역사가 깊은 듯하고 관리가 잘 되는 코스라는 뜻이겠다.

이곳에서 프로 골프 토너먼트가 열려 코스의 숨은 장단점들이 검증, 보완되기 기대한다.

특징적인 것들

마이다스코스에는 아기자기하고 재미난 홀들이 많고 올림푸스코스에서는 우아한 격조가 느껴진다. 타이탄코스는 전략적인 홀들과 승부의 변수가 생기는 홀들이 잘 조화되어 있는데, 이 골프장에서 정규 토너먼트가 열린다면 전반(프론트 나인 Front Nine)을 올림푸스코스에서 시작하든 마이다스코스에서 시작하든 후반(백 나인 Back Nine)은 타이탄코스로 하는 것이 극적일 것이라 본다.

타이탄코스 7, 8, 9번 홀은 토너먼트 승부의 변수가 양산될 수 있는 구성이다. 7번(크로노스) 파4 홀은 긴 오르막의 어려운 홀이고 8번(테미스) 파3 홀은 가장 짧고 쉬운 홀이라 버디 가능성

이 높다. 9번(오케아노스) 파5 홀은 아일랜드 그린으로 세컨드 온 도전을 유도하도록 세팅할 수 있어서 이 세 홀에서 몇 타 차이 승부가 뒤집어질 수 있을 것이다.

올림푸스코스는 왼쪽으로 휘어지는 홀들이 많고 타이탄코스는 오른쪽으로 휘어지는 홀들이 많으니 대회가 열린다면 올림푸스코스-타이탄코스를 라운드하는 것이 공정할 것이라고 여긴다. 이 골프장 홀들 가운데 상당수는 마치 코스 설계 교본에 나올만한 규범적인 모습을 보여준다. 낮고 완만한 구릉과 평탄한 들판으로 이루어진 지형의 이점을 살려서, 코스 설계로 빚어낼 수 있는 다양한 홀들의 모양을 골고루 구현해 낸 듯하다. 그 가운데 특징적인 홀들을 유형별로 몇 가지 짚어 본다.

짧은 홀들의 매력

짧은 홀은 버디가 나올 확률을 높여주지만, 또한 욕심을 내다가 큰 실수를 할 수 있는 위험성을

갖고 있어야 변별성과 매력이 있는 법이다. 각 코스마다 그런 홀들이 한 두 개씩 있다.

마이다스코스 5번 파4 야누스 홀은 야누스라는 이름 그대로 두 얼굴을 가진 홀이다. 내리막 318미터(레귤러 티 283미터, 레이디 티 236미터)이기에 장타자에게는 '원 온(on in one)'의 유혹이 따르지만, 그린 주변에 벙커와 굴곡이 많고 가로형의 경사와 변화가 많은 그린이 쉽지 않다. 공략 방법에 따라 극적인 스코어가 나오는 홀이다.

올림푸스코스 8번 헤르메스 홀은 왼쪽으로 휘어지는 짧은 파4 홀이다. 326미터(레귤러 티 287미터, 레이디 티 220미터)이지만 왼쪽 숲을 넘기면 최단거리로 보낼 수 있다. 그린 방향으로 보내려다 왼쪽 숲에 걸려 빠지는 경우도 많고, 그린은 심하게 솟은 모양이라 장타자의 직접 공략을 받아주지 않으려 한다. 페어웨이는 넓으니 욕심을 내지 않으면 편안하게 공략할 수 있다. 올림푸스코스에서 가장 쉬운 홀인데, 실수를 부르는 홀이기도 하다.

비거리 능력에 따라 질러 치는 홀

타이탄코스 9번 파5 오케아노스 홀(508미터, 레귤러 티 460미터)은 넓은 호수를 오른쪽 방향으로 넘길수록 그린과 가까워진다. 대양의 신 오케아노스 이름을 받은 홀답게 넓은 호수가 티잉 구역 앞에서 그린 앞까지 연결되고 그린은 아일랜드 형이라 투 온(on in two)을 시도한 공을 잘 받아주지 않는다. 이 홀이 이천마이다스의 '시그니처 홀'이라 할 수 있겠다. 그 이전까지의 몇 타 차이로 벌어진 승부가 뒤집힐 수도 있는 드라마가 가능하며 아름답기도 한 홀이다.

마이다스코스 7번 파5 젤로스 홀(515미터, 레귤러 티 479미터)은 호수 너머 페어웨이의 오른쪽에 위치한 클러스터 벙커를 넘기면 투 온이 가능한 페어웨이에 안착하는 구성이다. 질투의 여신의 이름을 가진 홀답게 호수, 벙커, 오비 등이 산재해 있다. 그린 앞에까지 호수가 이어져 있으니 장타력과 정교한 어프로치 기술, 전략적 지능을 시험한다.

긴 홀의 변별성

각 코스마다 장타와 정확성(Far & Sure)을 요구하는 긴 홀들이 한두 개씩 있다.

비교적 오밀조밀한 **마이다스코스에서는 마지막 9번 파4 네메시스 홀**(412미터, 레귤러 티 356미터)이 그 역할을 담당하고, **올림푸스코스에서는 4번 파4 아폴론 홀**(415미터, 레귤러 티 370미터, 레디 티 304미터)이 골퍼의 몸이 풀리기 시작할만한 시점에 장타를 유도하며 나타난다. 정규대회를 치른다면 후반코스(Back Nine) 역할을 할 것으로 보이는 **타이탄코스에서는 7번 파4 크로노스 홀**이 긴 오르막(420미터, 레귤러 티 378미터, 레디 티 313미터)인데, 각 코스의 특성에 맞는 순서에 이렇듯 긴 홀이 구성되어 코스 전체의 변별성 균형을 맞추고 있다.

조성의 특징

조화로운 그린 콤플렉스

그린의 크기는 전체적으로 큰 편으로 느껴지지만 그린 플레이가 이루어지는 에이프런 등의 공간이 넉넉해서 더 크게 보이는 것이고 실제로는 크지도 작지도 않다. 우리나라 퍼블릭 코스의 그린은 하루 최대 300명 이상의 골퍼가 밟고 가는 만큼 충분한 넓이가 확보되어야 하고 적당한 굴곡으로 핀을 바꾸어 꽂을 수 있는 지점도 충분히 확보해야 한다. 고급 회원제 골프장의 그린과는 모양과 크기가 다를 수밖에 없는 것이다. 그런 한편 그린이 너무 넓으면 오히려 관리가

(위로부터 시계 방향으로) 타이탄코스 9번 파5 오케아노스 홀, 타이탄코스 7번 파4 크로노스 홀, 홀 설명 사인, 마이다스코스 5번 파4 야누스 홀

쉽지 않으므로 적당한 크기로 조성하여 레귤러 온이 되는 상황을 조절하고 그린 주변 플레이 공간을 확보해 주는 것이 효율적이다.

우리나라 산중 지형 골프장에서는 파3 홀이 가파른 내리막으로 조성되는 경우가 많은데 그 경우 공이 높은 곳에서 낮은 그린으로 낙하하기 때문에 잔디의 손상이 다른 홀들보다 심하게 된다. 그래서 이런 홀들은 그린 크기를 좀 더 키우기도 한다. 이 골프장은 파3 홀을 모두 평탄한 지형에 놓았기에 이런 부담에서 벗어나 있다. 적당한 크기의 그린과 충분한 그린 주변 공간을 확보함으로써 게임의 재미를 높이고 그린 관리를 손쉽게 만든 것으로 보인다.

잔디, 러프, 벙커의 특징

페어웨이와 러프의 잔디는 '안양중지'이다. '중지(中芝)'는 잎의 넓이가 중간 정도인 잔디라는 뜻이고 안양CC에서 품종을 등록한 것이다. 한국 재래종인 야지(野芝)는 잎 넓이가 넓고 옆으

타이탄코스 7번 크로노스 홀

로 자라며 무덥고 습한 여름을 잘 견디는 반면 가을이 되면 생장을 멈추고 갈색으로 변한다.
서양 잔디 가운데 우리나라에서 많이 쓰는 켄터키블루그래스는 잎이 가늘고 추울 때도 비교적
녹색을 오래 지키지만 추운 지방이 고향(한지형)이라 하여름 더위를 이겨내기 어렵다. 비뮤다
그래스 종 등의 난지형(더운 지방이 고향인) 양잔디는 추위에 약해서 한겨울을 견디지 못한다.

골프장 잔디는 짧게 깎을수록, 잎이 얇을수록 잔디에 놓인 공을 내려칠 때 깨끗한 접촉이 이루
어지기 좋다. 양잔디는 잎이 얇고 짧게 깎을 수 있지만 우리나라의 무덥고 습한 여름을 견디기
어렵다. 그래서 우리나라 들잔디 가운데 잎 넓이가 비교적 얇은 것들을 골라낸 품종을 '중지'
라 부르며, 특별히 안양CC 잔디연구소에서 선별해 보급한 품종이 안양중지이다. 이 잔디는 들
잔디보다 직립성이 강하고 밀도를 높일 수 있어서 골프공을 잘 받쳐주며, 잔디 전염병에 대한
저항성도 강하다.

연습 그린 앞 정원의 능소화

이천마이다스가 "1퍼센트를 위해 만들고 99퍼센트가 즐기는 프리미엄 퍼블릭 코스"라는 가치를 지켜 오는 것은, 기본적인 잔디 관리 역량이 받쳐주었기 때문인 것으로 본다.

비관리 지역과 생태 호수
페어웨이와 러프가 안양중지인 반면 벌칙 구역에는 페스큐(Fescue) 품종을 심었다. 생명력이 강해서 기후와 토양을 가리지 않고 잘 자라는 잔디류인데 여러 종류의 야생화들과 어우러지게 심어 놓으니 이 곳의 완만한 지형과 어울리면서 자연스러운 들판의 느낌을 잘 살려준다.
모래로 이루어진 벙커이긴 하되 풀이 자라나도 관리를 하지 않는 웨이스트 벙커(Waste Bunker)도 몇 군데 있다. 이 벙커에서는 연습 스윙할 때 골프채가 땅에 닿아도 벌타가 부과되지 않는다.
이 골프장에는 크고 작은 호수가 많다. 골프장이 개발되기 전에 원래 있던 자연의 물길을 활용해서 조성한 것이라 한다. 공사 당시 "비싼 땅에 왜 그렇게 호수를 많이 만드냐, 호수 하나 크기면 홀이 하나 더 들어갈 수 있다"는 의견도 있었는데 강영중 회장이 "앞으로는 물 부족과 환경 보존이 중요할 것"이라 하여 코스 전체를 돌아나가는 25개의 친환경 생태 호수를 만들었다한다. 이러한 요소들은 이곳의 완만한 지형과 평화롭게 어울리고 실용적이다. 비싼 값을 치른 조경 공사를 한 것 같지 않은데도 자연스럽고, 관리의 손길을 많이 대지 않으면서도 유지하기 쉬운 풍광이며, 정돈된 질서가 보인다.

친환경 클럽하우스

클럽하우스에는 이 부근 지형과 어울리는 완만한 구릉 모양의 지붕을 얹고, 지붕 전체에 흙을 덮어 세덤(Sedum) 식물을 심었다. 세덤은 기와나 바위틈처럼 척박한 곳에서도 자라는 채송화, 기린초 등의 생명력 강한 식물들을 말한다. 생태건축의 옥상과 벽면에 많이 쓰이는데 여름엔 뜨거운 태양열을 식히고 겨울엔 단열재 역할을 한다. 청평마이다스 클럽하우스가 태양광 발전 건축으로 교육기업이 만든 골프장다운 사려 깊음을 보이더니 이천마이다스에서는 생태형 건축을 도입했다. 미국 그린빌딩위원회(USGBC)가 자연친화적 건축물에 부여하는 LEED(Leadership in Energy and Environmental Design) 인증을 받은 건물이다.

기능적으로도 넉넉하다. 특히 대식당에서 스타트 광장으로 바로 연결되도록 하는 등의 동선계획은 27홀 퍼블릭 코스 고객들의 다양한 이용 특성을 잘 반영한 것으로 보인다.

인상적인 조형 작품들

스타트 광장에 설치된 인체 조형물은 이곳을 방문하는 사람들이 인상적으로 기억하는, 그리고 기념사진으로 남기는 상징물이다. 대학생 공모전 수상작품이라 하는데 작가의 의도가 어떤 것인지는 잘 모르겠으나 이곳에 놓으니 그리스로마 신화의 신과 영웅을 재해석하여 빚어낸 느낌을 주기도 한다.

클럽하우스 앞 광장의 조형 작품

살펴보면 클럽하우스 주변에 이러한 조형 작품들이 소소하게 놓여 있으며 그 작가들의 면면이 미래지향성을 느끼게 한다. 청평마이다스에도 현대 예술 작품들이 클럽 멤버들의 유산인 듯 곳곳에 전시되어 있는데, 골프장 조형물의 취향은 골프장 경영자의 철학과 안목을 말해준다. 여름에 스타트 광장 앞 고목을 타고 오르며 피는 능소화 또한 작품 같다.

팍톨로스 호숫가에서 채를 씻으며...

이천마이다스는 평화로움 속에 다면적 이야기를 품은 골프장이다.

승부를 가르는 골프 게임으로 보면, 온 몸의 힘을 다해 공을 때려보고 싶은 욕망이 솟아오르기
도 하고, 인생 최고의 샷, 생애 최저타수를 칠 수도 있을 것 같은 예감을 부르지만, 매번 수수께
끼가 이어지는 미로처럼 풀릴 듯 말 듯한 코스이기도 하다.
힐링으로서의 골프로 보면, 낮은 구릉과 평화로운 들판, 호수와 시냇물 너머의 아득한 하늘을
바라보며 사색과 대화 속에서 걸어갈 수 있는 산책의 길이며,
골프장 브랜드 스토리가 이끄는 의도로 보면, 그리스 로마 신화 속 이야기를 따라 모험의 길을
나섰다가 돌아오는 가운데, 전략적으로 생각하고 영웅적으로 도전하며 인생의 의미를 찾아나
가는 이야기를 골프를 통해 추체험하는 장이기도 할 것이다.

내 어릴 적 뛰놀던 들판에 있는 골프장이니 나 혼자의 추억에 기대어 상상하건대, 이 들판에서

올림푸스코스 9번 파4 디오니소스 홀 그린과 클럽하우스

바람에 흔들리던 미루나무나 개울과 섶다리, 작은 구릉의 손바닥만한 계단식 논 같은 것들이 어딘가 있다면 더 정겨울 것 같다.
물론 그런 정서가 로마의 드높은 신들과 어울리지 않을 것 같기도 하고......

손으로 만지는 모든 것이 황금으로 변하기를 원했다가 막상 그 소원이 이루어지고 나니 그것이 저주임을 깨닫고 호수 늪에 손을 씻고 돌아온 마이다스 왕의 이야기처럼, 마지막 홀 팍톨로스 호숫가에서 골프채를 씻는다.

너른 들녘 하늘에 무지개처럼 비쳤다 사라지는 노을이 애틋하다.

사진은 이천마이다스 골프앤리조트에서 제공한 것을 주로 사용했으며 글쓴이가 찍은 것도 있습니다.

SAGEWOOD
YEOSU GYEONGDO

세상에서 손꼽는 섬 전체 골프장 - **세이지우드 여수경도**

세이지우드 여수경도
세상에서 손꼽는 섬 전체 골프장

지금은 여수 하면 '여수 밤바다' 노래를 떠올리는 이가 많지만.
얼마전까지만 해도 "여수에서 돈 자랑 말라"는 말이 더 유명했다.

세계에 드문 다도해의 항구도시 여수에, 세상에서 보기 드문 골프장이 있다.
어쩌면 이 '여수 경도'가 여수를 대표하는 이름이 될 지도 모른다.
섬 하나가 통째로 골프 리조트인 곳이다.
모든 홀이 바다 위에 떠다닌다.

거울 같은 바다, 고래 같은 섬

여수 앞바다는 100여 개의 크고 작은 섬과 반도에 안겨있다. 동쪽의 돌산도가 왼팔로 감싸 안고 서쪽의 여수 반도가 오른팔로 보듬듯이 바닷바람을 막아둔다. 남쪽에 촘촘히 떠다니는 개도, 월호도, 금오도 등 수많은 섬들이 파도를 막아주어 호수처럼 잔잔한 '지중해'의 모습이다. 그 평화로운 여수 국동항 앞 바다 500미터 즈음에 70여만 평(2.33제곱킬로미터) 넓이의 '대경도'가 떠 있다.

이 섬 전체가 '세이지우드 여수경도'이다.

경도는 모양이 고래를 닮았다 하여 '고래 경'자 경도(鯨島)로 불렸다 한다. 고려 말 어느 왕의 후궁이 왕 앞에서 방귀를 뀌는 불경죄를 지어 이곳에 귀양 내려온 사연으로 '서울 경'자 경도(京島)로 바뀌었다는 이야기도 전해진다. 1910년 경부터는 '거울처럼 맑은 바다에 뜬 섬'이라는 뜻의 '거울 경'자 경도(鏡島)로 부른다.

여수 앞바다 (왼쪽 긴 섬이 돌산도, 바다가운데 섬이 경도)

섬 한 바퀴 골프 코스

여수엑스포와 세계적 관광지의 꿈

여수는 '여천공업단지'의 한 축인 공업도시이자 나라 안에서 가장 풍족한 바다의 항구도시이다. 인구는 많지 않으나 '돈 자랑 말라'는 말이 있을 만큼 살림살이가 넉넉하고 인근에 골프장들도 적지 않다. 가까운 시내에만 해도 호랑산 기슭에 '시티파크'라는 27홀 퍼블릭 골프장이 있고, 여수 반도 '오른팔' 끝자락에 '디오션CC'가 있다.

그런데도 경도에 골프장이 들어설 수 있었던 것은 '2012년 여수세계엑스포'를 위한 '관광레저 지원시설'로 추진되었기 때문이다. 세계엑스포 개최를 계기로 여수를 세계적인 관광지로 발전시키려는 큰 계획 아래 여러 관광 시설과 컨텐츠들이 조성되는 가운데, '세계 수준의 골프 코스'가 필요하다는 계획이 수립되었다. 그래서 '세계에서 드물게 섬 전체가 골프 코스'인 골프 리조트가 이 섬에 들어섰다.(섬이 곧 골프장인 곳은 섬은 홍콩과 하이난에 있는 것으로 확인되었다.

하지만 여수 경도처럼 섬을 거의 한 바퀴 도는 골프장은 아닌 듯하다. 어쨌든 이곳이 세상에서 극히 드문 '섬 전체 골프장'인 것만은 틀림없다.)

"세계 100대 코스 급으로 만들어 주시오!"
당시 이 개발 사업을 추진한 전남개발공사는 세계적인 골프 테마 관광지를 조성하겠다는 목표를 세우고 설계, 시공사를 선정하였는데, '세계 100대 코스 설계 경력자'가 골프 코스를 설계해

야 한다는 기본 조건을 못 박아 내건다.

'세계 100대 코스 급'의 골프장을 중심으로 고급 숙박, 위락 시설을 갖춘, '세계 일류 골프 리조트'를 꿈꾸었던 것이다. 섬 전체를 골프장으로 만드는 것이니, 모든 홀에서 바다가 보이고, 국제 토너먼트 수준의 대회를 열 수 있으며, 여수 특유의 평화로운 바다 정취를 잘 느낄 수 있는 골프장을 계획했던 것이다.

그런 과정에서 'SK건설'이 전체 공사를 맡았고, 국내 골프코스 설계 시공사인 '오렌지엔지니어링'이 '데이비드 맥레이 키드(David Mclay Kidd)'라는 영국인 코스 디자이너를 파트너로 영입하여 골프장 조성 부문을 맡게 된다.

데이빗 맥레이 키드는 미국 오레곤 주의 '밴던 듄스(Bandon Dunes Golf Resort)'와 하와이의 '나네아 골프클럽(Nanea Golf Club)' 코스 등을 설계한, 스코틀랜드 출신의 비교적 젊은(1967년생) 골프 코스 디자이너이다. 밴던 듄스는 2005년과 2007년에, 나네아는 2007년과 2009년에 미국 '골프매거진'으로부터 '세계 100대 코스'에 선정된 바 있다.

해외 설계가와 국내 기술진의 조화
미국에서 각광받는 세계 100대 코스 설계가에게도 이렇게 섬을 통째로 한 바퀴 도는 코스를 설계할 기회는 일생에 한 번 오기 어려운 일이었을 것이다. 데이비드 맥레이 키드는 이 설계 작업에 진지한 열정을 쏟았다.

골프장을 개발하는 데는 나라마다 적용되는 법규가 다르기 때문에 외국 설계자가 일을 맡으면 현지 설계진이 일정부분의 실무를 맡아 하게 된다. 그 이전에는 해외 설계가가 도면만 보내

금오도코스 6번 파4 홀 그린 부근(위), 금오도코스에서 바라본 금오도 방향 바다와 섬들(아래 / 오수현 님 제공 사진)

주고 국내 실시설계팀이 현실 여건에 맞게 해석하여 자의적으로 변용하는 경우도 적지 않았는데, 이 골프장 조성에 있어서는 설계자가 현장을 자주 방문하여 의욕적인 디자인을 제시했고 국내 설계 시공팀은 그의 설계를 국내 법규와 현실에 맞게 적용하는 호흡이 진취적으로 들어맞았다 한다.

골프장 명칭	세이지우드 여수경도 SAGEWOOD YEOSU GYEONGDO
한 줄 소개	세상에서 손꼽는 섬 한바퀴 골프장
개장 연도	2014년 정식 개장
규모, 제원	27홀 파 108, 전체길이 10,615yds(9,706m) 돌산도코스 3,364m, 금오도코스 3,215m 오동도코스 3,127m
골프장 구분	대중제(퍼블릭) 골프장
위치	전남 여수시 경호동 1013
코스 설계자	데이비드 맥레이 키드(David McLay Kidd) (한국 실시 설계 오렌지엔지니어링)
소유 기업	와이케이디벨롭먼트㈜
잔디 종류	켄터키블루그래스(페어웨이, 러프) 켄터키블루그래스(티잉구역, 에이프런) 벤트그래스(그린)
벙커	121개 (주문진 규사)
티오프 간격	7분
캐디, 카트	4백 1캐디, 승용전동카트(5인승)

27홀 전체에서 바다를 보는 것이 풍광 조망의 전제 원칙이었다면, 국제적 골프 대회를 치를 수 있는 코스 제원을 갖추면서 휴양지 코스의 편안함을 함께 느끼게 하는 것이 골프 코스 조성의 주요 주문사항이었다. 설계자는 오동도코스를 리조트 휴양형 코스로 안배하고 돌산도코스와 금오도코스에서 정규 토너먼트까지 치를 수 있는 규격을 확보했다.

관(官)에서 민(民)으로

이 골프장을 둘러싼 여수 앞바다 풍광은 애틋하고 장엄하다. 남해안 '한려해상공원'에서도 특별하게 사연이 많은 모습이라 할까. 섬을 한 바퀴 도는 27홀 코스를 라운드 하다 보면, 손에 닿을 듯한 여수 시내와 항구를 건너다 보고, 호수처럼 안온한 바다에 떠다니는 크고 작은 섬들을 눈으로 더듬으면서, 먼 대양의 수평선까지 가슴에 담게 된다.

이런 풍광 입지는 세상에 드문 것이니, 이 골프장을 개발한 전라남도와 전남개발공사가 세계적인 골프 리조트를 꿈꾸었던 것도 당연한 야심이었을 터이다.

애초의 계획으로는 '여수세계박람회' 개최에 맞추어 고급 회원제 골프장으로 문 열려 했으나, 여러 사연으로 늦추어지면서 2014년 4월 대중제(퍼블릭) 27홀 골프장으로 정식 개장했다. 그 뒤 여러 해 동안 지역과 광역 개발 차원의 여러 발전 계획이 수립되었다가 무산되는 과정이 있었고, 민간 사업자에게 매각하려는 협의가 오래 추진되다가 2020년 '미래에셋컨설팅'이 지배하는 '와이케이디벨롭먼트'가 인수하였다.

그 과정에서 이 골프장은 2014과 2016년 서울경제골프매거진 선정 '한국 10대 퍼블릭 코스'
에 연속해서 올랐고, 골프다이제스트 선정 '대한민국 10대 베스트 뉴 코스'에 오르는 등 주목
받아오고 있다.

코스의 특징

여수 앞바다를 모두 돌아보는 한 바퀴

이 골프장의 코스는 섬 그 자체이다.

거의 모든 홀에서 바다를 볼 수 있으며, 바다의 모양은 홀마다, 시간마다 다르다. 처음 문을 열
때는 힐(Hill)코스, 파인(Pine)코스, 오션(Ocean)코스로 불렸으나 곧 '오동도코스', '돌산도코
스', '금오도코스'로 이름을 바꾸었다. 각 코스에서 바라보이는 섬들의 이름을 딴 것이다.

오동도코스는 바다 건너 여수 시내 쪽과 그 너머 오동도 방향을 바라보기에 항구의 향토색 진한 풍취가 짭짜름하게 느껴지고, 돌산도코스는 호수 같은 바다와 그 건너 바위산을 바라보는 평화로운 풍치가 동화 같은 상상을 부른다. 금오도코스는 남쪽 먼 바다에 점점이 떠 있는 섬 사이로 대양의 수평선을 바라보는 장쾌함이 두드러진다.

이렇게 세 코스를 라운드 하면 섬을 한 바퀴 돌아 여수 앞바다의 모든 이야기를 만나게 되는 것이다.

휴양형 코스에 토너먼트 코스 요소를 결합

오동도코스는 길이가 짧은(3,127m) 대신 폭이 좁고 언듈레이션이 많은 페어웨이와 바닷가 언덕의 완만한 구릉이 이어지므로 정확한 샷이 필요하다. 바다를 넘겨서 쳐야 하는 파4 홀, 돌산대교를 배경으로 하는 파3 홀 등 아기자기한 구성으로 재미를 느낄 수 있다.

돌산도코스는 3개 코스 가운데 토너먼트를 치르기에 적합한 편이다. 전장이 가장 길며(3,364m) 샷 밸류를 감안한 지형 및 장애물 배치가 눈에 들어온다. 해송 숲과 바다를 넘나들면서 다이내믹한 공략을 해야 하며, 자신의 능력에 따라 모험과 전략을 선택해야 하는 코스이다.

금오도코스는 대양을 향해 열린 바닷가 언덕을 타고 가면서 강한 해풍과 싸워야 하는 과제를 준다. 길이가 중간 정도(3,215m)이며, 홀들은 언덕을 따라 직선에 가깝게 배치된 것이 많아서 남성적인 느낌이 들지만, 드넓은 바다 전망이 영화 장면처럼 인상적이어서 남녀를 불문하고 좋아한다.

낭떠러지 끝의 작은 그린

세 코스 모두 그린은 작고 그린 주변 한 쪽은 낭떠러지에 가깝다.

섬을 돌아가면서 최대한 바다 쪽 끝 언덕에 홀을 앉히다 보니 그린은 바다와 가장 가까운 벼랑에 놓이기 쉽다. 그러므로 그린 컴플렉스(그린과 그린 주변 공간)에서 숏 게임 그린 플레이 할 공간은 한쪽에 치우쳐 있기 마련이다. 어프로치 샷이 그린을 놓치더라도 바다와 반대쪽으로 공을 보내야 다음 기회가 있으며, 핀을 직접 노릴 때는 아주 정확한 공략이 필요하다.

그린은 세계적인 토너먼트 코스들처럼 작고 언듈레이션이 입체적이어서 어프로치 샷의 정확성을 예민하게 변별한다.

금오도코스 5번 파5 홀 페어웨이(위), 오동도코스 3번 파5 홀 그린 주변(가운데), 돌산도코스 6번 파5 홀(아래 / 정희 님 제공 사진)

골프 코스와 바다 건너 돌산도

진행 방향과 배치의 균형

섬을 한 바퀴 도는 코스이다 보니 코스의 진행 방향이 한쪽으로 치우치기 쉽다. 특히 금오도 코스는 남쪽 낭떠러지 지형을 따라 조성되었으므로 시계 방향 한쪽으로 돌아갈 수밖에 없는 구조이다.

그런데 돌산도코스와 오동도코스에서 시계 방향과 시계 반대방향 진행을 적절히 배분함으로써 단조로움을 피하고, 드로우(Draw 왼쪽으로 휘는) 샷과 페이드(Fade 오른쪽으로 휘는) 샷 기술을 골고루 테스트 하도록 안배했다.

그런 가운데 모든 홀에서 바다를 보게 한 것이 주목할 만하다. 경도에는 예로부터 산성(山城)과 고인돌 등 보존해야 할 유적 터가 곳곳에 있다. 그것들을 피해 가면서 발주자의 여러 주문사항을 충족시키는 일이 쉽지는 않았을 것이다.

'선'으로 치기보다 '점'으로 쳐야 하는 코스

"여수경도는 코스가 까다롭다"고 하는 이들이 많다. 그런 반면 의외로 좋은 스코어를 내는 이들도 더러 있다. 요약해 말하면, '전략을 분명히 세워 플레이 해야 하는 코스'라 하겠다.

27홀 전체에서 바다가 보이고 그 가운데 15개 홀이 바다에 직접 닿아 있는데 바다 쪽으로는 벌칙 구역이고 그 반대쪽은 대개 오비 구역이다.

페어웨이와 그린을 향할 때 공략의 포인트를 정확하게 설정해야 한다. '대충 그 방향'이 아니라 정확한 점을 향해야 한다는 것이다. 코스 자체가 그렇게 만들어져 있어서 공략의 과녁을 정확히 하지 않으면 한순간에 크게 실점하기 쉽다.

매 홀 티잉 구역에서 '플랜 A'와 '플랜 B'의 전략을 세워 플레이 하도록 설계된 것이다. 처음에는 실수가 많더라도 코스를 눈에 익혀 생각한 뒤 공략하면 훨씬 나은 결과를 얻게 될 것이다.

인상적인 것들

바다를 건너는 홀들

코스 설계자는 "바다를 넘겨 치는 홀이 3개 이상 들어가도록 설계해 달라"는 요구를 받았다 한다. 9홀 3개 코스 27홀이니 각 코스마다 하나 정도는 바다를 건너는 '시그니처 홀'을 만들고 싶었던 듯하다.

오동도코스 5번 파4 홀과 9번 파3 홀이 바다를 건너 티샷 하는 홀이다. 특히 9번 홀에서는 여수 시내와 돌산대교를 바라보며 코스를 마무리하게 된다.

또한 돌산도코스 9번 파5 홀은 해안선을 따라 오른쪽으로 거의 직각에 가깝게 휘어진다. 장타자는 티샷에서 바다를 넘겨 최단거리로 공략할 수 있다. 티샷을 잘 보내면 '투 온(on in two)'이 가능하게 되므로. 모험과 전략 사이에서 선택해야 하는 홀이다.

금오도코스 석양

한국에서 가장 아름다운 파5 홀

금오도코스는 2번 홀부터 7번 홀까지 모두가 포토 존이자 시그니처 홀이라 할 만큼 장엄한 바다 조망이 펼쳐진다. 특히 4, 5, 6, 7번 홀은 바다를 낀 언덕 길을 따라 조성되어 있다. 코스 왼쪽은 까마득한 낭떠러지이고 그 밑은 깊고 푸른 바다다.

그중에서 5번 파5 홀은 2019년 골프매거진으로부터 '한국에서 가장 아름다운 파5 홀'로 선정되었다. 남쪽 먼 바다 금오도 방면으로 보이는 수평선과 섬들이 시공을 초월한 다른 차원에 있는 듯한 환상을 빚어낸다. 이 홀 페어웨이를 걷다 보면 어느 영화의 한 장면 속에 들어와 있는 느낌이 들기도 한다.

다만 이 홀들의 페어웨이를 조성하기 위해 쌓은 옹벽의 인공 흔적이 아쉬워 보인다. 페어웨이 오른쪽 구릉에 옛 산성터가 남아 있어서 보존해야 했기에, 부득이 바다 쪽 비탈의 흙을 돋우어 페어웨이 넓이를 확보하고 옹벽을 쌓았다 한다.

원래 지형을 그대로 살려 길을 내지 못한 것은 자연에게 미안하지만, 그 덕에 이 환상적인 풍광에서 라운드 할 수 있는 것이겠다. 이 코스 시공사인 오렌지엔지니어링의 당시 책임자였던 이현강 씨에게 물으니 "이 지역에 자생하는 '줄사철' 등의 넝쿨식물이 그 옹벽을 감싸게 되기를 기다린다."고 했다. 어서 그 기다림이 이루어지길 바란다.

코스에서 여수 항구와 시내 모습이 코앞에 보인다(위), 금오도코스 5번 파5 홀(아래 / 정희 님 제공 사진)

폐 양식장과 어선들의 '경호귀범'

이 섬에서 물고기를 잡으며 살던 이들이 떠나면서, 양식장과 부두는 흔적만 남게 되었다. 빛이 바래고 삭아가는 양식장은 기묘한 정취를 자아낸다. 이 잔해들을 일부분만이라도 그대로 보존하면 어떨까 하는 생각이 든다.

여수 항구의 살아있는 모습을 생생하게 볼 수 있다는 것도 이 섬에서 골프하며 느끼는 매력 가운데 큰 하나이겠다. 호수 같은 가까운 바다, 먼 대양의 수평선도 볼 수 있지만 시민들의 삶이 활기차게 펼쳐지는 항구의 바다 또한 보인다는 것이다.

라운드 하다 보면 크고 작은 배가 가까이에 오간다. 먼 바다에 나갔다가 만선으로 돌아오며 경도 앞을 지나는 고깃배들의 모습을 '경호귀범(鏡湖歸帆)'이라 하여 '여수 8경' 중 하나로 친다.

배 타고 들어가는 섬

경도는 배를 타고 들어가야 하는 섬이다. 차 20대와 사람 100여 명을 태울 수 있는 '차도선'이 국동항에서 경도항까지 500미터 구간을 시간대에 따라 10~30분 간격으로 왕복한다.

이 섬을 인수한 대기업이 차를 타고 바로 건널 수 있는 연륙교를 건설한다는 이야기도 들리더라만 배를 타고 들어갈 때 느끼던 '섬'의 신비로움과 낭만이 사라지게 되지 않을까 하는 아쉬움도 있다. 가평의 남이섬이 그렇듯이, 배를 타고 들어가기에 '섬'으로서의 매력이 큰 것 아닐까 생각하는 이도 적지 않은 것이다. 연륙교를 세운다면, 배를 타고 들어가는 것보다 훨씬 아름답고 값진 개발이 이루어지기를 바랄 뿐이다.

여수경도 갯장어 회

경도 별미, 갯장어

갯장어는 붕장어와 비슷하지만 주둥이가 길고 이빨이 있다. 정약전 선생(1758~1816)은 '자산어보'에서 갯장어를 '견아리', 즉 개의 이빨을 가진 장어라고 적었다. 우리나라에서 나는 갯장어의 거의 대부분이 이곳 경도에서 잡힌다. 허영만 선생의 만화 '식객'에도 나오는 경도 갯장어는 '하모'라는 일본말 이름으로도 불린다. '하모도 한 철'이라는 말은 여름철에 잡힌 갯장어가 가장 맛있다는 표현이다. 회로 먹든 '샤브샤브' 요리로 먹든 별미이며 귀한 만큼 가격이 꽤 높다. 전국에 이름난 갯장어 전문 식당이 이 섬 안에 몇 곳 있다.

코스 관리

사철 푸른 양잔디

이 골프장 페이웨이와 러프 잔디는 '켄터키블루그래스'이다. 이 잔디는 추운 지방이 고향인 '한지형 잔디'로 우리나라 골프장에 가장 많이 식재된 양잔디 품종이다. 따뜻한 지방이 고향인 버뮤다그래스 등 난지형 잔디는 우리나라의 추운 겨울을 견디지 못하며, 우리나라 자생 품종인 들잔디나 중지류는 날씨가 추워지면 누렇게 변하며 생장을 멈춘다. 골프장 잔디는 짧게 깎을수록 골프채와 공의 접촉이 깨끗해져서 좋은데 우리나라 자생 품종은 짧게 깎기 어렵다. 그래서 푸른색이 오래 유지되고 짧게 깎을 수 있는 양잔디를 파종하는 골프장이 이천 년대 이후 국내에 많이 생겼다.

켄터키블루그래스는 섭씨 15.5도~24도에서 가장 잘 자라는 품종인데 영상 7도 이상이면 호흡을 하고 12도 정도에서도 생장하기 때문에 늦은 가을까지 선명한 푸른빛을 유지한다. 반면에 무덥고 습한 여름을 견디기 힘들어 한다. 한여름 열대야를 견디지 못하고 녹아내리는 경우가 많으므로 예고(깎는 높이)를 높이며 호흡이 잘 되도록 배수를 잘 시키고 물을 주어 열을 식히는 방법 등으로 세심히 관리해 주어야 한다. 경도는 바다 위 섬이라 해풍이 한여름 지표 온도를 낮추어 주기에 이 품종을 심었던 듯하다. 켄터키블루그래스 위에 난지형 버뮤다그래스와 한지형 라이그래스를 철따라 덧파종하는 작업도 진행중이라 한다.

드러나는 코스의 본디 매력

이곳의 잔디 관리가 좋지 않다는 소문이 한동안 들린 적 있었지만 대기업 인수 이후 높은 수준을 유지하고 있다. 많은 손님을 받지 않는 회원제 골프장으로 계획되었다가 퍼블릭 골프장으로 전환하였기에 애초 계획보다 많은 손님의 발길이 닿는 것을 양잔디가 한동안 힘겨워했었는데 이제 안정을 찾은 듯하다.

한옥 외관 클럽하우스

이 골프장의 그린은 평균 600제곱미터 정도로 다소 작은 편인데 언듈레이션이 크고 복합적이라 상상력을 입체적으로 발휘해서 그린플레이 해야 한다. 그린컴플렉스(그린과 그 주변) 한쪽은 낭떠러지이고 반대편에 여유 공간이 있는 것이 대부분이므로 자기 실력보다 지나치게 공격적인 어프로치는 큰 실점을 부르기 쉽다. 그린에 가까워지면서 짜릿한 승부가 벌어지는 코스인 것이다.

다만, 그린이 작고 굴곡이 커서 핀 위치를 다양하게 바꾸지 못하므로 그린 관리가 쉽지 않아 보인다. 회원제 코스라면 많은 손님을 받지 않기에 관리하기 편하지만, 전국에서 많은 손님이 오는 퍼블릭 코스이므로 늘 좋은 그린 품질을 유지하는데 비용이 더 들 것 같다.
대기업에 인수된 뒤 우수한 인력들이 영입되고 많은 투자가 이루어지는 것으로 안다. 이제 코스의 본디 매력을 제대로 즐길 수 있게 된 것이다.

누군들 추억을 간직하지 않으리…

이곳에서 골프 하면서 공을 치고 있다는 것을 깜박깜박 잊기도 했다. 여수 바다는 여러 가지 모습과 이야기로 눈과 귀를 간질인다.

섬과 육지 사이 사람이 먹고 사는 바다, 섬 사이로 배가 지나는 바다, 호수 같은 지중해 바다, 섬들이 건네는 이야기의 바다. 꽃 피고 음악이 흐르는 듯한 바다. 낡은 항구가 있는 고단한 정착의 바다, 섬 사이로 끝없는 대양의 바다……

바다 풍치는 다감하고 코스는 개성이 뚜렷하다. 땅의 모양을 살려내다 보니 저절로 개성 넘치는 코스가 되었을 것이다. 휴양형 코스나 토너먼트형 코스라는 말로 이 골프장을 단정할 수 없고, 샷 밸류니 심미성이니 하는 평면 잣대로 이 코스를 가늠하기 어렵다.

이 독특한 코스가 모든 사람의 플레이 취향을 고루 만족시킬 수 있을지는 모르겠지만, 누군들 이 코스에서 일생 기억할 추억의 장면을 남기지 않으랴.

쪽빛 바다가 펼쳐진 금오도코스 5번 홀을 지나면서 나는 문득 두려웠다. 이 장엄한 바다 언덕에서 공놀이로 소요하는 것은 어떤 공덕의 인연인가......무언가 헛된 일을 하면 벌 받을 길을 가고 있는 지도 모른다는 생각 속에 참회하며 걸었다. 순간순간이 소중하다는 속삭임을 들은 것 같기도 하다.

......

이 골프장은 이제 '세이지우드 여수경도'라는 이름으로 불린다. 세이지우드(Sagewood)라는 브랜드는 사전적으로 '현자(賢者)의 숲'이라 이해하면 되지 않을까 싶다.
세이지우드라는 이름대로 이 섬과 골프장의 제 가치를 현명하게 살려내기 바란다. 세상에서 하나 뿐인 곳이 되어야 마땅한데 한동안 관(官)에서 개발하고 운영하며 '바다와 풍경'만 평범하게 팔아왔던 셈이다.

값어치가 아직 백분의 일도 드러나지 않았으니 살뜰하게 가꾸길 기대한다.

사진은 세이지우드여수경도에서 제공한 것을 주로 사용했으며,
독자께서 찍어 보내주신 사진과 글쓴이가 찍은 것도 썼습니다.

LASSA
GOLF CLUB

호수, 협곡, 하늘 길의 몽유도 - **라싸 골프클럽**

라싸 골프클럽
호수, 협곡, 하늘 길의 몽유도

라싸 골프클럽이 문 열기 전 시범라운드에 갔었다.
풍광은 한국 산중에서 일찍이 본 바 없이 수려했으나 미성년의 풋기가 생생한 모습이었다.
골프장은 적어도 문 열고 두어 해 지나야 비로소 제 꼴을 갖추어 간다.
사계절을 거듭 겪으며 보완하고 많은 골퍼들의 플레이를 통해 검증되며 다듬어진다.

이 골프장이 문 연 2020년은 윤달이 들고 여름이 늦게 온데다가 긴 장마가 이어져서
시범 라운드 하던 7월의 잔디 밀도는 성글었다.
다녀온 뒤 코스에 대한 짧은 감상 후기를 써서 블로그에 올리고 머릿속에서 지웠다.

그런데 이 골프장 몇 개 홀의 잔상이 기억에서 떠나지 않았다.

다른 골프장에 가서도 이 홀들의 풍경이 겹쳐 보이곤 했다.

알 수 없는 우연이 거듭된 인연으로 8월에 또 라운드 하게 되었다.

늦은 오후였다. 하늘을 머금은 호수와 먼 산그림자를 물들이는 노을이 홍시 빛깔처럼 고왔다.

새벽 모습은 어떠냐고 물었더니 나이 든 캐디가 대답했다.

"신비로워요. 이런 데 처음 봐요."

다시 9월 중순 새벽 시간을 잡아 라운드 했다.

그 새벽 이곳 포천의 산과 들이 들려준 장려한 이야기들을 담을 자신이 없다.

포천의 하늘길

포천에는 빼어난 골프장들이 많다. 일찍이 '북일남화'의 북쪽 명성을 얻은 '일동레이크GC'와 명성산의 울음을 담은 '몽베르CC'가 있고, 운악산을 바라보는 '베어크리크GC' 등이 있다. 골프 코스의 변별력이 높고 풍광과 조경이 아름다운 곳들이다.

이들의 이름 옆에 머지않아 라싸 골프클럽을 놓을 수 있기를 기대한다.

포천의 일동레이크에서 느껴지는 장려한 스카이라인과 베어크리크가 자랑하는 운악산과의 조응, 몽베르의 명성산이 주는 역동성 등을 함께 느낄 수 있는 곳이 이 골프장이라 느낀다.

내가 찾아 탐사하고 '한국의골프장이야기' 책에 수록하는 골프장들은 모두 완숙한 것들이다.

그런데도 이 풋풋한 미성년의 골프장 이야기를 적는 것은 풍광이 아름답기 때문만은 아니다.

탐미주의 설계가

이 골프 코스를 디자인한 권동영 씨는 우리나라 골프장 순례자들 사이에 '마니아 층'이 있는 설계가이다. 그 이름을 모르는 이들도 그가 설계한 골프장 이름들을 들으면 고개를 끄덕인다. '북일남화'의 남쪽 골프장 화산CC를 비롯하여 여주의 신라CC, 용인의 지산CC, 안성의 파인 크리크CC 등은 그가 한국 골프 코스 1세대 설계 거장 고 임상하 선생(1930~2002) 문하에서 설계한 코스들이다. 그 뒤 그는 우리나라에서 가장 많은 골프장을 설계·시공한 '오렌지엔지니어

설계자 권동영 씨

링'의 설계 책임자로서 몽베르CC, 마이다스밸리(청평마이다스), 블루원상주, 힐드로사이CC 등의 코스들을 설계했다. 하나같이 아름답기로 나라 안에서 이름난 골프장들이다. 그밖에도 그의 손을 거친 여러 코스들이 아름다움의 독창성과 까다로운 변별력으로 이름나 있다.

우리나라 골프장들 하나하나에 대한 홍보 기사 성격의 글들은 드물지 않았으나, 골프 코스에 대한 비평이랄 만한 것은 찾기 어렵다. 비평은 '해석'하고 '판단'하는 일인데, 나의 과문함 탓인지 국내 골프장이나 설계가에 대한 해석 단계의 비평 자료도 거의 찾지 못했다.

나는 권동영 씨가 설계한 여러 코스들에 대한 글을 몇 차례 쓰면서, 그가 과거에 인터뷰한 기사나 기명 칼럼들을 참고하는 한편 내가 직접 골프장들을 다니면서 보고 느낀 감상과 해석을 얼기설기 적어왔다.

서양의 유명 골프 코스 디자이너들이 넉넉한 계약 조건에서 설계한 골프장들에 견주어, 그가 국내 설계회사의 팍팍한 현실에서 빚어낸 골프장들이 어떻게 다른지 살펴보려 했다. 직접 만나 이야기 듣기도 했으나 되도록 골프 코스 자체를 경험하며 해석하려 애썼다.

내가 이해하기에 그의 창작 스타일은 연역적이기보다는 귀납적이다.

그는 자신이 골프 코스를 설계할 현장에서 그 땅의 '속 무늬'를 꿰뚫어 보려 노력한다. 그리고 자신이 생각하는 이상 세계로서의 코스를 그림 이미지로 상상하여 직접 손 그림 도면으로 그려낸다. 서양화를 전공한 화가 출신이기에 터득한 작업 과정일 것이라 짐작한다.

이러한 미학적 작업 전개의 바탕이 되는 설계 철학에는 아마도 스승의 가르침이 큰 영향을 주었을 것이다. 작고한 임상하 선생이 자신에게 이렇게 가르쳤노라고 그는 말했다.

"우리가 자연에 부득이 손대어 개발하려고 할 때, 그 자연에는 스스로 원하는 가장 이상적인 모습이 있기 마련이다. 그 모습을 치열하게 찾아내는 게 설계자와 개발자의 작업이고 의무다."

'라싸'는 장년의 권동영이 포천의 산기슭 자연에서 찾아낸 이상 세계의 입체그림일 것이다.

'라싸(LASSA)'라는 꿈의 공간

"라싸는 티베트 말로 '신들의 땅'을 뜻한다. 이상향 '샹그릴라'로 가는 길목에 있는 고원이다."

이것이 라싸(LASSA)의 '브랜드 스토리'이다.

브랜드와 스토리가 만들어진 배경을 굳이 캐낼 필요가 있겠는가마는, 이 골프 코스에 대한 이해를 돕기 위해 간략히 적는다.

'샹그릴라(Shangri-La)'는 영국의 작가 제임스 힐튼(James Hilton)이 1933년에 펴낸 소설 『잃어버린 지평선(Lost Horizon)』에 나오는 이상향의 이름이다. 세상의 풍파에서 벗어나 사람이 늙지 않고 죽지 않으며 근심과 고통에서 해방된 곳이다. 티베트의 험준한 산중의 숨은 선경 지역이라 적힌 가상의 낙원이다. 티베트 말로 '마음의 해와 달'이라는 뜻인 샹그릴라(Shangri-La)라는 어휘는 이 소설 이후 이상향을 뜻하는 보통명사로 통해왔다.

세월이 흐르면서 티베트의 여러 마을들이 스스로 샹그릴라임을 선언하고 나섰다. 그러자 중국 정부는 2002년 중국 윈난성(雲南省) 디칭(迪慶)의 티베트족 자치 행정구역 명칭을 '샹그릴라' 현(香格里拉 縣)으로 정했다.

레이크코스 5번 파3 홀

이 샹그리라 현은 해발고도 3,459m의 고산지대로, 티베트의 수도이자 달라이라마의 포탈라궁이 있는 라싸(拉薩, Lha-sa)와 호도협(虎跳峽) 협곡을 넘어 이웃한다. 라싸는 티베트 어로 '신의 땅'이라는 뜻이다.

'라싸'는 이 골프장 개발 추진의 프로젝트 명이었다 한다. 이것을 이름으로 정하면서 "이상향(Shangri-La)으로 가는 길목에 있는 신들의 땅(Lha-sa)"이라는 브랜드 스토리가 구성되었다. 골프 코스 설계를 맡은 권동영 씨는 이 브랜드 스토리를 듣고 백두대간의 한북정맥이 내닫는 포천의 산기슭에 '터의 무늬'를 잡기 시작한다.

라싸 - 호도협 - 샹그릴라

"라싸의 축복받은 대지에서 호도협 협곡을 지나 샹그릴라의 천상으로 이르는 모험의 여정"

권동영 씨가 설정한 이 골프장의 코스 설계 개념이라 한다.

그는 호도협에서 강한 느낌을 받았다고 했다. 호도협은 인도 대륙과 유라시아 대륙의 지각운동
으로 생긴 협곡이다. 티베트 사람들의 성산인 하바설산(5396m)과 옥룡설산(5596m)이 갈라진
높이 2,000미터, 길이 16킬로미터의 협곡에 장강(長江)의 물이 흘러 닿는 곳이다. 이곳에서 사
냥꾼에 쫓기던 호랑이가 바위를 딛고 날듯이 강을 건넜다 하여 호도협이란 이름이 붙었다 한
나. 이 협곡의 길은 먼 옛날부터 당나라와 티베트 사이에서 차와 말을 교역하던 '차마고도(茶馬
古道)'의 일부이기도 하다. 세계에서 가장 아름다운 풍경이라 칭송되는 구간이 이 협곡에 있다.

권동영 씨는 포천 민둥산의 산자락과 불당계곡을 관찰하고 코스의 길을 찾아내려 애썼다. 인간
세상의 산중 분지에서 모험의 계곡을 넘어 하늘의 낙원으로 가는 라싸 - 호도협 - 샹그릴라의
이야기를 상상의 화폭으로 펼쳐내려 한 것이다. 레이크코스 - 밸리코스 - 마운틴코스의 흐름은
그 스토리의 서사적 입체 회화이다.

포천의 산수가 끌어안은 이상의 세계
한국의 낮은 산기슭에 그런 그림이 그려질까 궁금할 수 있지만 이곳은 포천이다.

포천(抱川)은 고을이 내(川)를 안고(抱) 있다는 뜻이라는데, 내 눈에는 신령스러운 자태의 산들이 내를 안고 있는 것으로 보인다.

서울 방향에서 차를 타고 이 골프장에 가까워질수록 산줄기의 선명한 흐름이 눈에 보인다. 태백산맥의 흐름이 금강산 못 미친 철령에서 갈라져 서울 부근까지 치고 내려오는 광주산맥이다. 이 산줄기를 백두대간으로는 한북정맥(漢北正脈)이라고도 한다. 대성산(1,175m), 광덕산(1,049m), 국망봉(1,167m), 민둥산(1,023m), 운악산(936) 등의 해발 일천 미터 높이 산들이 이곳까지 꿈틀거리며 내려오다가 포천 분지를 만나 정순해지면서, 북한산, 도봉산, 인왕산의 왕기(王氣)로 멈춰서며 큰 도읍을 만들었다.

지금은 인간의 문명 시설들로 빼곡해진 서울에 다가설수록 상서로운 기운은 오히려 가뭇해지지만, 포천 분지가 시작되는 일동 부근에서는 그 강렬한 맥박을 느낄 수 있다. 이 기운을 받아 궁예는 태봉을 세우고 이 부근 전장에서 피흘리다 명성산 망무봉에서 울었던 것인지도 모르겠다.(그 망무봉 아래가 권동영 씨가 설계한 몽베르 CC이다. 이곳 라싸에서 가깝다)

또한 이 기운은 티베트 고원과 협곡에 영감을 받아 빚은 라싸와 샹그릴라의 이야기를 넉넉히 품어 안는다. 새벽에 이 골프 코스를 걸어 보라.

골프장 명칭	라싸 골프클럽 LASSA Golf Club
한 줄 소개	포천의 하늘로 가는 산중 몽유도
개장 연도	2020년
규모, 제원	27홀 파 108, 전체길이 10,923yds(9,988m) 마운틴코스 3,717yds(3,399m) 레이크코스 3,701yds(3,384m) 밸리코스 3,505yds(3,205m)
골프장 구분	대중제 퍼블릭 골프장
위치	경기도 포천시 이동면 제비울2길 161
코스 설계자	권동영
소유 기업	라싸디벨로프먼트
잔디 종류	중지(페어웨이) 중지, 야지(러프, 헤비러프) 켄터키블루그래스(티잉구역, 에프런) 벤트그래스(그린)
벙커	92개(주문진규사)
티오프 간격	7분
캐디, 카트	4백 1캐디, 승용전동카트(5인승)

코스 이야기

권동영 씨가 설계한 산중 코스들은 공통되게 '보는 즐거움'을 준다. 코스 안에서 예쁜 풍광과 장면들을 많이 만나게 된다는 뜻이다. 그는 한국 산중 지형의 구릉과 계곡 흐름을 존중하면서도 어딘가 차원을 벗어난 환상의 공간으로 골퍼들을 이동시킨다.

권동영의 회화적 '미장센'

다소 이국적으로 보이기도 하는 이 공간들은 사실은 한국의 산을 이루고 있는 익숙한 요소들을 재배치한 것이다. 이를테면 맞은편의 소담한 산을 골퍼의 플레이 동선의 시각 안으로 끌어들이거나, 플레이어의 눈높이에서 호수와 하늘이 조응하게 함으로써 자잘한 조경 장식 없이도 코스 공간을 영화의 미장센처럼 회화적으로 재구성하는 것이다.

이 골프장에서 그는 한층 담백한 회화적 기교를 보여준다. 포천의 자연 풍광이 본디 그러한 것인지, 그가 풍광을 이해하고 재배치한 것인지를 판단할 수는 없지만 나는 그가 의도적으로 구성한 것이라고 이해한다.

가장 높은 지대의 마운틴코스를 조성하며 절토한 흙더미를 맨 아래 쪽 완만한 경사면에 성토하여 평평한 들판을 넓게 다지고, 그 터 안에 호수를 만들어 레이크코스의 서정적 경관을 확보했다. 그리고 민둥산에서 흘러내려오는 불당계곡을 골프 코스 가운데로 끌어들여 호도협 느낌의 모험적인 밸리코스를 구성했다.

레이크코스 2번 파4 홀 페어웨이 벙커

레이크코스(라싸) - 밸리코스(호도협) - 마운틴코스(샹그릴라 입구)의 모험 길을 만든 것이다. 플레이어가 그 길을 걷는 가운데 장대한 산봉우리와 거울 같은 호수, 아득한 스카이라인 등과 거듭 만나며 신비로운 분위기를 체험하게 했다.

퍼블릭 코스의 합리적 선택 - 벙커, 해저드, 언듈레이션

시범라운드에 처음 왔을 때 나는 벙커가 의외로 얕고 그린의 굴곡이 크지 않은 점에 다소 실망했었다. 최근 만들어진 도전적인 '상위 랭킹 코스'들과는 사뭇 달랐기 때문이다.

그런데 라운드를 거듭할수록 이것이 오히려 옳겠다는 생각이 들었다.

웬만큼 깊은 벙커는 정상급 프로 선수들을 위협하지 못하며, 일반 골퍼들은 벙커의 깊고 낮음에 관계없이 탈출 자체를 어려워하는 편이다. 또한 지나치게 솟은 그린(엘리베이티드 그린)과 다층 언듈레이션은 충분한 전장을 확보한 코스에는 꼭 필요하지 않은 것일 수도 있다.

깊고 화려한 벙커, 입체적인 그린을 가진 코스들이 보통 골퍼들에게는 어렵기로 악명 높다가 막상 정상급 프로 선수들에게는 속절없이 맹폭당하는 이유는 주로 코스 길이 때문이다. 코스의 길이는 IP(Intersectin Point)지점 설정에 따라 정해지는데 가령 티잉 구역에서 250미터 지

점에 IP지점을 설정했을 경우 260미터 이상 비거리를 내는 선수들에게는 표기된 거리보다 매 홀 10미터 이상 짧은 코스가 되어 무력해진다. 전장을 충분히 확보한 골프 코스(특히 퍼블릭 코스)는 벙커와 그린에서 난도를 덜어내어 다른 요소에 배분하는 게 오히려 조화로울 수도 있다.

라싸 골프장의 IP는 260미터 기준으로 설정되었으며 27홀 중 두 개 코스 조합 7,400야드 안팎의 넉넉한 길이로 조성되었다. 5개의 티잉 구역이 마련되어 길게도 짧게도 셋업할 수 있으니 난이도의 조정 폭은 매우 넓은 편이다. 언듈레이션이 지나치지 않은 그린이기에 핀을 꽂을 수 있는 컵 위치도 충분하다.
이러한 변용성은 특히 퍼블릭 코스 관리의 합리적 지속성을 담보하는 요소들이다.
벙커를 얕게 하고 지나친 언듈레이션을 지양하자는 생각은 골프장 측에서 낸 것이라는데 설계자는 흔쾌히 받아들였다. 우리나라 골프장들이 퍼블릭 코스 위주로 재편되고 있는 것을 감안하면 이러한 스타일 흐름도 필요할 것이다.

골프 코스의 인상적인 부분들을 살펴본다.

레이크코스 3번 파3 홀

[레이크코스]

7개 홀이 호수를 접하고 도는 3-3-3 구성

레이크코스는 이 골프장에서 가장 낮은 해발 270미터 지대에 있다. 9개 홀 중 7개 홀이 3개의
커다란 호수를 접하고 돈다. 파3 홀 3개, 파4 홀 3개, 파5 홀 3개의 3-3-3 구성인데, 일반적으로
상급자는 파5 홀을 좋아하고 초급자는 파3 홀을 만만히 여기니 상급자에게는 버디 기회를 더
많이 제공하고 초급자에게 파3의 기회를 한 번 더 주는 셈이다.
레이크코스의 2번 홀부터 5번 홀까지의 구간에서는 '신들의 땅'이라는 이름을 되새길 만큼 그
림 같은 풍경을 여러 차례 만난다. 포천 이동의 산기슭에서는 새벽에 구름이 낮게 깔린다 한다.
레이크코스 새벽 라운드에서는 건너편 사향산과 그 너머 관음산 아래 구름이 흐르는 비현실적
선경을 보게 될 수도 있다.

레이크코스 3번 파3 홀 - 입체 회화

붓으로 그려놓은 듯한 파3 홀이 여기 있다. 건너편 사향산(737m)의 불(火) 형상 기운을 호수
가득한 물이 거울처럼 받아내고 있다. 호수와 산과 하늘이 서로를 비추고 있는 입체 공간에 그

린이 떠 있다. 새벽에는 건너편 산 아래로 신비로운 구름까지 자주 깔린다. 짧은 홀이므로 원래 설계에서는 그린 앞에 모래 벙커가 있었을 텐데 그래스 벙커 같은 러프 지역으로 메운 듯하다. 그린 뒤 삐죽삐죽 세워 놓은 나무들은 경관을 해치니 다른 곳으로 옮겨 심는 게 좋겠다. 말없이 오래 바라보고픈 홀이다.

레이크코스 4번 파5 홀 - 한북정맥과 나란히 달린다

설계자가 홀의 아름다움과 샷 밸류의 양면에서 야심을 드러낸 홀이다. 티잉 구역 뒤편에서 이미 시작된 거대한 호수(폭 70미터, 길이 430미터)가 페어웨이 왼쪽을 따라 그린 근처까지 이어지며 장관을 이루는 한편 긴장감을 준다.

티샷을 페어웨이 왼쪽 면으로 길게 치면 투 온(on in two)을 노려볼 수 있다. 세컨 샷 지점 앞의 실개천 부근에서 뒤돌아보면 멀리 광덕산에서부터 가리산, 민둥산으로 이어지는 산맥의 흐름이 장엄하게 달려온다. 경외감을 주는 풍광이다. 티샷에서부터 두 번째 세 번째 샷까지 모두 생각하는 플레이가 필요한 홀이다. 한북정맥과 병렬하는 호수와 페어웨이가 강렬하게 인상적인 이 홀은 '뒤돌아보며 플레이'해야 한다.

레이크코스 8번 파3 홀 - 국망봉과의 기싸움

253미터(레귤러티 194m)로 가장 긴데다가, 호수를 넘겨 쳐야 하는 파3 홀이다. 그린 왼쪽의 낭떠러지 아래는 호수다. 그린 뒤로 국망봉이 이끄는 산맥이 으르렁거리고 있다. 시사이드 코스에서 바다를 건너 치는 것 못지않게 짜릿한 홀이다.

이 홀은 세심히 가꾸어 잘 살려내기 바란다. 이렇게 길고 투쟁적이며 원초적 시각 기억을 주는 파3 홀은 나라 안에서 매우 드물다. 그린 뒤편 패스큐 사면에 원시적 자연의 느낌을 부여하면 더욱 인상적일 듯하다. 이 홀은 오른쪽으로 공략하면 상대적으로 쉬워지지만, 그린을 바로 공략하도록 유도하는 무엇인가 있는 것이 흥미로울 수 있겠다. 골프장 개장 기념행사로 벤츠 차량을 홀인원 상품으로 내걸었는데 이틀 만에 홀인원이 나와 가져갔다 한다.

[밸리코스]

오솔길 또는 협곡

해발 300미터의 중간 지대 코스이다. 민둥산에서 흘러내리는 '불당계곡'을 끌어들이고 플레이어의 시야를 코스 안쪽으로 가두어, 팽팽한 긴장의 결계(結界)를 펼쳐놓았다. 길이가 비교적 짧지만 설계자가 의도한 갖가지 승부 장치들이 진법(陳法)으로 설치되어 있다. 홀마다 난이도의 쉽고 어려움 차이가 극명한 가운데 플레이어의 선택에 따라 변수가 많이 발생하므로, 내기 골프 등 게임을 좋아하는 골퍼들에게 짜릿한 재미를 줄 코스이다.

편안하게 즐기는 골퍼에겐 아기자기한 오솔길 같고, 도전적인 게임을 즐기는 이들에게는 협곡의 모험길 같은 코스이겠다.

밸리코스 3번 파4 홀 - 몽유도(夢遊圖)

설계자의 야심이 밸리코스에서 가장 강하게 드러나는 홀이다. 이 홀은 보기에도 예쁘고 플레이로도 절묘하다. 티잉 구역에서 포천 일대의 먼 산줄기들이 한눈에 들어온다. 시선을 아래로 내리면 꿈속의 정원 같은 홀이 안겨 있다. 먼 산의 원경과 눈 앞 계곡 아래 오밀조밀한 근경이 정교하게 조화되는 홀이다. 계곡과 호수, 아일랜드 그린과 페어웨이가 어울린 이 홀은, 화가 출신의 설계자가 3차원 입체공간에 그려 넣은 몽유도원도랄 만하다.

티잉 구역에 서면 자연림이 반쯤 가리고 있는 호수 위 그린으로 바로 공략하고 싶은 욕심이 든다. 사실은 오른쪽 페어웨이로 보내도 짧은 거리가 남는다. 힘으로 밀어붙이기보다는 정확한 판단으로 예민하게 치라는 홀이다. 그러면서 한편으로 유혹하는 홀이기도 하다.

레이크코스 8번 파3 홀(위), 밸리코스 3번 파4 홀(아래)

마운틴코스 2번 파4 홀 그린

밸리코스 2번 파3 홀 - 불당계곡의 바람골

길이는 극단적으로 짧지만(134m, 화이트티 108m) 불당계곡이 지나는 골짜기를 나무 사이 시야가 불투명한 내리막으로 넘겨야 하는 파3 홀이다. 그린이 거북 등 모양이라 샷이 짧으면 위험하고 길게 치면 내리막을 타고 멀어진다. 골짜기 바람이 계절마다 다르게 불고 티잉 구역 앞의 나무가 은근한 장애가 된다. 레드티는 내리막 55미터에 불과하여 지나치게 짧다는 이들이 많은데 운영상의 세팅은 자유롭게 변용될 듯하다.

[마운틴코스]

'스카이워커'의 길

마운틴코스는 잣나무 자연림 속 사색의 산책길인가 하면, 하늘을 향해 걷는 '스카이워커' 모험가의 길이기도 하다. 산중 골프 코스에서 이렇게 하늘 길 걷는 기분을 어디서 또 느낄 수 있을까. 전체 27홀 중 가장 높은 해발 370미터 지대를 오르내리는 울창한 잣나무 '숲 길'(Forest Course)과, 하늘 끝 탁 트인 언덕에서 포천분지 너머를 한눈에 굽어보는 '하늘 길'(Sky Course)이 교차된다.

마운틴코스 2번 파4 홀 - 스카이 엣지 그린

이 홀 그린 너머는 아무것도 없는 하늘이다. 막막한 스카이라인이 바다를 접한 코스 못지않은
광막함을 준다. 우리나라 골프 코스 가운데는 이런 모양의 그린 뒤에 소나무를 심는 곳들이 적
지 않다. 하늘의 낙원 샹그릴라로 가는 코스라는 의미로 보아도 하늘을 활짝 열어둔 것이 잘
어울린다.

티샷은 페어웨이 오른쪽 면으로 보낼수록 그린까지의 거리가 짧아져 유리해지지만 잣나무 숲
의 방해를 받는다. 어프로치 샷에서는 그린 뒤의 막막한 하늘 때문에 거리감이 무뎌질 수 있다.

마운틴코스 6번 파4 홀 - 신령한 봉우리

마운틴코스 6번 홀 어프로치 지점에 서면 허공에 뜬 인피니티 그린(Infinity Green)과 그 뒤의
하늘에 신령스럽게 우뚝 솟아오른 가리산 정상 봉우리가 보인다. '샹그릴라로 가는 마운틴 코
스'의 상징성을 느끼는 홀이다. 그린 위에 오르면 호연지기를 부르는 정점(Summit)의 풍광이
펼쳐져 있다. 이 홀은 어프로치 샷의 거리감이 둔해질 수 있으므로 풍광에 매료되지 말아야 한
다. 그런 한편 경관은 꼭 즐겨야 한다. 이 홀부터 라이트 시설이 되어 있는데 밤 라운드에는 축
복일지언정 이 멋진 경관을 해치고 있는 것이 아쉽다.

마운틴코스 7번 파3 홀 - 정령의 휴식터

산의 정령이 잠시 쉬어갈 듯 포근한 내리막 파3 홀이다. 길지 않고(165m, 화이트티 121m) 정겨워 보이는데 의외로 그린이 쉽지 않다. 솟아오른 가로 방향 그린이라 거리 계산을 잘 해야 공을 올려 세울 수 있다. 그린 왼쪽 방향의 벙커는 경기에 영향을 크게 주지 않으므로 왼쪽을 겨냥하는 것이 안전하다 그쪽의 그린 에이프런에는 그린의 경사가 가파르지 않으므로 텍사스웨지(퍼터 어프로치)를 사용한 그린 공략도 가능하다.

라싸의 그린은 안전한 쪽 방향의 주변 경사가 크지 않다. 전장이 충분한 대중제 골프장으로서 현명한 선택이라 여긴다.

마운틴코스 9번 파5 홀 - 조화로운 정원의 마무리 홀

라싸GC의 클럽하우스는 단층으로 지었다. 마운틴 9번 파5 홀에서는 낮은 클럽하우스와 그 뒤 가리산 정상 봉우리를 보며 돌아오게 된다. 파5 홀로는 다소 짧지만 그린 근처 왼쪽 호수 때문에 갈수록 좁아지는 페어웨이와 벙커들을 조심해야 한다. 티샷과 세컨 샷을 오른쪽으로 치면 무난한 마무리를 할 수 있고. 투 온 도전으로 승부를 뒤집을 수도 있다.

자연과 인공 구조물이 잘 조화된 정원 느낌이며 극적인 승부 변수가 생길 수 있는 홀이다. 오른쪽 법면 등의 마감이 세월이 지나면서 세밀해지기 기대한다.

한국 산중, 한국 골프장, 한국 설계가

우리나라 골프장들은 대개 산에 만들어져 왔다.

골프의 역사와 영혼이 링크스(Links)에서 나온 것이라지만 우리나라에는 링크스가 없다.

링크스에서 스타일을 빌어오거나 링크스에서 영감을 받은 코스를 만들기도 하지만, 골프 코스는 그 지역 땅의 자연을 받들어 빚어진다. 스코틀랜드에는 링크스랜드가 많으니 영혼과 역사가 깃든 링크스 코스도 더러 나왔을 것이다.

'골프의 영혼'이라는 게 만약에 있다면, 우리나라에서는 산중에 감돌고 있지 않을까 싶다.

한국의 자연을 태생적으로 사랑하고 가장 잘 이해하는 이는 한국인일 터이지만, 우리나라에서 이름난 코스들을 낸 설계가들에는 외국인이 적지 않았다. 이 '한국의골프장이야기' 두 권에

마운틴코스 9번 파5 홀(위), 마운틴코스 7번 파3 홀(아래)

나오는 골프장들에도 외국인이 설계한 것이 더 많다. 이 책이 반드시 한국에서 가장 좋은 골프장들만을 찾아 살피는 것은 아니지만 우리나라 골프장 역사에서 짚어둘 만한 코스들을 다루어 적고 있다.

외국인 설계가들은 우리나라 골프 코스 발전에 큰 몫을 해왔다. 그들의 작품 중에는 한국의 자연을 우리나라 사람보다 더 깊이 이해하려 노력한 흔적이 보이는 것들이 적지 않다.

그런 한편, 외국인 설계가들에게 주어진 만큼의 창작환경이 한국인에게 주어지는 경우는 없었던 것으로 안다. 우리나라 설계가들 가운데는 자신의 '미학'과 '철학'이랄 세계관을 정립하고 작품으로 증명해낸 '대가' 또는 '거장' 급 아티스트들도 있다.

라싸 골프클럽은 한국의 산중 지형이 갖는 대표적인 골프 코스 특성을 고루 갖추고 있다.
마운틴, 밸리, 레이크…… 한 골프장에서 이렇듯 극명한 세 가지 유형을 각각 명징한 개성과 스토리로 구현해낸 골프장은 매우 드물거나 거의 없을 듯하다.
라싸는 아직 덜익은 골프장이지만, 실용적 골퍼가 늘어나고 퍼블릭 코스가 대세가 된 우리나라 골프 문화 변화 속에서 품격 있는 실질적 대안을 제안하는 작품이라 본다.
'장인적 탐미주의'랄 만한 작가적 관점으로 우리나라 땅 고유의 특성을 해석하여,
완성도 높은 코스 미학의 한 갈래를 이루어 온 우리나라 설계가의 최근 역작이기도 하다.
아직 덜 익고 미진한 부분은 살피고 다듬어 나가기를 기대한다.

우리나라에서 가장 오래된 서울·한양CC를 첫 편으로 시작해서,
가장 가까운 날에 문 연 것의 하나인 라싸GC를 끝 편으로
'한국의골프장이야기' 둘째 권을 맺는다.

사진들은 글쓴이가 찍은 것입니다.

한국의 골프장 이야기 2

코스의 속삭임까지 받아 적은 우리나라 골프장들 순례기 - 둘째 권

초판 1쇄 발행 2020년 11월 11일
초판 4쇄 발행 2022년 3월 31일

지은이 / 류석무
펴낸이 / 박찬규
아트디렉션, 디자인 / 류석무, 김대인

펴낸곳 / 구름서재
등록 / 제396-2009-000058호
주소 / 서울시 마포구 서교동 375-24 그린홈 403호
전화 / 02-3141-9120 · 팩스 / 02-6918-6684
이메일 / fabrice1@chol.com
블로그 / http://blog.naver.com/fabrice

ISBN 979-11-89213-14-5 (03690)

한국의 골프장 이야기 1

류석무·남화영 지음 / 첫째 권 차례

(첫째 권은 이름의 영문 표기 알파벳 순서로 배열되었습니다)